TED ANDREWS

Kristallkugeln und Kristallschalen

W0209357

Buch

Kristallkugeln und Kristallschalen ermöglichen dem Menschen, normalerweise nicht verfügbare Energien zu erschließen, zu verstärken und weiterzugeben. Mit dem vorliegenden Buch werden diese machtvollen Instrumente außersinnlicher Kommunikation aus dem Bereich des Okkulten herausgehoben und in die Hände derer gelegt, die daraus Kraft für ihren persönlichen Weg schöpfen wollen.

Autor

Ted Andrews ist Hypnotherapeut und Akupunkteur, befaßt sich mit Kräuter- und Naturheilkunde und anderen ganzheitlichen Heilweisen. Er ist als Autor und Lehrer für Metaphysik und Spiritualität hervorgetreten und leitet in den USA Seminare, um esoterisches Gedankengut allgemein zugänglich und praktisch anwendbar zu machen.

TED ANDREWS

KRISTALLKUGELN UND KRISTALLSCHALEN

Ein Praxisbuch

Aus dem Amerikanischen
von Marie-Therese Hartogs

GOLDMANN

Die Originalausgabe erschien 1995 unter dem Titel
»Crystal Balls & Crystal Bowls« bei Llewellyn Publications,
St. Paul, Minnesota, USA.

Deutsche Erstausgabe

*Für Vinnie Gaglione mit vielem Dank
für ihre Unterstützung*

Umwelthinweis:
Alle bedruckten Materialien dieses Taschenbuches
sind chlorfrei und umweltschonend.

Deutsche Erstausgabe September 1998
© 1998 der deutschsprachigen Ausgabe
Wilhelm Goldmann Verlag, München
in der Verlagsgruppe Bertelsmann
© 1995 der Originalausgabe Ted Andrews
Umschlaggestaltung: Design Team München
Umschlagfoto: Guido Pretzel
DTP-Satz: Barbara Rabus
Druck: Elsnerdruck, Berlin
Verlagsnummer: 13259
Redaktion: Ulrike Segal
WL · Herstellung: Stefan Hansen
Made in Germany
ISBN 3-442-13259-2

1 3 5 7 9 10 8 6 4 2

Inhalt

Teil I
Die Geheimnisse der Kristallkugel

Teil I
Die Geheimnisse der Kristallkugel

1 Divination und Seherschaft

Durch den Perlenvorhang der Tür sehen Sie eine Frau an einem kleinen runden Tisch sitzen. Vor ihr ist ein mit einem schwarzen Seidentuch bedeckter Gegenstand erkennbar. Der Form nach kann es nur ihre Kristallkugel sein. Der Stuhl auf der anderen Seite des Tisches ist frei und lädt Sie zum Platznehmen ein. Ein exotischer Duft betört Ihre Sinne und wirkt zugleich beruhigend auf Sie. Das Licht ist gedämpft, aber es ist nicht dunkel. Der Raum mutet seltsam und geheimnisvoll an.

Die Frau hebt ihren Kopf und lächelt Sie an. In diesem Augenblick verwandelt sich Ihr erster Eindruck. Auf einmal wirkt der Raum warm und einladend. Die Frau begrüßt Sie mit sanfter, freundlicher Stimme, weist mit einer Geste auf den leeren Stuhl hin und bittet Sie herein. Nach kurzem Zögern treten Sie durch den Vorhang ein.

Gleich darauf halten Sie inne. Einen Moment lang meinen Sie, die Schwelle in eine andere Welt überschritten zu haben. Doch das ist nur ein flüchtiges Gefühl und geht vorbei. Indessen schauen Sie sich ein wenig im Raum um. An einer Wand steht ein Regal mit Büchern über Astrologie, Tarot und weiteren Titeln, die Sie nicht genau identifizieren können, die aber irgendwie geheimnisvoll und interessant erscheinen. Hinter der Frau hängt ein großes Poster mit Tarotkarten, die nach verschiedenen Systemen ausgelegt sind.

Von der Deckenleuchte fällt gedämpftes Licht in den Raum – genug, um alles sehen zu können, ohne zu blenden. Rechts in der Ecke neben Ihnen steht ein Tisch, der mit einem schweren blauen Tuch bedeckt ist; darauf liegen Kristalle und Steine in verschiedenen Farben und Größen. Eine Kerze flackert leise vor sich hin, und ein glimmendes Räucherstäbchen aromatisiert die Luft. Sie ahnen, daß all dies eigentlich nicht nötig wäre, Ausstattung und Dekoration sind nur Ausdruck dessen, was diese Frau schön findet.

Ihre Aufmerksamkeit gleitet nun wieder zurück zu der Frau, die immer noch sanft und geduldig lächelt. Sie merkt wohl Ihre Unsicherheit und räumt Ihnen Zeit ein, damit Sie sich mit Ihrer Umgebung vertraut machen können. Denn je entspannter Sie sind, desto leichter wird es sein, für Sie wahrzusagen.

Sie nehmen Platz. Ihr Gegenüber reicht Ihnen die Hand, um sich Ihnen vorzustellen. Langsam fühlen Sie sich wohler in Ihrer Haut, und die Anspannung läßt nach. Die Frau berichtet kurz über ihren persönlichen und beruflichen Werdegang. Es verwundert Sie, wie normal sie eigentlich ist. All Ihre Vorurteile schmelzen dahin.

Sie weisen darauf hin, daß Sie das erste Mal in Ihrem Leben bei einer Wahrsagerin sind, und die Frau lächelt wieder; ihr Gesichtsausdruck wirkt eher belustigt.

»Nun, es tut nicht allzu weh«, meint sie augenzwinkernd. »Es blutet so gut wie nie und hinterläßt auch keine Narben. Und sollten Sie blaue Flecken davontragen, so verschwinden sie in der Regel innerhalb von acht bis vierzehn Tagen.«

Nun lachen Sie beide. Die Frau entfernt das schwarze Seidentuch von der Kristallkugel, die vor ihr auf dem Tisch steht. Sie hat einen Durchmesser von etwa fünfzehn Zentimetern. Zu Ihrer Überraschung ist sie nicht völlig klar, und Sie bringen das auch zum Ausdruck.

»Ein Kristall muß nicht vollkommen klar sein. Die meisten Kugeln dieser Art bestehen aus Glas und nicht aus echtem Quarzkristall. Manche Leute können sich nicht vorstellen, mit etwas anderem als einer klaren Kugel zu arbeiten. Doch die Kugeln gibt es nicht nur in verschiedenen Größen, sondern auch in unterschiedlicher Klarheit. Für unsere Zwecke ist die eine nicht besser oder schlechter als die andere.«

Die Frau rückt sodann die Kugel näher zu Ihnen heran und bittet Sie, die Hände daraufzulegen, über den Kristall zu streichen und Ihre ganze Aufmerksamkeit darauf zu richten.

»Halten Sie Ihren Blick immer auf die Kugel gerichtet. Dadurch bleibt Ihre Konzentration gebunden, und Sie können sich noch besser entspannen. Auf diese Weise übertragen Sie Ihre Energie auf die Kugel, und sie bildet daraus verschiedene Muster und Formen. Wenn ich also hineinschaue, tauchen ganz allmählich Formen auf. Mal sehe ich nur Bilder und Symbole, mal laufen ganze Szenen vor mir ab.

Manchmal erscheinen die Bilder direkt in der Kugel, ein andermal entstehen sie in meinem Geist. Beide Arten der Erfahrung sind gleichwertig; lediglich die Erscheinungsformen variieren von Zeit zu Zeit. Alles was ich sehe – ob nun vor meinem geistigen Auge oder in der Kugel –, beschreibe ich so, wie ich es sehe. Zunächst schildere ich die Szenen und Bilder, und dann sage ich Ihnen, was sie für Sie bedeuten und welche Konsequenzen sie für Sie und Ihr Leben haben können.«

Bei der ersten Berührung fühlt sich die Kugel kalt an. Vorsichtig ertasten Sie ihre Oberfläche und ihre Form, dann umfassen Sie die Kugel mit den Handflächen. Wie lebendig sie sich anfühlt! Doch Sie sind sich nicht sicher, ob dies wirklich so ist oder ob Ihre Vorstellungen und Erwartungen Ihre Wahrnehmung beeinflussen. Während Sie mit Ihren Händen sanft über die Kugel streichen, erwärmt sie sich, und Sie spüren, wie eine wohlige, sanfte Welle aus ihr aufsteigt und Ihre Hände durchströmt – einer energetischen Aufladung gleich. Sie sind verblüfft über das Gefühl, das Sie dabei überkommt.

Die Kugel zieht Ihren Blick tief in sich hinein, gerade so, als wolle sie Sie ganz und gar oder zumindest ein Stück weit in sich aufsaugen. Und Sie wundern sich über die tanzenden Lichtmuster und Regenbogen, die durch die Spiegelung und Brechung des Lichtes entstehen. Die verschiedenen Schichten und Einschlüsse im Innern der Kugel verleihen ihr eine Tiefe und Ausstrahlung, die nicht von dieser Welt zu sein scheinen.

Nach ein paar Minuten streckt die Frau ihre Hände aus, legt sie über die Ihren, die auf der Kugel ruhen, und hebt sie dann behutsam weg. Sie ziehen Ihre Hände in den Schoß zurück, und spüren immer noch, wie sie prickeln. Die Frau rückt die Kugel zu sich heran und beugt sich vor. Mit sanftem Blick beginnt sie zu sprechen:

»Ich sehe Nebel und Wolken aufsteigen. Sie tanzen umher und wogen auf und ab. Die Energie ist sehr stark. Die Kugel mag Sie offensichtlich. Sie reagiert nicht immer so schnell.

Ich sehe Sie im Kristall, wie Sie in den Nebel hineingehen, wie er Sie umhüllt und umfängt. Nun weicht der Nebel zurück und löst sich langsam auf. In der Kugel wird ein Regenbogen sichtbar, der Sie ganz umgibt. Ich sehe, wie Sie durch einen

Pinienwald gehen und das Sonnenlicht hin und wieder durch die Zweige der Bäume bricht. Und wie Sie so durch diesen Wald gehen, tauchen in der Ferne andere Formen auf. Ich kann sie nicht deutlich erkennen, doch es sind Spiegelbilder der Zukunft. Vielleicht klären sie sich bei näherer Betrachtung noch auf.

Nun sehe ich Sie aus dem Wald in eine Lichtung treten. Dort steht ein Wagen, der wohl zu einem Zigeunertreck gehört. Ein Zigeuner sitzt an einem kleinen Lagerfeuer und spielt Geige. Die Musik wird lauter, und der Rauch des Feuers bewegt sich in ihrem Rhythmus …«

Heutzutage geht man mit Bildern oder Szenarien dieser Art gewöhnlich auf zweierlei Weise um: Sie werden entweder als Unsinn abgetan oder in den Mittelpunkt einer Weltanschauung gerückt und mit dem realen Leben gleichgesetzt. Die Wahrheit liegt, wie so oft, irgendwo zwischen diesen beiden Extremen.

Divination, Orakel, Sehertum, Hellsehen und Wahrsagen – alles Worte und Begriffe, die Bilder aus dem Mysteriösen und Okkulten heraufbeschwören. Szenarios wie das zuvor beschriebene kommen immer wieder in Film, Fernsehen und Büchern vor – mal werden sie in positivem und mal in negativem Licht dargestellt. Doch selbst diejenigen, die nach außen hin darüber spotten, spüren im Inneren eine leichte Erregung bei dem Gedanken, auf solche Weise womöglich Zugang zu verborgenem oder verbotenem Wissen erlangen zu können.

Wir leben in einer wunderbaren Zeit, reich an Abenteuern und Geheimnissen. Vieles von dem, was einst als Fiktion oder Humbug abgetan wurde, kann heute wissenschaftlich erklärt werden. Wir verfügen über die Technik und das Wissen, den Beweis für so manche metaphysische und parapsychologische Theorie anzutreten. In zunehmendem Maße erkennen wir immer neue Möglichkeiten unseres Menschseins. Wir wissen und beweisen uns tagtäglich, daß der menschliche Geist und unser Bewußtsein viel mehr leisten können, als man in der Vergangenheit dachte. Damit rückt auch die Divination weiter in den Bereich wissenschaftlicher Überprüfbarkeit.

Divination läßt sich nach dem *Random House Dictionary of the English Language*[1] wie folgt definieren:

1. der Versuch, Ereignisse vorauszusagen und verborgenes Wissen mit Hilfe okkulter oder übernatürlicher Mittel zu entdecken;
2. Augurium, Prophetie;
3. Wahrnehmung durch Intuition; instinktive Vorausschau.

Anhand der in diesem Buch vorgestellten Methoden kann jeder für sich selbst den Beweis antreten, daß alle drei Formen im Alltag von Bedeutung sein können; darüber hinaus gibt es natürlich noch andere Aspekte der Divination, die in dieser begrenzten Definition nicht enthalten sind.

Was die erste Definition angeht, werden wir durch die Benutzung von Kristallkugeln und Kristallschalen das gesamte Gebiet der Divination aus dem Dunstkreis des Okkulten und Übernatürlichen herauslösen und in den Bereich des natürlichen und jedermann zugänglichen Wissens stellen. Wir werden uns selbst beweisen, wie einfach und natürlich die Divination und das Sehen an sich sind. Und wenn wir soweit vor-

1 Stein, Jess, ed. *The Random House Dictionary of the English Language*, Random House, New York, 1970, Seite 419.

gedrungen sind, rücken auch Dinge wie Augurium und Prophetie – siehe zweite Definition – in den Bereich des Wahrscheinlichen. Durch die praktische Umsetzung der hier beschriebenen Techniken wird unsere intuitive Wahrnehmung geschärft und die natürlich-instinktive Vorausschau, wie sie in der dritten Definition angesprochen ist, in uns wieder erweckt und gestärkt.

Überall in der Welt wird die Kunst der Divination und des Sehens praktiziert. Dabei bedient man sich sehr unterschiedlicher Methoden, um Einblick in die Zukunft oder in unbekannte Ereignisse zu gewinnen. Viele Namen und Bezeichnungen wurden im Lauf der Jahrhunderte für jene Menschen gefunden, die sich damit befaßten. Man nannte sie Seher, Hellseher (solche, die hell- oder weitsehen), Orakel, Nekromanten, Hexer und so weiter. Und in so manchen Fragen des Lebens haben sich die Menschen vertrauensvoll an solche Weissager[1], Seher oder Orakel gewandt.

In der Antike erfolgte die Schulung und Ausbildung von Sehern fast ausschließlich in den Tempeln beziehungsweise war an die Religionen der einzelnen Völker gebunden. Zum Teil glaubt man, daß viele divinatorische Methoden aus der familiengebundenen »Tradition der weisen Frau« stammen. Die Großmütter überlieferten ihr Wissen an ihre Töchter, und diese gaben es wiederum ihren Töchtern weiter und so fort – von einer Generation zur nächsten. Die Divinationstechniken

1 Etymologisch bedeutet »weissagen« nach Friedrich Kluge, *Etymologisches Wörterbuch der deutschen Sprache* (Walter de Gruyter, Berlin, 1975): Keine von Haus aus mit ›sagen‹ zusammenhängende Bildung. Zugrunde liegt das althochdeutsche Wort *wiz(z)ago*, das durch Anlehnung an *wis* = ›weise‹ und *sago* = ›Sprecher‹ bzw. ›Prophet‹, zu *wis-sago* umgeformt wurde (Anmerkung des Übersetzers).

waren von Familie zu Familie verschieden; die eine deutete das Wetter, die andere etwa sprach mit den Tieren.

Heute umfaßt die Divination alle Methoden, die der Deutung und/oder Erläuterung von Ereignissen dienen. Sie ist mehr als das bloße Vorhersagen der Zukunft. Natürlich ist die Voraussage ein wichtiges Element, doch auch das Erahnen von Wahrheiten und das Deuten von Zeichen und Omen gehören dazu.

In der Divination greift man, wie gesagt, häufig auf die unterschiedlichsten Methoden zurück. Zu den in unserer modernen Gesellschaft anerkannten Hilfsmitteln zählen Runen, Tarot, Astrologie, Traumdeutung und I Ging. Die nachfolgende Aufstellung ist nur ein Abriß der vielfältigen Ansätze auf diesem Gebiet.

Die Menschheitsgeschichte weiß von vielen berühmten und weniger berühmten Persönlichkeiten zu berichten, die sich den verschiedensten Formen der Divination verschrieben haben. In Griechenland wurden zur Zeit der minoischen Kultur bis etwa 1200 v. Chr.[1] die großen Orakelstätten von Delphi, Dodona und Delos für die Divination benutzt. Eine divinatorische Technik der Griechen, die sogenannte Kubomantie, bei der man Fingerhüte verwendete, wurde später von den Römern aufgegriffen und besonders von den Kaisern Augustus und Tiberius[2] angewandt. Kaiser Julian, der Abtrünnige (361–363 v. Chr.), soll die Eingeweide von geopferten Kindern befragt haben[3].

1 Matthews, John, ed. *The World Atlas of Divination,* Little, Brown and Company, Boston, 1992, Seite 69.

2 Baskin, Wade, *The Sorcerer's Handbook,* Citadel Press, Secaucus, NJ, 1974, Seite 179.

3 Ibidem, Seite 178.

Möglichkeiten der Divination

Aeromantie: Man wirft Schmutz oder Sand in den Wind, um aus der Richtung, in die er getragen wird, Antworten abzuleiten.

Apantomantie: Beobachtung zufällig erscheinender Objekte.

Belomantie: Divination nach der Flugbahn von Pfeilen.

Bibliomantie: Aufschlagen und Deuten einer beliebigen Passage oder Zeile in einem Buch.

Katoptromantie: Divination mittels Linse oder magischem Spiegel.

Ceromantie: Man gießt geschmolzenes Wachs in Wasser und deutet die entstandenen Formen.

Chiromantie: Divination mittels Handlinienlesen.

Kristallomantie: Divination mit Hilfe einer klaren Kugel, einer Wasserfläche, eines Spiegels oder transparenten Gegenstandes.

Geloskopie: Deutung des Lachens einer Person.

Gyromantie: Sich schnell im Kreis drehen und fallenlassen mit anschließender Deutung der Fall-Position.

Hepatoskopie: Betrachtung einer Schafsleber.

Myomantie: Divination durch das Studium der Eingeweide oder Bewegungen von Nagetieren.

Ornithomantie: Divination aus dem Vogelflug.

Onomantie: Divination durch Verändern der Buchstabenfolge eines Namens.

Ooskopie: Man benutzt ein Ei, um das Geschlecht eines ungeborenen Kindes zu bestimmen.

Phrenologie: Betrachtung der Schädelkonturen und -oberfläche.

Physiognomie: Studium der Gesichtszüge eines Menschen.

Pyromantie: Divination aus Rauch und Feuer.

Tasseographie: Deutung aus Teeblättern und deren Form.

Xylomantie: Beobachtung der Lage von Zweigen auf dem Boden.

Auch in der Bibel wird sowohl im Alten wie im Neuen Testament von Divination gesprochen. In I. Samuel 2 verbietet Saulus Divination in Form von Nekromantie oder Totenbeschwörung. Gerade dieses divinatorische System war in verschiedenen Kulturen sehr weit verbreitet. Mal wurde in einem ziemlich unerquicklichen Ritual der Versuch unternommen, mit den Leichen frisch Verstorbener zu kommunizieren, mal rief man die Geister der Toten an und versuchte, mit ihnen in Kontakt zu treten, ähnlich wie es die modernen Spiritisten tun.

Auch in unseren Tagen wird die Kunst der Divination weiterhin ausgeübt. Die Menschen fungieren als Mittler oder Kanal für Geistwesen, führen mediale Lesungen durch, praktizieren Astrologie und deuten Träume. Doch trotz der Vielfalt der zur Zeit in allen Kulturen angewandten Systeme denkt man bei Begriffen wie Seherschaft, Divination und den Mysterien des Universums in erster Linie an das Kristallsehen.

Mehr als irgendeine andere Methode löst das Kristallsehen gleichzeitig Verwunderung, Begeisterung und auch Angst in uns aus. Es rührt an unsere tiefsten Erinnerungen und ruft instinktive Reaktionen auf das Universum in uns hervor.

Seit alters her wird diese Divinationsmethode in den verschiedensten Formen praktiziert. Die Benutzung einer Linse oder eines magischen Spiegels wurde mit dem römischen Philosophen und Schriftsteller Apulius, dem heiligen Augustinus und sogar mit Roger Bacon in Verbindung gebracht. Die Kristallkugel assoziierte man mit Persönlichkeiten wie Pythagoras, Aesculapius und Anton Mesmer; auch so berühmte Männer wie Arthur Conan Doyle, William Butler Yeats, Sir Oliver Lodge, C. W. Leadbeater und William James haben mit der Kristallkugel experimentiert.

Die Zeit der Kristallkugel ist nicht vorbei. Das Kristallsehen befindet sich sogar im Aufwind. Daraus sind die Kristallschalen mit ihren wunderbaren Klängen ebenso hervorgegangen wie die vielen anderen Anwendungsformen von Kristallen im Bereich der Heilung und Esoterik.

In der alten Hermetischen Tradition begegnet uns das sogenannte Prinzip der Entsprechung, das eine Erklärung dafür liefert, warum Divination in jeglicher Form funktioniert. Es lautet: »Wie oben, so unten; wie unten, so oben. In diesem Prinzip ist die ganze Wahrheit verankert, daß es nämlich immer eine Entsprechung zwischen den Gesetzen und den Erscheinungen auf den verschiedenen Ebenen des Seins und Lebens gibt.«[1] Mit anderen Worten, alle Ebenen – physische wie spirituelle – sind ebenso miteinander verwoben wie alles, was dort geschieht. Was immer also auf einer Ebene passiert, spiegelt sich auf der anderen wider.

Manche Ereignisse und Abläufe entziehen sich scheinbar unserer Wahrnehmung und unserem Verständnis. Doch mit dem Prinzip der Entsprechung von oben und unten und seinen universalen Anwendungsmöglichkeiten können wir Einblick in das gewinnen, was bislang als unfaßbar galt. Es ermöglicht uns auch, die verborgenen Geheimnisse der Natur zu verstehen. Indem wir die Ereignisse hier auf Erden studieren, gelangen wir zu Einsichten in himmlische Welten. Dieses Prinzip greift die Idee auf, daß scheinbar zufällige Ereignisse in Wirklichkeit Teil eines viel größeren Planes sind. Durch unsere Auseinandersetzung mit ihnen erhalten wir Hinweise zur Richtung, in der sich das Universum und unser Leben bewegen.

1 Three Initiates. *The Kybalion,* Yogi Publication Society, Chicago, 1940, Seite 28.

Divination kann uns dabei helfen, die Schwelle vom Nichtwissen zum Wissen zu überschreiten. Lernen wir, dem Unsichtbaren gegenüber unsere Augen zu öffnen, so werden wir zu Sehern. Anhand der in diesem Buch enthaltenen Übungen werden auch Sie lernen, das uralte Medium der Kristallkugel sowie dessen Abkömmling, die Kristallschale, für sich nutzbar zu machen und eine neue Richtung zur Deutung der Zukunft, Heilung der Vergangenheit und Gestaltung der Gegenwart einzuschlagen.

Vorbereitung auf Divination und Seherschaft

Der menschliche Geist hat eine mythische Dimension. Mit der Entwicklung unserer divinatorischen und seherischen Fähigkeiten können wir jenen mythischen Bereich in unserem Inneren erschließen, der die schöpferische Kraft birgt. Sie ist es, die uns vom bloßen Psychismus zur wahren Divination führt.

Divination und Seherschaft beginnen immer beim Selbst. Der Seher muß das äußere Ego abstreifen, um sehr genau hinter seine eigene Maske und die des Gegenübers, für das er *sieht*, schauen zu können. Mit der Entwicklung unserer Divinations- und Seherfähigkeiten lernen wir, uns selbst und die Welt ringsum anders zu sehen. Wir entdecken Zusammenhänge und Muster, die wir vorher nicht bemerkt haben. Das geht zurück auf das oben erwähnte Prinzip der Entsprechung. Alles und jedes ist mit allem und jedem verbunden. Nichts ist unbedeutend oder folgenlos. Das Geringste spiegelt die Muster des Größten wider.

In vieler Hinsicht ist es, als stünde man zwischen zwei Spiegeln. In beiden erscheinen unzählige Reflexionen, und doch sind alle an ein primäres Urbild gekoppelt. Die Divination und die Kunst des Sehens gewähren uns Einblick in sämtliche Zusammenhänge aus Vergangenheit und/oder Zukunft, die zu einem spezifischen Zeitpunkt oder Ort hinführen beziehungsweise von diesem ausgehen.

Divination und Seherschaft sind nicht ausschließlich auf Vorhersagen beschränkt, sondern lassen viele andere Anwendungen zu. Man benutzt sie zur Selbstfindung, zur Klärung, zum Erkennen neuer Perspektiven und auch, um Zugang zu verborgenem Wissen zu erlangen. Sie sind hilfreich, wenn man seiner selbst unsicher geworden ist oder schwierige Phasen der Veränderung durchlebt. So gelingt es uns, neue Projekte in Gang zu bringen und neue Pfade zu beschreiten oder alte zu verlassen. Wir sehen alternative Möglichkeiten und Vorgehensweisen, und das Wann, Wo, Wie und Warum einer Situation entschleiert sich.

Soll das nun heißen, daß das Vorausgesagte zwangsläufig auch eintreten muß? Bedeutet es, daß die Ereignisse im Leben vorherbestimmt sind? Wann immer sich der Mensch mit der Kunst der Weissagung und des Sehens oder anderen Aspekten der außersinnlichen Wahrnehmung beschäftigt, geht es um die Frage des freien Willens im Gegensatz zum Schicksal. Wenn die Zukunft voraussehbar ist, können wir sie dann noch ändern? Wenn wir die Vergangenheit erkunden, wird dadurch die Gegenwart anders sein?

Was geweissagt wird, muß nicht *zwangsläufig* geschehen. Wir haben immer den freien Willen zu handeln, zu entscheiden oder eben nichts zu tun. Aus unserem Handeln oder Nicht-Handeln ergeben sich Folgen – positive wie negative oder auch wertneutrale –, die mit ziemlicher Wahrscheinlichkeit eintreten werden. Durch unsere Entscheidungen und Handlungen beziehungsweise deren Unterlassung entstehen Wahrscheinlichkeiten, die man vorhersehen und voraussagen kann. Im Hinblick auf kommende Ereignisse werden gewisse Muster, Strömungen oder Wahrscheinlichkeiten in Gang gesetzt.

Die Kunst der Divination beruht größtenteils auf dem Erkennen von Zusammenhängen und Mustern. Wenn man das Muster entdeckt, das jemanden an einen bestimmten Punkt in seinem Leben geführt hat, dann kann man auch erkennen, wohin ihn dieses Muster höchstwahrscheinlich führen wird, wenn er es unverändert beibehält. Divination und Seherschaft zeigen uns, daß es im Leben wenig Beschränkungen, dafür aber um so mehr Wahlmöglichkeiten gibt. Sie lassen uns in aller Wahrscheinlichkeit eintretende Folgen absehen, so daß wir unsere Handlungsweise in die richtige Richtung lenken können.

Mit den folgenden beiden Übungen können Sie Ihr Bewußtsein so weit erweitern, daß Sie Muster leichter erkennen können.

Übung 1:
Erste Schritte auf dem Weg zur Seherschaft

Wenn wir ein Muster nicht sehen können, sind wir auch nicht in der Lage, es zu verändern oder es uns zunutze zu machen. Eine Möglichkeit, unseren Blick für Zusammenhänge zu schulen, wäre, alles und jeden, das oder dem wir begegnen, als etwas Symbolhaftes zu betrachten. Manche mögen das als Aberglaube abtun, doch je stärker wir uns mit der Symbolik befassen, desto leichter fällt es uns, das Wichtige vom Unwichtigen zu unterscheiden. Natürlich erfordert das eine entsprechende Praxis, wie überall, wo es um die Entfaltung von Fertigkeiten geht.

Symbole zu verstehen, heißt auch, uns selbst zu verstehen – mit all unseren inneren Antrieben und Fähigkeiten. Mit Hilfe von Symbolen können wir unsere Überzeugungen, unseren Aberglauben, unsere Ängste, Potentiale und Verhaltensmuster besser begreifen. Symbole sind Brücken, die uns den Übergang von der rationalen zur eher intuitiven Wahrnehmungsebene ermöglichen. Sie führen uns in den unbegrenzten Bereich des Unbewußten.

Auf unserem Lebensweg zimmern wir uns gelegentlich unsere eigene Welt und lehnen uns selbstzufrieden zurück. Wir können die Sprache der Symbole dazu benutzen, uns aus unserer Selbstgefälligkeit wachzurütteln. Symbole umspannen die Welt der Gedanken und des Seins, die mentale und die physische Ebene. Sie liefern uns verborgene und verschleierte Botschaften über das, was um uns herum vorgeht. Sie überbrücken die Kluft zwischen Vergangenem und Gegenwärtigem und zwischen Gegenwärtigem und dem, was möglich ist. Sie sind der Schlüssel zu den verborgenen Wirklichkeiten ringsum. Indem wir diese Symbole in unseren Alltag integrieren, öffnen wir uns alle Türen zu unserem intuitiven Selbst.

Was also müssen wir konkret tun, um jenen Teil in uns zu erschließen, der uns *sehend* macht? Wir können zunächst die Symbolik unseres täglichen Lebens studieren. Welche Bedeutung liegt beispielsweise hinter den Symbolen, die uns in der Kirche begegnen? Betrachten Sie einmal Ihre unmittelbare

Umgebung, die Gestaltung und Einrichtung Ihrer Wohnung. Treten Sie einen Schritt zurück, sozusagen aus sich selbst heraus, und fragen Sie sich: »Was sagt das über mich aus?« Schauen Sie sich Ihre Kleidung an, Ihren Schmuck und andere Accessoires. Was verraten sie über Sie selbst und Ihre Lebensweise? Warum haben Sie sich dazu entschlossen, an diesem und keinem anderen Ort zu wohnen und das in der Form, wie Sie es momentan tun? Was sagt das über Sie aus?

Als nächstes versuchen Sie, Muster und Zusammenhänge zu erkennen. Beginnen Sie mit dem Einfachen. Nehmen Sie vier oder fünf Ihrer Freunde genauer unter die Lupe. Schreiben Sie die Namen auf ein Blatt Papier. Welches sind die herausragendsten Eigenschaften jedes einzelnen? Was regt Sie am meisten bei jedem von ihnen auf? Welche Eigenschaft oder Eigenschaften haben sie gemeinsam? Und was hat das mit Ihnen zu tun?

Schauen Sie sich Ihre eigene Familie und Ihre ArbeitskollegInnen an. Gibt es da Muster, Haltungen, Verhaltens- und Ausdrucksweisen, die allen gemein sind und die von Zeit zu Zeit zum Vorschein kommen? Wann treten sie gewöhnlich zutage? Wie reagieren die anderen darauf?

Die nachfolgende Imaginationsübung sollten Sie regelmäßig, mindestens ein- bis zweimal pro Jahr durchführen; sie macht Spaß und ist überaus hilfreich, denn Sie können damit Veränderungen an sich selbst und in Ihrem Alltag feststellen. Sie müssen dabei aus Ihrer Persönlichkeit als Mensch heraustreten, um zu einer objektiveren Sicht zu gelangen.

Im Schulunterricht habe ich oft Übungen dieser Art benutzt, um den Schülern und Studenten das Erkennen ihrer Wertvorstellungen und Verhaltensmuster zu erleichtern. Dadurch kamen interessante Diskussionen in Gang. Mit dieser Übung lernen Sie, die Eigenschaften und Fähigkeiten zu definieren, die Sie persönlich am höchsten bewerten. Wenn wir Seher werden wollen und Informationen für uns selbst und andere voraussehen möchten, müssen wir zunächst die Zusammenhänge zwischen Handlung und Wirkung durchschauen. Wir müssen die Wertigkeit verschiedener Handlungen oder Nicht-Handlungen und deren Folgen abschätzen lernen. Wenn wir diese nicht erkennen, werden wir zwangsläufig negative Muster unablässig wiederholen.

Benutzen Sie Ihre Vorstellungskraft, um die nachstehenden Sätze zu ergänzen. Beispiel: »Wenn ich ein Stein wäre, wäre ich ein Amethyst.« Schreiben Sie jeweils Ihren spontanen Gedanken nieder. Wenn Ihnen zwei Lösungen in den Sinn kommen, notieren Sie beide. Viel Spaß beim Ausfüllen!

Indem Sie sich in die beschriebenen Zustandsformen hineinversetzen, lernen Sie, aus Ihrem Ego und Ihrer Persönlichkeit herauszutreten, um eine objektiv-intuitive Perspektive zu erlangen. Dies ist das A und O für jeden Seher.

Wenn ich ein Stein wäre, wäre ich ____________________

____

Wenn ich ein Baum wäre, wäre ich____________________

____

Wenn ich ein Vogel wäre, wäre ich____________________

____

Wenn ich ein Insekt wäre, wäre ich____________________

____

Wenn ich eine Maschine wäre, wäre ich ________________

____

Wenn ich ein Werkzeug wäre, wäre ich ________________

____

Wenn ich eine Frucht wäre, wäre ich __________________

____

Wenn ich eine Blume wäre, wäre ich __________________

____

Wenn ich eine Wettererscheinung wäre, wäre ich ________

____

Wenn ich ein Fabelwesen wäre, wäre ich ________________

____

Wenn ich ein Musikinstrument wäre, wäre ich __________

____

Wenn ich ein Beruf wäre, wäre ich ____________________

____

Wenn ich ein Gesetz wäre, wäre ich ___________________

____

Wenn ich ein Tier wäre, wäre ich _____________________

____

Wenn ich irgend etwas auf der Welt wäre, wäre ich _______

____

Wenn ich eine Farbe wäre, wäre ich ___________________

____

Wenn ich ein Duft wäre, wäre ich ____________________

____

Wenn ich ein Gefühl wäre, wäre ich ____________________

____

Wenn ich ein Staat wäre, wäre ich ____________________

____

Wenn ich ein Gemüse wäre, wäre ich ____________________

____

Nachdem Sie Ihre Wahl getroffen haben, versuchen Sie als nächstes, in Ihren Antworten bestimmte Muster oder Gesetzmäßigkeiten zu erkennen. Dazu müssen Sie als erstes die Qualität und das Charakteristische der Antworten beleuchten. Wenn Sie beispielsweise »Pinie« als den Baum Ihrer Wahl erkoren haben, sollten Sie sich mit der Pinie beschäftigen. Lesen Sie nach, was in den Mythen und Legenden über sie berichtet wird. Betrachten Sie ihre charakteristischen Merkmale und vielleicht die Anwendungsmöglichkeiten in der Kräuterheilkunde oder in sonstigen Bereichen.

Gehen Sie nun der Reihe nach die einzelnen Antworten durch. Dann vergleichen Sie sie. Gibt es ähnliche Eigenschaften beim Baum wie beim Tier? Was hat der von Ihnen gewählte Beruf mit dem Baum oder dem Vogel gemeinsam?

Manche Ähnlichkeiten mögen auf der Hand liegen, andere hingegen sind derart subtil, daß erst bei näherem Hinschauen Verbindungen deutlich werden. Bei einigen dürften Sie sogar überhaupt keine Gemeinsamkeiten entdecken, und das ist auch gut so. Lassen Sie sich nicht entmutigen. Wenn Sie mehr als drei Begriffe mit ähnlichen Eigenschaften und/oder Querverbindungen gefunden haben, schält sich damit schon eine Art Muster heraus. Je mehr Ähnlichkeiten Sie in Ihren Antworten finden, desto wichtiger und bedeutsamer ist dann dieses Muster.

Diese spezielle Eigenschaft oder dieses eine Charakteristikum ist also für Sie von Bedeutung. Nehmen Sie sich ausreichend Zeit, um darüber nachzusinnen. Wann und wo ist Ihnen diese Eigenschaft beziehungsweise dieses Charakteristikum zum erstenmal in Ihrem Leben begegnet? Wo kommen Sie gut damit zurecht? Ist es schon einmal aufgetaucht, wenn es Ihnen gar nicht paßte?

Es ist ganz wichtig, daß Sie diese Übung spielerisch angehen. Es soll damit in keiner Weise irgendein psychologisches Profil erstellt werden. Ziel und Zweck der Übung ist einzig und allein, Ihr Unterbewußtsein anzuregen und dahin zu bringen, Zusammenhänge und Verbindungen zu erkennen. Sie dient der Schulung Ihrer natürlichen Fähigkeiten, die Muster und deren Verknüpfungen mit allem in Ihrem Leben zu sehen.

In der traditionellen Metaphysik wird oft davon gesprochen, daß jeder Mensch ein Mikrokosmos und wir alle eine Spiegelung des Makrokosmos seien. Wir alle tragen Energien in uns, und deshalb hat alles und jedes ringsum eine Auswirkung auf uns, ob wir dies nun wahrnehmen oder nicht. Beim Suchen nach Verbindungen werden wir uns immer bewußter, wie sehr alles Lebendige auf uns einwirkt und wie wir unsererseits auf das Leben ringsum Einfluß nehmen. Durch unser Tun lernen wir und werden so Schritt für Schritt zu Sehern.

Betrachten Sie das Ganze einfach als ein Spiel. Versuchen

Sie, die verborgenen Details und Beziehungen zu finden. Dadurch wird es Ihnen mit der Zeit leichter fallen, Zusammenhänge zu erkennen und Verbindungen zu anderen Bereichen Ihres Lebens herzustellen. Mit zunehmender Praxis werden Ihnen immer mehr Querverbindungen auffallen. Allem kommt eine größere Bedeutung zu, und die Feinheiten im Leben treten klarer zutage. Auf einmal sehen Sie Ihre eigenen und die Möglichkeiten anderer viel deutlicher vor sich und können sie besser einschätzen.

Übung 2:
Der Faden der Ariadne

Bei vielen Völkern spielten bestimmte Götter oder Göttinnen eine Rolle in der Divination. Die uns aus Mythologie und Legende bekannten Gestalten haben häufig selbst die Kunst der Weissagung praktiziert. Lesen Sie solche Erzählungen und Mythen, um die Vielfalt der Möglichkeiten auf diesem Gebiet besser ermessen zu können.

So wie jeder Gott und jede Göttin einen eigenen, unverwechselbaren Stil in der Divination pflegte, müssen auch wir einen ganz persönlichen Weg finden. Gewisse Richtlinien und Hinweise können zwar gegeben werden, doch Sie müssen sie aufgreifen und Ihrer Person und den individuellen Lebensumständen entsprechend verwenden. Sie müssen Ihren eigenen Weg durch das Labyrinth des Lebens finden und ebenso Ihren eigenen Stil des Sehens entwickeln.

Weissagen, ob mit der Kristallkugel oder mit dem Tarotdeck, ähnelt in gewissem Sinne der Suche nach einem Weg durch ein Labyrinth. Die von Ihnen gewählten Hilfsmittel lassen Sie erkennen, wohin der nächste Schritt und weitere Weg führt, so daß Sie nicht im Irrgarten des Lebens gefangen bleiben. Sie helfen Ihnen, durch den Nebel des Alltags zu blicken und befähigen Sie, Aufgaben von einer kreativeren und günstigeren Warte her anzugehen, damit Sie Ihren mühevollen Weg durch das Labyrinth der täglichen Anforderungen und Probleme bewältigen.

Irrgärten und Labyrinthe finden sich überall auf der Welt. Gärten wurden in dieser Form angelegt und Gebäude von labyrinthartiger Weitläufigkeit und Struktur errichtet. In den Märchen und Mythen wird von der Reise des Helden durch einen Irrgarten von Prüfungen berichtet, an dessen Ausgang er endlich seine Belohnung findet. Solche Geschichten haben zumeist symbolischen Charakter.

Der wohl am weitesten verbreitete Mythos vom Labyrinth oder Irrgarten findet seinen Niederschlag in der griechischen Sage von Theseus. Theseus war ein Held, der schon in jungen Jahren große Abenteuer bestanden hatte. Seine größte Leistung war jedoch die Tötung des Minotaurus, eines Ungeheuers mit Menschenleib und Stierkopf.

König Minos von Athen beauftragte den Baumeister Daidalos mit der Errichtung eines Labyrinths voller Windungen und Krümmungen, aus dessen Gewirr von Gängen niemand mehr herausfinden konnte. In seinem Innersten hauste der Minotaurus, der dadurch in Schach gehalten wurde, daß ihm der König regelmäßig Jünglinge und Jungfrauen opferte.

Als Theseus davon erfuhr, bot er sich freiwillig an, um so den Kampf mit dem Minotaurus aufnehmen und schließlich die Athener für immer von diesem Übel befreien zu können.

Bevor er das Labyrinth betrat, konnte er die Gunst der Ariadne, der Tochter des Königs Minos, erwerben. Von ihr bekam er ein Garnknäuel, dessen eines Ende er am Eingang festknüpfte und das er auf dem Weg durch die Irrgänge ablaufen ließ. Theseus begegnete dem Minotaurus, besiegte ihn und fand schließlich mit Hilfe von Ariadnes Faden glücklich aus dem Labyrinth heraus.

Auf dem Papier haben wir fast alle schon einmal in irgendeiner Form mit einem Irrgarten zu tun gehabt. Es gibt darin Kreisverbindungen, Schleifen, Knoten sowie eine Vielfalt geometrischer Formen. Einige geläufige und vertraute Beispiele sind am Ende des Kapitels abgebildet.

Irrgärten und Labyrinthe sind Mittel, um den Geist zu zentrieren. Die Formen und Verwicklungen zwingen das Unterbewußtsein, sich neuen Sichtweisen gegenüber zu öffnen. Um einen Irrgarten zu entschlüsseln, muß die intuitive und kreative Wahrnehmung verändert und angeregt werden. Auf diese Weise erlangen wir Zugang zu unseren inneren Potentialen und zu neuen Ebenen einer universaleren Wahrnehmung; diese läßt uns Informationen auf neue Weise verarbeiten. Die Lösung von Irrgärten erfordert den Gebrauch beider Gehirnhälften, der rechten wie der linken. Das wiederum sorgt für eine ausgewogene Gehirnfunktion und -aktivität.

Unser Gehirn läßt sich in zwei Großhirnhälften oder Hemisphären einteilen. Jede Hemisphäre verarbeitet Informationen auf unterschiedliche Weise. Die linke ist bei der Verwertung von Daten eher logisch und rational orientiert. Sie analysiert, rechnet, hält sich Schritt für Schritt an vorgegebene Vorgehensweisen und baut immer wieder auf dem einmal Erlernten auf.

Die rechte Hemisphäre funktioniert ganz anders: Sie läßt uns Dinge in ihrem Verhältnis zum Raum (also im räumlichen Zusammenhang) und deren Querverbindungen erkennen. Sie ist der Schlüssel zu den imaginativen Kräften in uns und läßt uns träumen, Metaphern verstehen, zu neuen komplexen Ideen finden.

Wenn beide Hemisphären richtig zusammenarbeiten, können wir Informationen viel leichter aufnehmen und länger behalten. Der Zugriff zu und Umgang mit unseren intuitiven Fähigkeiten erfolgt auf eine bewußtere und bessere Weise, und so können wir uns tieferen Einsichten und Erkenntnissen müheloser öffnen. Durch eine ausgewogene Aktivität beider Gehirnhälften gelingt es uns, auf kontrollierte und fokussierte Weise in tiefere Schichten unseres Bewußtseins vorzudringen.

Am effektivsten lassen sich Irrgärten lösen, wenn man beide Hemisphären aktiviert. Jeden Irrgarten geht man zunächst von der logischen Seite, der linken Hälfte also, her an, doch man muß auch die imaginative Fähigkeit mobilisieren, denn erst durch sie kann man die räumlichen Zusammenhänge der einzelnen Schritte (der vergangenen wie der zukünftigen) in bezug auf den gesamten Irrgarten und unsere aktuelle Position darin (rechte Gehirnhälfte) erkennen. Wir müssen also wissen, wo wir bereits waren, wie wir dorthin gekommen sind und wohin uns das womöglich führen wird. Um das zu bewerkstelligen, werden beide Hemisphären gebraucht. So tragen also Irrgärten und Labyrinthe dazu bei, beide Hälften unseres Gehirns zu benutzen.

Mit Hilfe von Irrgärten lernen wir, unsere Imagination ins Spiel zu bringen und ihre Kräfte zu bündeln, um positive Lösungen zu finden und diese erfolgreich umzusetzen. Sie lassen uns erkennen, was uns im Leben Schranken auferlegt und sich bei uns unablässig wiederholt. Das wiederum führt dazu, daß wir uns für eine bestimmte Aufgabe oder für unser Leben ganz allgemein höhere Energie- und Bewußtseinsebenen erschließen.

Es ist schon erstaunlich, wie viele Menschen ihr Leben und die Gesamtheit ihrer Erfahrungen mit einem Irrgarten vergleichen, in dem sie mehr oder weniger blind umherwandern! Und nur wenige bemerken, daß selbst einfache Irrgärten und Labyrinthe, wie sie am Ende dieses Kapitels abgebildet sind, etwas ausgesprochen Faszinierendes sein können. Die erfolgreiche Lösung einer anscheinend unlösbaren Aufgabe oder einer streßbelasteten Phase im Leben ähnelt dem Prozeß des »Sich-Durcharbeitens« durch einen Irrgarten. In beiden Fällen muß man nur richtig hinschauen und genau abwägen können. Es ist eine Art Spiegelung nach dem vorgenannten Prinzip der Entsprechung.

Durch die Beschäftigung mit Irrgärten und Labyrinthen können auch Sie lernen, diese gespiegelte Perspektive auf alle Aspekte des Lebens anzuwenden. Diese Technik dient aber auch der Schulung Ihrer divinatorischen Fähigkeiten im Hinblick auf das zukünftige Arbeiten mit der Kristallkugel. Sie erhöht nicht nur Ihre Umsicht und Effizienz in allen Dingen des täglichen Lebens, sondern stärkt auch Ihre Gabe, sich die Energien der Kristallkugel oder -schale zu erschließen und sie für ein erfolgreiches Hellsehen zu nutzen.

Es gibt zwar verschiedene Arten von Irrgärten, doch das Lösungsprinzip ist immer das gleiche. Dies trifft sowohl für die am Ende dieses Kapitels abgebildeten Labyrinthe wie auch für

Ihre bisherigen Erfahrungen im Irrgarten des Lebens zu. Wenngleich ich im folgenden nur typische Irrgärten beschreibe, möchte ich doch darauf hinweisen, daß *alles Gesagte* auch auf jedes andere Labyrinth, das Ihnen irgendwann im Leben einmal begegnet, anwendbar ist.

Wie auch immer ein Irrgarten angelegt ist, er weist in der Darstellung stets einen Start- und einen Zielpunkt auf. Manchmal liegt dieser Anfang in der Mitte, weil wir häufig so lange nicht merken, daß wir uns in einem Irrgarten befinden, bis wir uns in seinen Verstrickungen verfangen haben. Die Aufgabe, die es zu lösen gilt, lautet: in einem fortlaufenden Zug oder Bewegungsablauf vom Start zum Ziel zu gelangen, ohne dabei die durchgezogenen Linien zu überschreiten. *Jeder Irrgarten hat einen Ausgang, sonst ist es kein echter Irrgarten!* Es gibt keinen, den man nicht lösen könnte, ganz gleich wie kompliziert er auch erscheinen mag. Wenn Sie nur geduldig und achtsam daran arbeiten, finden Sie einen Lösungsweg für jeden Irrgarten.

Der Irrgarten zur Schulung von Divination und Innenschau

Wie einfach es ist, sich eines Irrgartens zur Schulung und Weiterentwicklung der seherischen Fähigkeiten und des Blicks für Zusammenhänge zu bedienen, zeigen wir Ihnen jetzt:

1. Zunächst ist der Irrgarten für unsere Zwecke nichts anderes als ein Werkzeug oder Medium. Irrgärten liefern dem Intellekt einen Konzentrationspunkt, der das Bewußtsein auf eine lösungsfreudigere und kreativere Ebene anhebt. Betrachten Sie den Irrgarten als eine künstlerisch dargebotene physische Spiegelung des Problems, das Sie lösen möch-

ten, beziehungsweise der Aufgabe, die vor Ihnen liegt. Der Irrgarten repräsentiert alles, was Ihnen auf der Seele brennt. Wenn Sie sich beispielsweise in einem Problem verstrickt wissen, stellen Sie sich den Irrgarten als Spiegelung dieses Problems vor. Wenn Sie nun Ihren Weg durch das Labyrinth suchen, machen Sie sich bewußt, daß Sie sich damit gleichzeitig durch das Problem hindurcharbeiten, das Ihnen so zusetzt. Nur dadurch können Sie die Energien freisetzen, die den Lösungsprozeß in Gang bringen. Meditieren Sie über den Irrgarten und darüber, was er für Sie darstellen soll. Und während Sie Ihren Gang durch den Irrgarten machen, konzentrieren Sie sich auf den Gedanken, daß Ihre eigenen persönlichen Vorstellungen und Absichten konkrete Formen annehmen und zur Manifestation gebracht werden. Die Meditation über die spezielle Bedeutung dieses Irrgartens stimuliert Ihr Unterbewußtsein, so daß es Antworten und Richtungen aufzeigen kann, die Sie zur Erreichung Ihres jeweiligen Ziels benötigen.

2. Seien Sie geduldig. Irrgärten – ob im Leben oder auf dem Papier – können nicht immer auf Anhieb gelöst werden. Manchmal mag es gelingen; in diesem Fall gibt uns das Aufschluß darüber, wie leicht die durch den Irrgarten repräsentierte Problematik allein durch die rechte Sichtweise gelöst und aus dem Weg geräumt werden kann.
   Befinden Sie sich im Irrgarten auf dem Rückzug, so verrät die Anzahl der nicht geglückten Versuche etwas über den Zeitaufwand, den Sie zur Lösung oder Bewerkstelligung dessen benötigen, was der Irrgarten für Sie repräsentiert. Es kann auch widerspiegeln, daß die ersten Schritte oder Bemühungen nicht immer erfolgreich sind. Aber es erin-

nert ebenfalls daran, daß wir schließlich und letztlich unser Ziel erreichen werden, solange wir nur beharrlich genug daran arbeiten.

3. Behalten Sie das Ziel stets im Auge, und verlieren Sie es auf Ihrer gesamten Reise durch den Irrgarten nicht aus dem Sinn. Dadurch bleiben Sie auf der richtigen Spur, und das Unterbewußtsein wird Sie immerfort in neue Richtungen lenken und zu unerwarteten Einsichten führen.
   Ein alter Grundsatz lautet: »Die Energie folgt immer dem Gedanken.« Wohin Sie also Ihre Gedanken richten oder worauf Sie sich konzentrieren, dorthin geht Ihre Energie. Wenn Sie sich darauf fixiert haben, ein bestimmtes Ziel im Leben auf bestmögliche Art und Weise zu erreichen, betrachten Sie den Ausgang aus dem Irrgarten als jenes ultimative Ziel oder als einen wichtigen Schritt darauf zu. Wenn Sie sich auf den Ausgang – Ihr Ziel – konzentrieren, lassen Sie sich auch viel weniger von unwichtigen Dingen auf dem Weg ablenken.
   Während Sie sich mit dem Gedanken an das Ziel durch den Irrgarten voranarbeiten und die vielen einzelnen Gänge durchprobieren, werden vom Unterbewußtsein Reaktionen ausgelöst. Wenn Sie am Ziel angekommen sind, haben Sie vielfach schon neue Ideen und Möglichkeiten im Sinn. Manchmal dauert der Prozeß vielleicht etwas länger, doch neue Erkenntnisse und Perspektiven zeigen sich *immer* innerhalb von vierundzwanzig Stunden.
4. Bei der Lösung des Irrgartens sollten Sie *immerzu* über den einzelnen Schritt hinaus nach vorne schauen. Denn der vorausschauende Blick in den nächsten Gang gibt verschiedene wichtige Impulse. Zum einen läßt er Sie erken-

nen, welche möglichen Auswirkungen die bis zu diesem Punkt gemachten Schritte haben, zum Beispiel Sackgassen, neue Chancen, die Notwendigkeit zur Richtungsänderung oder Umkehr. Zum anderen wird damit eine starke Botschaft an das Unterbewußtsein gesandt, unentwegt darauf zu achten, was zum jeweiligen Zeitpunkt unmittelbar vor Ihnen liegt.

Dies ist ein erster Schritt auf dem Weg, auch die zeitlichen Abläufe vorhersagen zu können. Sie beginnen, Muster zu erkennen und abzusehen, daß ein bestimmter Weg bald blockiert sein wird oder sich weiter hinten ein Tor öffnet.

In der Physik haben wir gelernt, daß jede Aktion eine gleiche, jedoch entgegengesetzte Reaktion auslöst. Alles, was wir tun, hat einen Dominoeffekt, und das Unterbewußtsein weiß dies ganz genau. Blicken wir bewußter nach vorne, kann das Unterbewußtsein seine Wahrnehmungen viel klarer umsetzen.

Die Vorausschau hindert Sie auch daran, sich zu sehr im Augenblick zu verlieren. Natürlich müssen wir fest auf der Erde bleiben und uns auf die Gegenwart konzentrieren, doch nur allzu leicht lassen wir uns allzu tief in den Morast unserer Probleme hineinziehen, so daß wir andere Möglichkeiten überhaupt nicht mehr erkennen können oder wollen.

Irrgärten sind hervorragend geeignet, uns in allen Situationen neue Wege und Möglichkeiten zu eröffnen – auch in solchen, die zunächst hoffnungslos erscheinen mögen. Sie bieten Gelegenheit und animieren zum Betreten solcher Pfade oder zum Handeln aufgrund solcher Perspektiven. Durch die Beschäftigung damit lernen wir, den Verlauf einer Handlung abzusehen und richtig einzuordnen, so daß wir nicht in Selbstmitleid zerfließen oder kapitulieren müssen.

5. Manchmal läßt sich ein Irrgarten einfacher in umgekehrter Richtung lösen. Irrgärten auf dem Papier oder im wirklichen Leben können eine recht knifflige Angelegenheit sein, und man fühlt sich hin und wieder ganz schön darin verloren. Wenn Sie mit Ihrem Latein am Ende sind, versuchen Sie es doch einmal in umgekehrter Richtung. Stellen Sie sich vor, bereits am Ziel zu sein, und verfolgen Sie dann Ihre Spur zurück bis zu jenem Punkt, an dem Sie jetzt stehen. Bisweilen kommt es vor, daß man sich in einer Situation ganz verzweifelt und völlig festgefahren fühlt. In solchen Momenten ist es wichtig, eine klare Perspektive zu finden, sonst wird die Frustration immer größer. Fangen Sie einfach beim Ziel an, und suchen Sie sich Ihren Weg zurück zum Anfang. Das bringt Ihnen eine ganze Menge! Ihre Aufmerksamkeit wendet sich ab von den Hindernissen, die Ihnen im Augenblick den Weg versperren, und das Gefühl der Frustration und Hoffnungslosigkeit verschwindet.

Irrgärten und Labyrinthe werden in der Divination und Kunst des Sehens für viele Bereiche des Lebens verwendet. Über sie bekommen wir tiefere Einblicke in alternative Wege der Heilung oder Problemlösung, und sie verhelfen uns sogar zur Neuorientierung. Wir können sie nutzen, um unsere Kreativität zu erwecken, die Schwierigkeiten des Alltags zu überwinden und auch, um im Leben einen erfolgreicheren Kurs einzuschlagen. Im folgenden sind nur einige Beispiele angeführt, wie Irrgärten als magisches und divinatorisches Instrument eingesetzt werden können, und zwar insbesondere in der Vorbereitungsphase zur Weissagung mit Hilfe von Kristallkugeln.

Bei vielen Menschen kann das Streben nach einem Ziel – sei es nun der neue Job oder etwas, das einem am Herzen liegt – in die Meditation einfließen und sich darin spiegeln. Gleichzeitig dient es als vorbereitendes Ritual zur Freisetzung von Energien, durch die sich neue Perspektiven auftun.

Vielen Menschen fällt beim Gedanken an ihre persönlichen Ziele und Träume das Bild des Esels ein, dem man eine Karotte vor die Nase hält, um ihn zu locken, die aber dennoch stets unerreichbar bleibt. Mit den folgenden zwei Irrgärten können Sie die Karotte in greifbare Nähe rücken. Selbst ein Irrgarten für Kinder, wie er im ersten Beispiel zu sehen ist, kann ein wertvolles Hilfsmittel sein.

Irrgärten mit mehr als einem Startpunkt, wie im ersten Beispiel veranschaulicht wird, können dazu benutzt werden, im Wettbewerb um die Erreichung eines bestehenden Zieles ein angemesseneres und erfolgreicheres Handlungskonzept zu entwerfen.

Passen Sie den Irrgarten Ihren eigenen Belangen an! Betrachten Sie jeden Start- oder Ausgangspunkt als unabhängigen, jedoch ganz spezifischen Weg oder Ansatz zur Erreichung Ihres Zieles. Und ordnen Sie ihm gleich zu Beginn eine bestimmte Aufgabe zu. Wenn Sie Ihre Reise durch den Irrgarten antreten wollen, welcher Weg führt Sie wohl am leichtesten und schnellsten zum Ausgang? Damit beantworten Sie gleichzeitig die Frage nach dem besten und erfolgreichsten Ansatz zur Erreichung Ihres zuvor definierten, spezifischen Zieles.

Manchmal scheint unser Ziel leichter zu erreichen, als es in Wirklichkeit ist. Die Divination kann ein wunderbares Hilfsmittel sein, um mögliche Probleme in allen Situationen oder

Umständen vorherzusehen. Der folgende Irrgarten mag auf den ersten Blick einfach erscheinen, doch der Schein trügt. Nur wenn man das Schema vorab durchschaut, findet man auch mühelos ans Ziel.

Bei den folgenden Irrgärten liegen Start und Ziel im Inneren. Manchmal sind wir bereits in einer Situation verfangen, bevor wir es merken. Bei dieser Art Irrgarten kann man mit Blick auf die jeweilige Situation die intuitive Einsicht in das Geschehen verbessern und mögliche Lösungsansätze entdecken.

Das zweite Beispiel für diese Art von Irrgärten kann in Momenten allzu großer Konzentration sehr hilfreich sein: Wir sind so fixiert auf etwas, was wir zu erreichen hoffen, daß uns die nötige Distanz fehlt und wir uns hoffnungslos in der Angelegenheit verstricken. Manchmal müssen wir eben einen

Schritt zurücktreten und etwas Abstand gewinnen, um unseren Weg klarer erkennen und unsere Ziele erreichen zu können. In diesem zweiten Irrgarten müssen Sie Ihren Weg durch die Gänge zunächst nach oben und dann ganz nach unten hin suchen, bevor der Ausgang in Sicht kommt.

Irrgärten mit ineinandergreifenden Kreisen lassen sich auf allen Gebieten der Entwicklung übersinnlicher Fähigkeiten sehr erfolgreich einsetzen, und ganz besonders im Zusammenhang mit der Verwendung von Kristallkugeln und -schalen, weil durch die kreisförmige Gestalt direkte Verbindung gegeben ist.

Der Kreis ist eines der wohl ältesten Symbole, über das in diesem Buch noch ausführlich berichtet werden wird. Er hat keinen Anfang und kein Ende und repräsentiert den Tanz des Lebens schlechthin. Der Kreis ist das archetypische Symbol für Ganzheit – das, was alles mit allem verbindet. Er symbolisiert, was das Innere und das Äußere zusammenfügt, und gewinnt somit in Irrgärten eine noch größere Bedeutung, weil es darum geht, unsere Intuition mit unseren äußeren Zielen zu verquicken.

Irrgärten mit ineinandergreifenden Kreisen haben nicht nur eine ausgeprägte Symbolik, sondern auch eine Reihe ganz praktischer und mystischer Anwendungsfelder. Sie helfen, Perspektiven zu finden, um Probleme, Schwierigkeiten und auch Beziehungen zu entwirren. Wir können sie als Katalysator für einen Bewußtseinswandel und für ein Umdenken in Gesundheitsfragen heranziehen. Als besonders effizient haben sie sich in der Vorbereitung auf das Weissagen und Hellsehen mit der Kristallkugel erwiesen.

Ich habe einmal zugesehen, wie ein Straßenmaler einen ein-

zelnen Kreis auf den Boden aufgezeichnet hat, und anschließend die Menschen beobachtete, wie sie ihren Weg von außen nach innen und zurück suchten. Durch diesen simplen Akt wird der Streß gelöst, der sich durch ein bestimmtes Problem, mit dem sich jemand gerade auseinandersetzt, im Körper gebildet hat. Dies wiederum fördert den Blick für Zusammen-

hänge und eröffnet neue Perspektiven – und das alles in der kurzen Zeit, die für den Weg von innen nach außen oder umgekehrt nötig ist. Es handelt sich hier um ein ungemein wirksames Entspannungsmittel, dessen Potential erst jetzt dem Bereich der Heilung erschlossen wird.

Irrgärten mit ineinandergreifenden Kreisen sind zuweilen schwierig zu lösen, und unser Konzentrationsvermögen wird dabei häufig auf die Probe gestellt. Sie erinnern uns daran, daß alles mit allem in Gedanken, Worten und/oder Taten verbunden ist.

2 Clairvoyance zum außersinnlichen Sehen und Hellsehen

Das Kristall- und Hellsehen blickt auf eine lange und bemerkenswerte Geschichte zurück. Überall in der Welt haben Menschen auf Seher, Orakel und Hellseher gehört.

Technisch gesehen ist das Kristallsehen eine Form der Divination, bei der ein Kristall als Medium verwendet wird. Manchmal steht es aber auch als Sammelbegriff für das Weissagen mittels Schauen auf transparente oder reflektierende Oberflächen; dabei kann es sich um einen Spiegel, eine Kugel, ein Gewässer oder eine mit Wasser gefüllte Schale handeln.

Viele Märchen und Erzählungen ranken sich um diese Thematik, und Kristallsehen wurde in Griechenland, Rom und ganz Mesopotamien praktiziert. Die Druiden in England kannten es ebenso wie die Menschen in Schottland, Frankreich, Deutschland und anderen Teilen Europas. Auch in Ägypten, im damaligen Babylon und den heutigen islamischen Ländern sowie in Indien übte man sich in dieser Kunst.

Die wohl berühmteste und weitverbreitetste Geschichte zum Kristallsehen ist das »Märchen vom magischen Turm«, das man in abgewandelter Form auch in Indien, Persien, Griechenland und Rom kennt. Es ist auch unter dem Namen »Das Spiegelschloß« bekannt, in dem einst ein Magier einen Turm baute. In diesem Turm gab es viele wundersame Dinge, so auch einen Spiegel, der die ganze Stadt überstrahlte. Näherte sich ein Feind, so konnte man ihn darin schon aus großer Entfernung sehen.

In der Weltliteratur begegnen uns überall Formen des Kristallsehens. Die Gebrüder Grimm haben darüber geschrieben und auch Chaucer in der »Squire's Tale«, einer Novelle aus seinem Meisterwerk »Canterbury-Erzählungen«. William Shakespeare erwähnt es in seinem Werk »Maß für Maß« und in »Macbeth«. Bei Ben Johnson kommt es in »Der Alchimist« vor. Man findet es in »The Lay of the Last Minstrel« von Sir Walter Scott ebenso wie in Lewis Carrolls »Alice im Spiegelland«. Und auch Goethe läßt seinen Dr. Faust in einen magischen Spiegel schauen.

Auch historische Persönlichkeiten sind mit den Geheimnissen des Kristallsehens und Hellsehens in Verbindung gebracht worden. Im dreizehnten Jahrhundert ging das Gerücht um, Roger Bacon – der Mann, dem wir so viele unserer heutigen wissenschaftlichen Untersuchungsmethoden verdanken – habe polierten Beryll zum Hellsehen benutzt. Agrippa von Nettesheim (1486–1535) soll mit Hilfe von magischen Spiegeln zukünftige Ereignisse vorausgesehen haben. Und ebenfalls im sechzehnten Jahrhundert wurde Nostradamus von seiner Schirmherrin Katharina von Medici dazu angehalten, mit Hilfe eines Spiegels die zukünftige Thronfolge der Könige von Frankreich für sie vorherzusehen.

Ende des sechzehnten und Anfang des siebzehnten Jahrhunderts benutzte Dr. John Dee, unterstützt von Edward Kelly, einen Kristall, um mit Engeln zu sprechen. Aus dieser Kommunikation hat Dee der Welt ein Engelsalphabet und eine Engelssprache hinterlassen, das sogenannte Henochische. Es wird in vielen okkulten Gesellschaften verwendet, darunter auch vom Orden *»The Golden Dawn«*.

Die Popularität des außersinnlichen Sehens und Hellsehens mit Hilfe von Kristallen hört aber an jener Stelle nicht auf. Im achtzehnten Jahrhundert erlangte Guiseppe Balsamo (Graf Alessandro Cagliostro) große Berühmtheit durch seine hellseherischen Prophezeiungen, obgleich er andererseits auch als Scharlatan berüchtigt war. Oft benutzte er in seinen Ritualen Kinder und folgte damit einer Tradition, die eher in primitiveren Gesellschaften zu Hause war, wo der Weise nicht den Anspruch erhob, allein mit der geistigen Welt in Kontakt zu treten. Vielmehr übertrug er solche Aufgaben jungen Knaben oder Mädchen, die man für den besseren Kanal hielt.

Heutzutage hat das Interesse am Kristallsehen neue Dimensionen angenommen. So gut wie jeder Esoterikladen hat Edelsteine im Programm. Kristallkugeln gibt es in verschiedenen Größen und Formen und zu Preisen, die für jedermann erschwinglich sind. Immer mehr Menschen lernen, diese Instrumente zu nutzen, um ihre ureigenen und einzigartigen intuitiven Fähigkeiten zu erschließen. Auch Sie sind nicht länger auf die Hilfe von Sehern, Medien oder Parapsychologen angewiesen, denn Sie können sich nun selbst mit den Grundlagen vertraut machen und die Methoden nutzen, die schon in der Antike weit verbreitet und zuverlässig waren.

Hydromantie und Kristallsehen

In der Antike war die Divination durch Formen übersinnlichen Schauens eine der populärsten und am weitesten verbreiteten Methoden, und sie befindet sich heute erneut im Aufwind. Die gebräuchlichste Art des Sehens erfolgt zwar über die Kristallkugel, aber es gibt daneben viele andere Möglichkeiten der außersinnlichen Wahrnehmung. So benutzten Wahr-

oder Weissager Gefäße mit schwarzer Tinte, Spiegel, Glaskugeln, Teeblätter und Wasser.

Die Hydromantie gilt weltweit als eine der geläufigsten Methoden des Sehens. Das Element Wasser stand von jeher mit der Welt der Psyche und den höheren Formen der Sensitivität in Verbindung. Die Wahrsagekunst bedient sich des Wassers auf mannigfaltige Weise. Einige Seher nutzen einen Teich oder See, andere halten sich an die Energien eines bestimmten Flusses. Manche Seher und Orakel verwenden Wasserkessel oder -schalen, um ihre übersinnlichen Fähigkeiten zu aktivieren. Und von anderen wiederum weiß man, daß sie zum Wahrsagen in eine Regenpfütze schauen.

Die Hydromantie ist mit dem Kristallsehen wohl am engsten verwandt. In der Antike waren viele Seher davon überzeugt, daß Kristalle gefrorenes Wasser oder Eis seien. Auch Plinius der Ältere (23–79 v. Chr.) und Seneca (4 v. Chr. bis 65 n. Chr.) sollen dieser Meinung gewesen sein. Diese Vorstellung hielt sich übrigens hartnäckig bis tief ins Mittelalter hinein.[1]

Um zu verstehen, warum sich dieses Medium in der Kunst des Hellsehens so großer Beliebtheit erfreute, muß man wissen, daß Wasser das kreative Element im Leben ist. Überall auf diesem Planeten wird in den Mythen und Märchen darüber berichtet, daß alles Leben aus dem Wasser hervorgegangen ist. Wasser hatte schon immer etwas Geheimnisvolles. Die großen Seen und Meere waren älter als alles, was man kannte. Sie veränderten sich unentwegt und blieben doch immer gleich. Die großen Wasser waren ständig in Bewegung, hatten keinen Anfang und kein Ende.

1 Ferguson, Sibyl, *The Crystal Ball*, Samuel Weiser Inc., York Beach, ME 1983, Seite 5.

Die Seher der Antike schrieben dem Wasser grenzenlose Magie und Kraft zu. Das Wasser konnte von den menschlichen Dimensionen des Daseins ablenken und Weisheit sowie spirituelles Wissen vermitteln. Es vermochte Krankheiten zu heilen und galt seit jeher als Jungbrunnen schlechthin.

Zu allen Zeiten war das Wasser eine Welt, in der viele phantastische Kreaturen und Wesen leben, Wesen, die oft eher der Fiktion als der Wirklichkeit entspringen. Wassergeister und andere Geistwesen offenbaren sich vielfach durch das Wasser. Es gibt Teich- und Brunnen-Geister, die mal so klein wie Wassertröpfchen sind, ein andermal wiederum so groß wie eine ganze Quelle. Die mit diesem Element assoziierten Wesen stimulieren die übersinnlich-sensitive Seite in uns, schon allein wenn wir Kontakt mit ihnen oder ihrer Wasserquelle aufnehmen. Sie erwecken die Sensitivität und Inspiration in unserem Inneren.

Ins Reich der Elfen reiste man normalerweise auf dem Wasser, dem Verbindungsglied zur astralen Welt. Das ist auch der Grund, warum natürliche Teiche, Tümpel und Quellen stets als offene Tore und Fenster zu einer anderen Welt galten.[1]

Nach einem Regenfall eröffnen uns Wasserpfützen einen Blick ins Reich der Elfen. Selbst Regenwasser, das man in einer dunklen Schale oder in einem Kessel faßt, kann allen, die damit umzugehen wissen, ein Fenster zu höherer Wahrnehmung sein. Deshalb überrascht es auch nicht, daß die Hydromantie eine so ungeheure Verbreitung und Popularität erlangt hat.

Stellen Sie einfach einmal eine Schüssel nach draußen in den

1 Andrews, Ted, *The Enchantment of the Faerie Realm*, Llewellyn Publications, St. Paul, MN, 1993, Seiten 69–90.

Regen oder buddeln Sie ein kleines Loch in Ihrem Garten. Wenn Sie das Loch in der Nähe eines Baumes, jedoch nicht unmittelbar darunter anordnen, können Sie damit ganz leicht ein Fenster oder eine Tür zum Elfenreich bauen. Sobald es sich mit Wasser füllt, haben Sie eine Brücke zwischen den Welten geschaffen.

Stellen Sie sich neben das Wasserloch beziehungsweise hinter die Schüssel. Sorgen Sie dafür, daß Sie ungestört ins Wasser schauen können. Schließen Sie die Augen und entspannen Sie sich einen Moment lang. Vielleicht möchten Sie meditieren, um sich auf diese Weise mit der Natur und sich selbst in Einklang zu bringen. Streichen Sie mit der linken Hand einige Male über die Schüssel oder das Wasserloch – über Ihr »wässriges Fenster« also. Das Wasser wird dadurch zum sensitiven Medium; gleichzeitig ist die Geste eine Einladung an die mit ihm verbundenen Geister oder Wesen.

Seien Sie geduldig und konzentrieren Sie sich, wenn Sie ins Wasser schauen. Starren Sie nicht allzu intensiv hinein. Ihr Blick sollte sanft und nur halb fokussiert sein, so als ob Sie wie beim Tagträumen ins Leere schauen würden.

Wie beim Kristallsehen sind auch hier die Erscheinungen sehr unterschiedlich. Vielleicht sehen Sie zunächst ein ziemlich verschwommenes Bild, so als ob Wolken oder Nebel vorüberziehen würden. Das ist ein gutes Zeichen, denn es bedeutet: Das Fenster öffnet sich, und Ihre Hellsichtigkeit ist erwacht. Mit der Zeit werden Farben, Bilder, Gesichter und ganze Szenarien auftauchen. Jedes Mal, wenn Sie ein Regenloch, eine Schüssel oder einen Kristall zum Sehen benutzen, werden Sie zu tieferen Einsichten gelangen.

Am besten praktizieren Sie parallel zur Hydromantie auch

das Kristallsehen, denn Techniken und Erscheinungen sind sich überraschend ähnlich, ja verstärken sich sogar gegenseitig. Durch die Hydromantie verbessern Sie Ihre Fähigkeiten im Kristallsehen, und umgekehrt steigern Sie durch das Kristallsehen Ihren Erfolg in der Hydromantie.

In meinen Workshops und Seminaren zur Schulung übersinnlicher Fähigkeiten bilden Hydromantie und Kristallsehen eine Einheit. Beide Techniken ähneln sich sehr, und Erfolge lassen sich damit fast mühelos erzielen. Wenn im Rahmen der Hydromantie auch Kristallschalen benutzt werden, erhöht das die Wirksamkeit in besonderem Maße. Dieses Thema wird im zweiten Teil dieses Buches ausführlich behandelt. Wasser und Kristalle lassen sich in der Divination sehr gut miteinander verbinden; beispielsweise kann man einen Kristall ins Wasser legen, um dem Element zusätzliche Kraft zu verleihen.

Die Hydromantie wie auch das Kristallsehen tragen dazu bei, die ursprünglich in uns angelegten übersinnlichen Energien zu mobilisieren und zu bündeln, besonders wenn beide Techniken parallel zueinander praktiziert werden. Das überrascht nicht, wenn man bedenkt, daß sowohl Kristalle als auch Wasser außerordentlich gute Leiter elektrischer Energie sind und der menschliche Körper ein biochemisches und elektromagnetisches Energiesystem ist. Deshalb lassen sich mit Wasser und Kristallen auch die Konzentration fördern und veränderte Bewußtseinszustände herbeiführen. Sie sind der Stimulus und Erwecker unserer inneren Hellsichtigkeit oder Clairvoyance.

Clairvoyance und Kristallsehen

Clairvoyance ist ein aus dem Französischen entliehener Begriff und bedeutet »klares Sehen«. Dem Wort nach ist er zwar eher mit den visuellen Aspekten übersinnlicher Phänomene verbunden, vielfach wird er allerdings als Sammelbegriff für übersinnliche Erfahrungen jeder Art benutzt. Im Mittelalter wurden viele unerklärliche und ungewöhnliche übersinnliche Erfahrungen unter dem Begriff Mirabilia[1] geführt. In diesem Buch bezieht sich Clairvoyance oder Hellsichtigkeit auf visionäre Erfahrungen ganz allgemein.

Viele Menschen meinen, Hellsichtigkeit sei ein einzigartiges Geschenk, das nur wenigen zuteil würde; aber das stimmt nicht. Es ist eine natürliche Fähigkeit in uns allen. Jeder von uns vermag sie zu entfalten und zu kultivieren. Manche Menschen tun sich da natürlich leichter als andere, so wie dem einen das Lernen leichter fällt als dem anderen, dennoch kann prinzipiell jeder Hellsichtigkeit erlernen.

Als Kinder sind wir natürlich noch viel stärker in der geistigen Welt zu Hause und offener für alle Phänomene aus diesem Bereich. Doch im Laufe unserer Sozialisierung verlieren wir leider die Beziehung dazu, und unsere Fähigkeiten auf diesem Gebiet verkümmern mit der Zeit. Man redet uns ein, es sei alles nur Einbildung, oder bringt uns dazu, uns selbst wegen unserer Erlebnisse komisch vorzukommen. So schieben wir diesen Teil unseres Selbst weitgehend beiseite. Die uns gegebenen Talente und Eigenschaften schlummern aber weiter in uns und warten gewissermaßen darauf, wieder zur Entfaltung

1 Cirlot, J. E., *A Dictionary of Symbols*, Philosophical Library, New York, 1971, Seite 210.

und zum Blühen gebracht zu werden. Dieses Buch enthält Übungen und Methoden, die in erster Linie Kristallkugel und Kristallschale dafür nutzen.

Fast bei jedem Menschen treten in der Kindheit hellsichtige Visionen auf. Kinder wissen oft ganz genau, wer da gerade anruft, wenn das Telefon klingelt. Für ein Kind klingt das Telefonläuten eben bei jedem Anrufer anders. Ob in der Nacht oder am Tage, ihre Träume sind in der Regel außerordentlich lebhaft oder womöglich für sie gar nicht als solche erkennbar. Die meisten Menschen können sich daran erinnern, wie sie in ihrer Kindheit einmal etwas im voraus wußten, was hinterher auch wirklich eintrat. Fast alle Kinder sind aurasichtig und können spontan Auskunft über deren jeweilige Farbe geben. Es erstaunt mich immer wieder, wie viele Menschen Kindheitserinnerungen an paranormale Phänomene haben und davon sprechen, wenn sie in meine Seminare kommen. Jeder hat seine eigene, ganz persönliche Geschichte, doch die ersten und nachhaltigsten Erinnerungen an eigene übersinnliche Erlebnisse stammen aus der Kindheit.

Gewöhnlich verstehen wir diese Art von Erfahrungen nicht als das, was sie wirklich sind, oder aber wir ignorieren sie und lassen sie einfach nicht zu. Man redet uns ein, das alles seien pure Hirngespinste, und vermittelt uns so den unglückseligen Eindruck, daß Visionen in der realen Welt keinen Platz haben. Folglich schalten wir diesen Teil in uns und damit auch die Fähigkeit zu sehen völlig ab.

Jeder Mensch hat andere visionäre Erfahrungen. Mancher sieht die Dinge, wie sie wirklich sind, anderen hingegen begegnen sie in symbolischer Form; wieder andere haben es mit einer Kombination aus beidem zu tun, mit realistischen und symbolischen Bildern also. Einige Menschen erleben keine äußeren Visionen, sondern sehen die Bilder vor ihrem geistigen Auge. Und manche sehen nicht einmal Bilder, sondern haben vielleicht nur ein Gefühl, einen Eindruck oder ein inneres Wissen, daß dieses oder jenes passieren wird. Es ist auch möglich, daß wir eine Stimme hören, so als ob jemand zu uns spräche, und manchmal hören wir diese Stimme auch nur im Geiste. Oder wir nehmen womöglich auch einen Duft wahr, wenn wir unsere Intuition und natürlichen hellseherischen Fähigkeiten entfalten.

Unsere übersinnlichen Fähigkeiten manifestieren sich zu Anfang über das physische Sinnesorgan, das bei uns am natürlichsten geblieben und am stärksten ausgeprägt ist. Wenn wir eher auditiv veranlagt sind, wird sich wahrscheinlich das Hellhören, also das intuitive/außersinnliche Hören einstellen. Sind wir mehr taktil orientiert, wird sich höchstwahrscheinlich das Hellfühlen, also das außersinnliche Fühlen einstellen.

Bei der Entfaltung der übersinnlichen Wahrnehmung kommt es nur allzu häufig vor, daß diejenigen, die sehen, lieber hören möchten. Wer hört, möchte viel lieber sehen, und wer fühlt, würde lieber sehen und hören können. Was aber nur wenige Menschen wissen: Wenn wir unser ganzes Augenmerk auf die Entfaltung dessen richten, was für uns am natürlichsten ist, werden sich in diesem Prozeß auch alle anderen Wahrnehmungsformen entwickeln. Ein visueller Typ wird mit der Zeit bemerken, daß er durch die Schulung seiner hellseherischen Fähigkeiten auch gleichzeitig hellhöriger und feinfühliger geworden ist.

Wer nur vage Gefühle und Eindrücke hat, dem fällt es in der Regel schwer, seiner ureigenen Erfahrung zu vertrauen. Dies rührt zumeist daher, daß er sich bislang noch nie richtig bemüht hat, seine Gefühle zu klären und zu definieren. Um dies mit Erfolg zu tun, muß man meistens nur die richtigen Fragen stellen.

Stellen Sie einfach einmal fest, was Sie gerade fühlen oder was Sie beschäftigt. Urteilen Sie nicht und seien Sie für alles offen. Geben Sie einfach Ihre Gefühle und Eindrücke wieder. Beschreiben Sie, was Sie bewegt, ganz gleich wie unangenehm oder banal es erscheinen mag; und sprechen Sie alles laut aus oder halten Sie es schriftlich fest. Es ist wichtig, daß Sie Ihre Eindrücke aussprechen oder niederschreiben, denn nur so lassen sie sich auf einer physisch sichtbaren Ebene klären. Auf diese Weise wird Ihr vages Gefühl aus dem ätherisch-mentalen Bereich herausgelöst und geerdet. Damit beginnt gleichzeitig auch der Klärungsprozeß. Erliegen Sie auf keinen Fall der Versuchung, alles als Einbildung abzutun. *Gefühle und Eindrücke würden sich Ihnen niemals aufdrängen, wenn sie ohne Bedeutung wären.*

Der menschliche Geist kann so unendlich viel mehr, als wir ihm gemeinhin zubilligen. In unserem Alltag nutzen wir nur etwa zehn bis zwanzig Prozent unseres Gehirns; selbst wenn wir bis fünfzig Prozent gingen, bliebe immer noch ein großer Teil unentwickelt und ungenutzt.

Gehirn und Geist des Menschen hängen zwar zusammen, sind aber dennoch nicht identisch. Jahrelang hat man geglaubt, das Gehirn sei das Organ, durch das sich der Geist im wesentlichen ausdrücke, doch die moderne Wissenschaft lehrt uns, daß unser Geist und unsere Gedanken sich auch durch jede einzelne Zelle in unserem Körper Ausdruck verschaffen und auf diese einwirken können. Offensichtlich liegt ein Großteil der Aktivitäten unseres Geistes und seiner Fähigkeiten noch immer im dunklen.

Wir wissen lediglich, daß das Unterbewußtsein als Mittler zwischen der gesamten in den Körper ein- und aus ihm herausströmenden Energie fungiert. Es kontrolliert über neunzig Prozent der Körperfunktionen, darunter auch das Vorstellungsvermögen. Es weiß viel mehr, als uns bewußt ist. Es bemerkt und erkennt Muster und Abläufe in jedem Aspekt unseres Lebens. Wenn wir wieder bewußt erkennen können, was das Unterbewußtsein bereits wahrgenommen hat, manifestieren wir damit unsere angeborene Clairvoyance.

Die Hellsichtigkeit ist eine kreative Fähigkeit des Geistes, der unsere Fähigkeit der Imagination steuert. Man spricht von einem kreativen Menschen, wenn jemand sein imaginatives Potential in stets neuer und einzigartiger Form zum Ausdruck bringt. Kreative Imagination oder imaginative Kognition sind die Schlüssel, die das Tor zur wahren spirituellen Energie und zu unserer wahren hellseherischen Fähigkeit öffnen.

Die Kunst des Hellsehens ist ein Aspekt der kreativen Imagination. Wenn wir sie bewußt zu entfalten wissen, erschließen wir uns damit neue Welten und Erfahrungen. Was wir als Imagination ansehen, ist oft eine wie auch immer geartete Wirklichkeit auf einer Ebene jenseits der normal erfahrbaren Realität. Durch Imagination und Hellsichtigkeit bekommen wir eine neue Beziehung zu unserer Welt voller Farben und Formen.

Hellseherische Visionen haben die Menschen schon immer fasziniert und in ihren Bann gezogen, besonders wenn sie mit dem Kristallsehen in Verbindung stehen. Wie kommen sie zustande? Sind sie mit Träumen vergleichbar? Kann man sie wirklich mit den Augen sehen? Oder geschehen sie im Geiste? Kommen sie aus der geistigen Welt oder haben sie einen physischen Ursprung?

Durch die Schulung unserer Hellsichtigkeit weiten wir unsere physische Wahrnehmung in die übersinnliche und spirituelle Dimension hinein aus. Das schließt Imagination, Visionen, Träume, Aurasichtigkeit und vieles mehr ein. Mal sind die Bilder realistisch, mal sind sie symbolisch. Hellsichtigkeit kann zudem sowohl äußerer als auch innerer Natur sein.

Bei der äußeren Hellsichtigkeit sehen wir das Nichtphysische ebenso objektiv wie alle anderen Dinge in der physischen Welt. Das gilt für Bilder, Personen und Ereignisse in symbolischer oder realistischer Form. Möglicherweise sehen wir Geistwesen ebenso wie reale Personen und auch die Entwicklung von vergangenen, gegenwärtigen und zukünftigen Ereignissen.

Wenn wir irgendein Medium wie Wasser, Spiegel, Kristallschale, Kristallkugel o. ä. zum Schauen benutzen, so sind die auf der reflektierenden Oberfläche erscheinenden und mit dem physischen Auge wahrzunehmenden Visionen und Bilder Beispiele äußerer Hellsichtigkeit. Bei der Arbeit mit der Kristallkugel manifestiert sich die äußere Hellsichtigkeit durch in der Kugel entstehende und erkennbare Bilder, die wiederum realistisch oder symbolisch sein können. Mit der Zeit werden auch Sie den Unterschied herausfinden.

Bei der inneren Hellsichtigkeit werden Bilder und Eindrücke im Geiste und ohne menschliches Auge wahrgenommen. Solche Bilder und Darstellungen können physischer oder spiritueller Natur sein, vergangen oder gegenwärtig, entfernt oder nah; sie sind entweder realistisch oder symbolisch. Innere

Hellsichtigkeit ist nichts anderes als eine Betrachtung mentaler Bilder, bei der Sie etwas von deren Bedeutung erahnen.

Träume sind ein Beispiel innerer Hellsichtigkeit, und die meisten von uns haben sie schon einmal in irgendeiner Form erleben können. Innere hellseherische Erfahrungen mögen uns wie eine Einbildung erscheinen, doch auf gar keinen Fall sollten wir etwas, das nicht realistisch ist, ins Reich der Phantasterei verbannen!

Es gibt zwei allgemein anerkannte Erklärungen für die Phänomene der Hellsichtigkeit, wie sie beim Kristallsehen auftreten; die wohl eindeutigste darunter besagt, daß das Phänomen eine Manifestation der natürlichen hellseherischen Fähigkeit ist.

Bei der zweiten wird das Phänomen der Hellsichtigkeit als solches zwar nicht bestritten, doch auf psychologische Erklärungen zurückgeführt. Diese These geht davon aus, daß die Bilder möglicherweise bereits zu einem früheren Zeitpunkt unbewußt registriert wurden und es sich lediglich um Reproduktionen von früher gesehenen oder wahrgenommenen Dingen handelt. Die Hellsichtigkeit sei folglich nur ein äußerer Ausdruck dessen, was im Inneren bereits wahrgenommen wurde. Solche Bilder können auch unbewußt von anderen empfangen worden sein, beispielsweise durch Eindrücke auf die Aura.

Das Unterbewußtsein überträgt dann seine früheren Wahrnehmungen in Bilder, die wiederum in den Kristall oder auf die reflektierende Oberfläche projiziert werden. Beide Medien dienen als Katalysator und Brennpunkt zur Hervorbringung solcher Bilder. Damit wird die Echtheit oder der Wert der Bilder beziehungsweise Visionen nicht in Frage gestellt.

Die meisten übersinnlichen Phänomene und echten hellseherischen Erfahrungen basieren auf gewissen elementaren Grundlagen. Wenn Sie sich mit den nachfolgenden Prinzipien vertraut machen und sie beherzigen, werden Sie Ihre eigene Hellsichtigkeit auf allen Gebieten reaktivieren und zur Entfaltung bringen können; das gilt auch für das Weissagen mit der Kristallkugel:

Wir erschaffen uns unsere Wirklichkeit

Diese unsere Welt wird von unseren Gedanken beeinflußt. Die Energie folgt immer dem Gedanken. Jeder Gedanke oder Traum ist das Gewahren einer anderen Wirklichkeit, die parallel zu unserer eigenen besteht. Wir haben die Wahl, entweder unsere Energie so zu konzentrieren, daß die Wahrscheinlichkeit in die Nähe der Wirklichkeit rückt, oder aber wir setzen unseren Weg der Begrenztheit fort. Als Teil des schöpferischen Prozesses müssen wir lernen, die kreativen Möglichkeiten innerhalb unserer Grenzen zu erkennen und diese dann zu überwinden.

Damit verbinden sich häufig notwendige Veränderungen in unserem Leben. Sträuben wir uns dagegen, so werden wir bald in den Problemen ersticken. Wir können einfach nicht mehr klar sehen und wiederholen ständig unsere Muster. Arbeiten wir hingegen mit unseren imaginativen Kräften und erkennen, daß jeder Wandel auch neue kreative Ausdrucksmöglichkeiten birgt, lernen wir, Ereignisse und Menschen aus einer ganzheitlicheren und wirklichkeitsnaheren Perspektive heraus zu sehen. Dann wird Hellsichtigkeit zum integralen Bestandteil unseres Lebens und bleibt nicht länger getrennt von uns oder unserem gewöhnlichen Bewußtsein.

Ist unser Glaube an das Übersinnliche oder die Hellsichtigkeit erst einmal in irgendeiner Form bestätigt worden, zieht das automatisch weitere derartige Erfahrungen nach sich. Das Universum spiegelt uns, was wir glauben, woraufhin wir weitere Bestätigung dafür erfahren. Je stärker also unser Glaube, desto größer und häufiger das Feedback.

Andererseits werden in unserer heutigen Gesellschaft Gefühle von Zweifel und Skepsis geradezu kultiviert. Viele Menschen glauben etwas erst dann, wenn sie es am eigenen Leib erfahren haben. Was also bedeutet das für die Spiegelung? Sind die gespiegelten Erfahrungen nun zweifelhaft, weil wir selbst zweifeln?

Glücklicherweise müssen wir nicht an unsere Erfahrungen glauben. Jeder trägt das Potential in sich, zu erwachen und seine angeborenen intuitiven Fähigkeiten bewußt zu nutzen. Die in diesem Buch beschriebenen Übungen liefern uns die Bestätigung dafür und helfen uns, unseren eigenen Standpunkt zu finden. Sie bilden das Fundament zur Errichtung eines neuen Universums auf der Grundlage einer neuen Weltanschauung.

Alles im Leben ist miteinander verwoben

Jedes Ding ist mit jedem Ding verbunden. In Wahrheit ist nichts durch Zeit oder Entfernung voneinander getrennt, außer in den Konstrukten unserer eigenen Wahrnehmung. Jedes Ereignis hängt mit der Vergangenheit und der Zukunft zusammen. Jeder Aspekt der Natur steht mit jeder anderen natürlichen Ausdrucksform in Verbindung, so auch mit dem Menschen.

Wenn wir dies erst einmal begriffen haben, wird auch unsere Wahrnehmung vom Menschen und dem Leben schlechthin deutlicher und klarer. Dann können wir Muster aus der Vergangenheit erkennen und auch solche, die sich möglicherweise daraus ergeben. Allem und jedem kommt ein tieferer Sinn zu. Das Auf und Ab des Lebens läßt sich besser steuern und zu unseren Gunsten gestalten.

Zusammenhänge lassen sich nicht mit dem gewöhnlichen Bewußtsein wahrnehmen

Intuitive Eingebungen erinnern uns an unsere Fähigkeit, die imaginativen Talente in uns zu erschließen und zu nutzen. Wenn wir jemals eine Vorahnung von etwas hatten, das dann auch eingetreten ist, so war das die Erinnerung an unsere Fähigkeit, uns allzeit mit allen Dingen verbinden zu können. Wir können dies auf sehr bewußte Art und Weise tun, um zu unserem Nutzen außergewöhnliche Einsichten in ganz gewöhnliche Situationen zu gewinnen.

Dazu müssen wir lernen, uns veränderter Bewußtseinszustände zu bedienen und das Unterbewußtsein jederzeit und in jeder nur denkbaren Angelegenheit anzusprechen. Um für unsere intuitiven Verbindungen zum Leben empfänglicher zu werden, müssen wir spezielle Techniken entwickeln und eines der vielen Medien wie Kristallkugeln und -schalen anwenden. Im Idealfall sollten wir in der Lage sein, unsere Intuition ins Spiel zu bringen, wann und wie immer wir es wünschen.

Alles ist möglich, doch manches hat größere Wahrscheinlichkeit

Auf dem Wege zur Entfaltung unserer Intuition werden wir feststellen, daß das, was wir erahnen oder voraussagen, nicht *zwangsläufig* eintreten muß. Immer spielt auch der freie Wille als Teil unserer Existenz eine Rolle. Dadurch entstehen die sogenannten »freien Variablen«, wie ich sie hier einmal nennen will. Solange wir in der physischen Welt sind, werden wir manche Ereignisse und Situationen eben nicht voll und ganz unter Kontrolle haben oder bis ins letzte Detail kennen.

Nicht alles, was wir wahrnehmen, ist in Stein gemeißelt, oft ist es eine Reflexion des Wahrscheinlichen. Unsere hellseherischen Eindrücke, Bilder und Visionen spiegeln mögliche Muster, wie sie sich wahrscheinlich abspielen werden. Mit Hilfe unseres Unterbewußtseins können wir bestimmte Ereignisse erkennen und abschätzen, welche Auswirkungen sich daraus aller Wahrscheinlichkeit nach ergeben. Gelingt es uns, mögliche Wendungen zu sehen, dann können wir entsprechend handeln, um den Verlauf günstig zu beeinflussen.

Fokussiertheit und Konzentration sind unabdingbar

Bei allen Formen des übersinnlichen Schauens ist es wichtig, sich von den Problemen des Alltags zu lösen. Die meisten Menschen erfahren ihr Leben aus einer Art Tunnel-Vision heraus. Die einzige Sicherheit beziehen sie dabei aus ihren fünf physischen Sinnen. Vor diesem Hintergrund erklärt sich der große Bedarf an Beratern, Hellsehern und Wahrsagern sowie das allgemeine Interesse an Medien wie Karten, Runen, Kristallkugeln und so weiter. Diese bieten nämlich einen Fokus, der es möglich macht, sich von der gewöhnlich tunnelartigen Vision und den täglichen Sorgen und Nöten abzukehren. Wenn wir wirklich unsere hellseherischen Fähigkeiten entfalten möchten, müssen wir unsere Aufmerksamkeit auf einen Punkt richten und uns konzentrieren können, ohne uns ablenken zu lassen.

Konzentration und Fokussiertheit sind Eigenschaften, die nur sehr schwer zu entfalten sind. Die meisten Menschen sind beruflich so stark engagiert, daß sie sich nur allzu leicht ablenken lassen, und ihr Geist scheint oft zerstreut zu sein. Durch die Entwicklung fokussierter Aufmerksamkeit werden wir mehr Erfolg in allen Bereichen des Lebens haben – und das nicht nur in der geistigen Welt.

Konzentration ist die Kunst, das von uns geschaffene oder geschaute Bild im und mit dem Geist festzuhalten – ohne daß unsere Gedanken zu anderen Dingen abschweifen. Wir müssen lernen, an einem Bild festzuhalten und alle anderen ziehen zu lassen.

Machen Sie es sich zur täglichen Pflicht, mit geschlossenen Augen Ihre Aufmerksamkeit über eine bestimmte Zeit hinweg auf ein Bild zu richten. Damit verbessern Sie sämtliche Formen der Konzentration und Fokussierung; diese Übung wird Ihnen besonders auch beim Kristallsehen helfen. Führen Sie Ihre Visualisierungsübungen so lebensnah wie möglich durch. Stellen Sie sich beispielsweise eine Orange vor. Betrachten Sie die Form, Farbe und Größe der Frucht. Ertasten Sie ihre Struktur. Wie fühlt sie sich an, wenn sie geschält ist? Achten Sie auf den Duft, wenn der Saft herausspritzt. Nun lassen Sie das Bild und Ihre gesamte Erfahrung mit der Frucht im Geiste wiedererstehen. Wiederholen Sie das gleiche auch mit anderen Objekten.

Für diese Übung sollten Sie sich täglich fünf Minuten Zeit nehmen. Das wird Ihrem Entwicklungsprozeß insgesamt förderlich sein. Sie trainieren Ihren Geist und verbessern dadurch Ihre Fähigkeit im übersinnlichen Schauen; aber es hat noch weitere Vorteile. Wenn Sie wieder einmal einen besonders hektischen und chaotischen Tag hatten oder sich irgendwie »abgehoben« vorkommen, dann sollten Sie zu dieser Übung greifen. Schon bald wird sich wieder ein Gefühl der Ruhe und Besonnenheit einstellen, und Sie finden in Ihre Mitte zurück.

Unser Gesundheitszustand beeinflußt unsere Fähigkeiten

Bei der Schulung und Entfaltung der Seherfähigkeiten sind noch andere Aspekte zu berücksichtigen. Unsere körperliche oder seelische Verfassung wirkt sich entscheidend auf die Klarheit unserer Visionen und unseres intuitiven Durchblicks aus. Das ist an sich nichts Neues. Wenn ein Rohr im Haus oder in der Wohnung rostig und verschmutzt ist, wird das darin fließende Wasser höchstwahrscheinlich Rost- und Schmutzpartikel mitbefördern. Egal wie spirituell jemand zu sein vorgibt, wenn Körper und Geist nicht gesund sind oder sich nicht in Harmonie befinden, ist die Wahrscheinlichkeit sehr groß, daß alles, was über die Intuition fließt, ebenfalls nicht gesund oder ausgewogen ist.

Das soll nicht heißen, daß wir jetzt alle Vegetarier werden oder fünfmal in der Woche zum Aerobic-Training oder ähnlichem gehen müßten. Das rechte Maß ist der Schlüssel zur normalen Entwicklung. Eine ausgewogene Ernährung und regelmäßige Bewegung an der frischen Luft wirken Wunder bei der Steigerung unserer Fähigkeiten.

Manche Nahrungsmittel wie Gemüse, Ananas, Papayas, Zitronen, Orangen und Mangos sind der Entfaltung unserer intuitiven Fähigkeiten ausgesprochen zuträglich; sie werden gelegentlich auch »hochfrequente Lebensmittel« genannt.

Fleisch, insbesondere rotes Fleisch, ist keine »hochfrequente Nahrung«. Es ist extrem schwer verdaulich und hat im Vergleich zu anderen Lebensmitteln die längste Verweilzeit im Darm. Bei Rindfleisch braucht der Organismus zwischen 6 und 40 Stunden zur Verdauung. Deshalb müssen wir aber nun nicht völlig auf Fleisch verzichten. Wir sollten es nur nicht täglich essen; wie wäre es zur Abwechslung einmal mit Fisch oder weißem Fleisch? Denken Sie daran, daß die Verdauung mehr Energien verzehrt als irgendein anderer körperlicher oder mentaler Prozeß. Solange all unsere Energien auf die Verdauung konzentriert sind, werden wir es schwer haben, Zugang zu unserer Intuition zu erlangen.

Auch ein reduzierter Salzkonsum wird unsere Bereitschaft zum geistigen Erwachen steigern. So wie Salz Drähte korrodiert, kann es auch verhindern, daß wir uns bewußt mit unseren intuitiven Talenten verbinden. Drogen, Alkohol, Tabak und ähnliche Substanzen bremsen ebenfalls unsere Entwicklung.

Andererseits fördert vermehrtes Wassertrinken den Prozeß ungemein. Wasser ist nämlich ein ausgezeichneter Leiter elektrischer Energie. Es reinigt den Körper, und eine gelegentliche Entschlackung und Entgiftung des Organismus kann unsere Entfaltung nur beschleunigen. Auch periodisches Fasten ist außerordentlich vorteilhaft. Es ist alles andere als schädlich für Körper und Geist, wenn wir ab und zu einmal zwei bis drei Tage lang bewußt auf Nahrung verzichten. Unser Körper und seine Organe brauchen hin und wieder eine Ruhepause.

Übungen zur Entfaltung der seherischen Fähigkeiten

Wenn Sie für echte seherische Visionen aufgeschlossen sind, müssen Sie verschiedene Dinge beachten, die es Ihnen erlauben, Ihre angeborenen Talente zum Erwachen und zur Entfaltung zu bringen. Nur wenn Sie folgende Punkte beherzigen, kann es Ihnen gelingen, den größtmöglichen Nutzen aus allen vorgestellten Übungen und Techniken zu ziehen.

Geduld und Ausdauer sind vonnöten. Und bedenken Sie, daß jeder Mensch seinen eigenen Rhythmus hat. Ohne Geduld werden Sie keinen Zugang zum Unterbewußtsein erlangen. Ungeduld und Frustration stehen dem Erwachen im Wege. Geduld und Ausdauer sind die Schlüssel zum Erfolg. Solange Sie sich in Geduld üben, werden Sie belohnt werden.

Die folgenden Übungen dienen der Vorbereitung auf das Kristallsehen, können aber auch parallel dazu angewandt werden. Arbeiten Sie täglich über einen Monat hinweg ungefähr 15 bis 30 Minuten lang damit. Am Ende dieser Zeit werden sich erste Ergebnisse einstellen. Diese können zwar in Qualität und Umfang von Person zu Person unterschiedlich ausfallen, doch letztlich wird *jeder* gewisse Fortschritte verzeichnen, wenn er die Übungen mit der gebührenden Beharrlichkeit tagtäglich über den genannten Zeitraum praktiziert.

Vielen Menschen erscheint es hilfreich, den Einfluß des Mondes einzubeziehen, was dem Suchenden subtile Impulse geben kann. Legen Sie den Beginn Ihrer Übungen auf den Zeitpunkt des Neumonds oder in die Phase des zunehmenden Monds. Auf diese Weise werden sich bei Vollmond bereits erste positive Ergebnisse einstellen.

Eine ganze Reihe von Gründen spricht dafür, sich nach den Mondzyklen zu richten. Schauen Sie sich den Vollmond einmal genau an. Merken Sie, wie sehr er einer Kristallkugel ähnelt? Der Mond ist auch ein Symbol für das Unterbewußtsein und der uns innewohnenden weiblichen Energien der Kreativität, Intuition und kreativen Imagination. Und gerade die wollen wir erwecken und durch das Hellsehen bewußt zum Ausdruck bringen. In der Astrologie stehen Träume, Visionen und das Unterbewußtsein unter der Regentschaft des Mondes. Der Mond reflektiert die Sonne, und beim Hellsehen suchen wir nach Reflexionen.

Sorgen Sie dafür, daß Sie innerlich ruhig und konzentriert bleiben. Ich habe bereits zuvor erwähnt, daß es darauf ankommt, ein Bild oder einen Gedanken unter Ausschluß aller anderen Dinge festzuhalten. Durch den auf eine Sache gerichteten Fokus können Sie Ihre seherischen Fähigkeiten verbessern. Manche der in diesem Kapitel vorgestellten Übungen können den Lern- und Entwicklungsprozeß zusätzlich unterstützen. Allein indem Sie über einen Monat hinweg täglich mit der Kristallkugel üben, wird der Grundstein zur Entfaltung dieser Fähigkeit gelegt. Und versuchen Sie, immer zur gleichen oder annähernd gleichen Tageszeit mit ihr zu arbeiten.

Setzen Sie auch andere Mittel zur Selbstentfaltung ein, wie beispielsweise die Meditation und alles, was diese noch wirksamer gestalten kann. Kerzen und Düfte können sich als besonders vorteilhaft erweisen, um sich auf die Kristallkugel und das eigene Unterbewußtsein einzustellen. Einige ausgesprochen effiziente Hilfen werden in den nachfolgenden Übungen vorgestellt.

Haben Sie keine Angst, damit zu experimentieren. Dieses Buch kann nur ein genereller Leitfaden sein und als Ausgangsbasis dienen. Was Sie persönlich bei der Arbeit mit Ihrer Kristallkugel erleben, ist stets etwas Einzigartiges. Vergleichen Sie Ihre Ergebnisse niemals mit denen von anderen Menschen. Vergessen Sie nicht, daß sich die Ihnen von Geburt an mitgegebenen visionären Fähigkeiten in der für Sie persönlich optimalen Weise entfalten. Die Kugel selbst dient nur als Fokus und Instrument zum Erwecken Ihrer verborgenen Talente.

Durch die beschriebenen Übungen verbessert sich bei manchen Menschen häufig die Wahrnehmungsfähigkeit in allen Lebensbereichen. Anderen erscheint dadurch ihre Vergangenheit in einem klareren Licht. Und wiederum andere können besser in die Zukunft schauen. Manche sehen Geistwesen oder eine Tür, die den Weg zur astralen Welt freigibt. Lassen Sie sich nicht durch Ihre Vorurteile dem Gesehenen gegenüber beirren und registrieren Sie Ihre Erlebnisse so, wie sie sind. Irgendwann werden Sie wissen, wie Sie sie einzuordnen haben – was uns, und damit schließt sich der Kreis, wieder zu der eingangs erwähnten Geduld und Beharrlichkeit zurückführt.

Übung 3:
Hilfsmittel zur Entfaltung der inneren Visionen

Es gibt viele Möglichkeiten, wie Sie Ihre inneren Visionen erwecken und verbessern können, um sie dann beim Kristallsehen anzuwenden. Kerzen und Düfte zählen hier wohl zu den einfachsten und wirkungsvollsten Mitteln.

Kerzen

Das Feuer galt schon immer als etwas Heiliges und Geheimnisvolles. Wir begegnen ihm in allen Bereichen unseres Lebens. Das Feuer der Sonne erhält Leben. Unser inneres Feuer erweckt die Kreativität und Inspiration in uns. Feuer ist zerstörendes und schöpferisches Element zugleich.

Schon seit Urzeiten hat man Kerzen für mystische und übersinnliche Zwecke verwendet. Sie sind ein Symbol für die Entfaltung unseres inneren Feuers und visionären Lichtes. Wenn wir eine Kerze anzünden, nehmen wir an einem alten Schöpfungsritus teil. Wir schaffen Licht, wo keines war, bringen Wärme und Helligkeit dorthin, wo sie gebraucht werden.

Der Gebrauch von Kerzen zur Einstimmung auf die Meditation und Erschließung anderer Bewußtseinszustände ist für die meisten im esoterischen Bereich Tätigen nichts Unbekanntes. Beim Anzünden wird die Farbe der Kerze und deren Schwingungskraft aktiviert, freigesetzt und verstärkt. Während die Kerze herunterbrennt, gibt sie ihre Farbschwingung in die Umgebung ab und beeinflußt damit jeden, der sich in ihrer Nähe aufhält.

Welche Kerzenfarbe wann zum Einsatz kommt, hängt von Ihren Absichten ab. Von den einzelnen Farbtönen geht jeweils eine unterschiedliche Wirkung aus, die mal unsere physische, mal unsere emotionale, mentale oder spirituelle Seite berührt.

Kerzen sollten vor Gebrauch geölt und gereinigt werden. Dadurch wird jede Negativität abgestreift, die der Kerze durch den Herstellungsprozeß anhaften könnte. Gleichzeitig erhält die Farbe eine größere Intensität.

Auf dem Markt werden verschiedene Kerzen-Reinigungsöle angeboten; wenn Sie keines zur Hand haben, nehmen Sie einfach reines Olivenöl. Reiben Sie die Kerze je nach dem angestrebten Zweck immer in der gleichen Richtung. So kann beispielsweise das Reiben von unten nach oben symbolisieren, daß Sie das Licht aus der Kerze heraus in die Atmosphäre ziehen lassen möchten. Reiben Sie hingegen von oben nach unten, könnte es bedeuten, daß Sie das Licht nach innen lenken möchten, um Ihre eigene Visionskraft zu aktivieren. Sie selbst müssen die Bedeutung festlegen, und haben Sie es erst einmal getan, so bleiben Sie auch dabei. Sie können in die Kerze auch das astrologische Symbol für den Mond einkerben, um ihre Wirksamkeit zusätzlich zu steigern.

Die folgenden Kerzenfarben können Sie auf Ihrer Reise ins Land der Visionen und des Kristallsehens unterstützen. Natürlich lassen sich diese Farben auch anderweitig einsetzen; insofern kann diese Liste nur ein grober Leitfaden sein. Farbige Kerzen stimulieren Ihr Unterbewußtsein und fördern die gewünschten Visionen.

Farben	*Lebens-Bereiche*
ROT	Leidenschaft, Liebe, Wille, Veränderung
ORANGE	Emotionen, Kreativität, Wahrheit, Erziehung
GELB	Erziehung, Kommunikation, Klarheit, Stolz
GRÜN	Natur, Kreativität, Beziehungen, Gesundheit, Geld
BLAU	Geld, Überfluß und Mangel, spirituelle Berufung
SILBER	Entwicklung der Intuition, Weisheit
BRAUN	Verlorenes wiederfinden, gesunder Menschenverstand, Unterscheidungsvermögen
GOLD	Spiritualität, Glück, Reichtum, Erfolg
VIOLETT/ LILA	Traumarbeit, Verstärkung der Mondeinflüsse, vergangene Leben

WEISS – Diese Farbe eignet sich für alle Gelegenheiten. Sie stärkt ungemein und erweckt unsere Kreativität. Sie können niemals fehlgehen, wenn Sie beim Kristallsehen eine weiße Kerze benutzen.

SCHWARZ – Schwarze Kerzen sind in den letzten Jahren in Verruf geraten und wurden vielfach mit Negativität assoziiert. Sie haben jedoch eine beschützende und beruhigende Wirkung, sie erden uns gewissermaßen. Schwarz stimuliert das Weibliche in uns, und sowohl bei der Meditation als auch beim Kristallsehen läßt uns eine schwarze Kerze in uns selbst hineingehen, um das Licht in unserem Inneren zu entdecken. Es ist die Farbe, die ich persönlich beim Kristallsehen am liebsten benutze. Stellt man beim Hellsehen mit der Kristallkugel eine schwarze und eine weiße Kerze zusammen auf, so kann das auch sehr wirksam sein.

DUNKELBLAU (INDIGO) – Diese Farbe aktiviert das Stirn-Chakra, das dritte Auge, also den Sitz der inneren Vision und Intuition. Die Wirkung einer Kerze in dieser Farbe können Sie noch verstärken, wenn Sie darin Mondsymbole einkerben. Diese Farbe hat eine beruhigende Wirkung und läßt Sie höhere Bewußtseinszustände erreichen.

Wenngleich man bei der Meditation oder beim Kristallsehen im Prinzip jede Art von Kerzen benutzen kann, habe ich mit diesen drei Farben beim Hellsehen die besten Erfahrungen gemacht. Andere Farben können Sie einsetzen, wenn es um Einblicke in spezifische Angelegenheiten oder Probleme geht.

Düfte

Düfte gehören zu den wirksamsten Mitteln der Bewußtseinsveränderung. Entsprechend der ihm eigenen, einzigartigen Eigenschaften verändert jeder Duft die Schwingungsfrequenz im Menschen und in seiner Umgebung. Düfte beeinflussen unsere Geruchsnerven in unterschiedlichem Maße, und so wirken sie auch auf unser Unterbewußtsein.

Ätherische Öle, Räucherwerk und Parfums sind die gebräuchlichsten Duftträger. Seit jeher hat man sich bei profanen und rituellen Zeremonien der Düfte bedient. Konfuzius sagte: »Kerzen erleuchten des Menschen Herz, und Räucherwerk vertreibt üble Gerüche.« Damit beschreibt er natürlich nur eines aus einer ganzen Vielzahl von Anwendungsgebieten; andere umfassen den Gesundheits- und Therapiebereich, die Erotik und den spirituellen Weg. Im folgenden konzentrieren wir uns darauf, wie wir unsere Wahrnehmungen beim Kristallsehen durch den Einsatz von Düften unterstützen können.

Düfte lassen sich auf verschiedene Art und Weise wirkungsvoll einsetzen. Für den durchschnittlichen Menschen sind zwei Formen am geläufigsten und am leichtesten zu handhaben: Räucherwerk und ätherische Öle. Räuchermittel wurden früher zumeist aus Rinden, getrockneten Kräutern und Pflanzen hergestellt. Sie helfen, das Bewußtsein zu erweitern – besonders im Rahmen der seherischen Arbeit –, unterstützen die Meditation und öffnen den Geist. Sie brauchen es bloß in dem Zimmer, in dem Sie sich beim Kristallsehen aufhalten, abbrennen zu lassen.

Ätherische Öle werden in einem komplizierten Destillationsverfahren hergestellt. Sie sind sehr stark und teilweise auch toxisch. Daher verwendet man sie am besten in verdünnter

Form. Ätherische Öle können vor Beginn des Kristallsehens für aromatische Bäder oder Einreibungen verwendet werden. Beim Bad reichen ein paar Tropfen, die Sie einfach ins Wasser geben. Man kann ätherische Öle auch wie ein Parfum benutzen, doch seien Sie vorsichtig, denn viele der Essenzen sind ätzend und können die Haut angreifen. Sie sollten sie immer verdünnen und zunächst einen Tropfen auf der Innenseite des Armes testen, bevor Sie das Öl zur Massage empfindlicher Körperstellen einsetzen. Wenn Sie das Öl im Bereich der Augenbrauen beziehungsweise des dritten Auges einmassieren, werden dadurch Ihre visionären Kräfte aktiviert. Man kann mit dem Öl auch die Kugel selbst abreiben; ob man dies tut, hängt im wesentlichen vom Ziel der hellseherischen Arbeit ab.

Mit Düften muß man experimentieren, denn wir alle haben unsere ganz persönlichen Vorlieben und Vorbehalte. Jeder hat bestimmte Düfte, die den eigenen Vorstellungen am besten entsprechen. Sie werden sehen, wie viel Freude das macht. Die folgenden Vorschläge dienen somit nur als Leitfaden:

APFELBLÜTE – Dieser Duft ist sehr wirkungsvoll, wenn die Visionen beim Kristallsehen symbolischen Charakter haben. Am besten setzen Sie ihn dann ein, wenn Sie zu dem Geist Ihrer Kristallkugel Verbindung aufnehmen möchten.

EUKALYPTUS – Dieses intensiv riechende Öl benutzt man zum Einreiben des Stirn-Chakras oder dritten Auges, um auf diese Weise die visionären Fähigkeiten vor dem Kristallsehen zu aktivieren. Es nimmt Ihnen auch die Angst im Verlauf des Hellsehens und besänftigt die Emotionen.

WEIHRAUCH – Dieser Allzweck-Duft ist ein gutes Reinigungsmittel für das menschliche Energiefeld und die Umwelt. Sie können damit den Ort, an dem Sie Ihre Arbeit mit der Kristallkugel durchführen, reinigen und klären.

LAVENDEL – Lavendel galt schon immer als magisches Schutzkraut. Es öffnet uns für Visionen und Einblicke in andere Dimensionen und läßt die emotionalen Belange in den Hintergrund treten, die der Intuition in ihrer vollen Ausdruckskraft vielleicht im Wege stünden. Den größten Effekt erzielen Sie durch ein mit Lavendel angereichertes Bad unmittelbar vor dem Kristallsehen.

FLIEDER – Dieser Duft ist günstig für all jene, die sich wirklich und wahrhaftig mit dem Geist der Kristallkugel verbinden möchten. Er ist hilfreich, wenn Sie insbesondere vergangene Leben und deren Auswirkungen auf den derzeitigen Gesundheitszustand eines Menschen anschauen möchten. Er wirkt stimulierend auf Ihre Hellsichtigkeit.

POLEIMINZE – Das ätherische Öl und Blütenelixier der Poleiminze sollten Sie zum Waschen des Kristalls nach Beendigung jeder Sitzung verwenden. Es reinigt und beseitigt die früheren Einflüsse, so daß auf neue Fragen wieder klare und deutliche Bilder erscheinen.

Wenn Sie für mehrere Menschen nacheinander in der Kristallkugel lesen möchten, reinigen Sie die Kugel jeweils vorher in einem mit Poleiminze versetzten Tauchbad. Nehmen Sie dazu einfach eine Schüssel Wasser und träufeln Sie ein oder zwei Tropfen des Öls hinein. Benetzen Sie die Kugel mit der Lösung und waschen Sie sie behutsam ab, um alle Einflüsse aus der vorhergehenden Sitzung vollständig zu entfernen. Reiben Sie sie dann mit einem weichen Tuch trocken. Einfacher geht es natürlich mit einem Wischlappen, den Sie zuvor in Poleiminze-Wasser getaucht haben und mit dem Sie die Kugel jeweils zwischen den Sitzungen abreiben.

SALBEI – Dieser Duft bereitet den Weg für tiefere spirituelle Einsichten in das physische Geschehen. Er löst Spannungen, die die intuitiven Fähigkeiten blockieren können, und regt gleichzeitig die Intuition selbst an.

SANDELHOLZ – Sandelholz bringt die weiblichen Energien zum Erwachen. Man kann es zusammen mit Lavendelöl einsetzen, wenn man im Rahmen des Kristallsehens mit der geistigen Welt in Verbindung treten möchte. Es vertieft veränderte Bewußtseinszustände und läßt sich außerdem gut verwenden, um Klärung bei gesundheitlichen Problemen und in Fragen des Allgemeinbefindens zu erlangen.

GLYZINIE – Sie aktiviert die spirituelle Wahrnehmung und Inspiration und kann beim Kristallsehen wirksam eingesetzt werden, um in gesundheitlichen Angelegenheiten Aufklärung zu erhalten. Sie wirkt außerordentlich reinigend und harmonisierend und führt zu größerer Klarsicht.

Beschäftigen Sie sich etwas ausführlicher mit den verschiedenen Duftarten und -noten und finden Sie für sich selbst heraus, welche Öle sich bei Ihren Aktivitäten für welchen spezifischen Zweck am besten eignen. Schon immer wurden zahlreiche Düfte mit dem Mond assoziiert, und von daher ist ihr Gebrauch dem Kristallsehen besonders zuträglich und förderlich. Die folgende Übersicht enthält einige davon:

Jasmin	Iris	Lilie
Wilde Rose	Wintergrün	Anis
Kampfer	Beifuß	Esche
Muskatellersalbei	Iriswurzel	Kamille

Übung 4:
Sich mit den Sehern der Antike verbinden

In der Mythologie und Ethnologie begegnen uns allenthalben Figuren, die als Seher Berühmtheit erlangt haben. Häufig handelt es sich dabei um Mondgöttinnen oder -götter, aber es sind auch solche darunter, die Instrumente zum Hellsehen benutzten. Weil der Mond im Universum in fast allen Kulturen die weiblichen Kräfte symbolisiert, galt die Figur der Göttin oft als Symbol für seine Einflüsse.

Beim Kristallsehen können Sie sich viel intensiver mit Ihrer eigenen intuitiven, weiblichen Seite verbinden, wenn Sie mehr über die verschiedenen Mondgöttinnen wissen. Befassen Sie sich speziell mit jenen aus Kulturräumen oder Traditionen, zu denen Sie sich hingezogen fühlen. Lesen Sie die Geschichten und Märchen über die Mondgöttinnen und die Divination, wie andere Völker sie sehen. Und denken Sie darüber nach, meditieren Sie. Überlassen Sie sich eine Weile der Vorstellung, unter deren Einfluß zu stehen.

Wenn Sie auf eine Mondgöttin oder einen Mondgott stoßen, die/der große Resonanz bei Ihnen auslöst, so lesen Sie so viel wie möglich über sie/ihn und ihre/seine Form der Divination. In der Auseinandersetzung mit diesen märchenhaften Gestalten aus der Antike sollten Sie Ihr Augenmerk in erster Linie darauf richten, ein tieferes Verständnis der mit den mythischen Überlieferungen verbundenen Lehren und Energien insgesamt zu erlangen. Verlieren Sie sich nicht in Details über die Rolle eines einzelnen.

Den meisten Göttern der Antike waren Symbole und Bilder zugeordnet, die ihren Einfluß widerspiegelten. Benutzen Sie diese in der Meditation und beim Kristallsehen. Zeichnen Sie sie auf ein Tuch und stellen Sie Ihre Kugel darauf. Malen Sie die Symbole auf Ihren Körper. Wählen Sie Kerzen in der Farbe, die zu diesem göttlichen Wesen paßt. Ein altes Sprichwort lautet: »Die Energie folgt immer dem Gedanken.« Wo unsere Gedanken hingehen, dahin geht auch unsere Energie. Durch unsere Konzentration auf die Eigenschaften, Symbole und Farben einer bestimmten Gottheit lassen wir deren archetypische Kraft in unser Leben strömen.

Auf den folgenden drei Seiten sind einige der herausragendsten Gottheiten aufgelistet, die mit dem Mond und der Divination assoziiert werden, einschließlich deren Farben und Symbole.

Visualisieren Sie eines dieser Wesen in der Meditation, wie es zu Ihnen kommt und Ihnen ein Geschenk überreicht, das charakteristisch ist für Sie selbst und die divinatorische Macht, die Sie über die Kristallkugel anstreben. Manche mögen diesen Akt vielleicht belächeln, und doch ist seine Wirkung unbestritten. Ihre seherischen Fähigkeiten werden davon profitieren.

Jede Kultur hat Gottheiten und herausragende Figuren gehabt, die mit dem Magischen, der Prophetie und dem Mond assoziiert waren. Angefangen bei der sumerischen Inanna über die japanische Amaterasu und die Spider Woman (Spinnen-Frau) der Kiowa-Indianer bis hin zur indischen Kali – alle Gesellschaften kannten das Mysterium der Lebensströme im Universum. Durch unsere Beschäftigung und Arbeit mit den Gottheiten, die jene Ströme widerspiegeln, aktivieren und stärken wir unsere eigene, ursprüngliche Seherfähigkeit.

Griechische Mythologie

ARTEMIS	Göttin des Waldes und des Mondes *Farbe:* Amethyst *Symbole:* Bär und Hund
APOLL	Gott der Weissagung und Musik *Farben:* Gelb und Gold *Symbole:* Leier und Bogen
HEKATE	Göttin des Mondes *Farbe:* Schwarz mit Silberflecken *Symbole:* Umhang mit schwarzer Kapuze; Mondfinsternis
SELENE	Göttin des Mondes *Farben:* Silber und Weiß *Symbole:* Flügel, Diadem und Karren
PAN	Gott der Weissagung und Heilung *Farbe:* Waldgrün *Symbole:* Syrinx und Panflöte

Ägyptische Mythologie

ISIS	Mond- und Zaubergöttin *Farbe:* Himmelblau *Symbole:* Thron, Spange und Flügel
NEBTHUT	Göttin der Intuition und Ruhe *Farben:* Blaßgrün und Silbergrau *Symbole:* Kelch und Korb
ANUBIS	Beschützer- und Führergott *Farben:* Schwarz und Silber *Symbole:* Schakal und Sarkophag
MAAT	Göttin der Wahrheit *Farben:* Violett und Lapislazuli *Symbole:* Waage und Feder

	Keltische Mythologie
DANU	Göttin der Intuition, des Verstehens und der Weisheit *Farbe:* Grün *Symbole:* Wasser und junge Keimlinge
MORRIGAN	Göttin des Zaubers *Farben:* Grün und Schwarz *Symbole:* gekreuzte Speere und der Rabe
CERRIDWEN	Göttin der Magie und Weissagung *Farbe:* Grün *Symbol:* Kessel der Weisheit
MORGAN LE FAY	Königin der Feen, Heilung und Magie *Farbe:* Grün *Symbole:* Hand mit aus dem Wasser gehaltenem Schwert
MERLIN	Keltischer Prophet *Farbe:* Grün *Symbole:* Harfe und Stab
NUADA	Göttin des Mondes *Farbe:* Silber *Symbol:* Das unbesiegbare Schwert
	Germanische Mythologie
ODIN	Vatergott des Weitblicks, der Weissagung und der Dichtkunst *Farben:* Tiefblau oder Indigo *Symbole:* Raben, Wölfe, Speer, achtfüßiges Roß
FRIGGA	Allwissende Gemahlin des Odin *Farbe:* Tiefgrün *Symbole:* Goldene Spindel und heilige Halskette

HEIMDALL	Hüter der Asgard (Heimstatt der Asen) *Farbe:* Spektrum des Regenbogens *Symbole:* Trompeterhorn und Regenbogen
NORNEN	Die Schicksalsgöttinnen *Farbe:* verschiedene *Symbole:* Spinnrad, Biene und zwei Schwäne
	Andere Traditionen
BOMU RAMBI	Westafrika *Symbol:* Halskette mit zunehmendem Mond
JEZANNA	Westafrika *Symbol:* Goldglühender Mond
MAWA	Westafrika *Symbol:* Den Lebensodem einhauchende Gestalt
CHANGING WOMAN	Navajo-Indianer *Symbol:* Blütenbeet und Regenbogen
HUITICA	Kolumbien *Symbol:* Das Spinnen und Weben
IX CHEL	Maya-Kultur *Symbol:* Adlerfrau
KALI	Ostindien *Symbol:* Vulva oder Mutterschoß
KWAN YIN	China *Symbol:* Frau mit Lotus und Kindern
ISCHTAR	Sumerische Kultur *Symbole:* Zepter mit zwei Schlangen, Milch spendende Brust und Löwe.

Übung 5:
Der geistige Atem

Frische Luft und richtiges Atmen sind wesentliche Voraussetzungen für die Schulung und Weiterentwicklung der Hellsichtigkeit. Sie sind besonders wichtig im Umgang mit der Kristallkugel, denn sie sorgen für eine ausgeglichene und entspannte Atmosphäre und verbessern die Konzentration. Mit Hilfe von Atemtechniken können Sie, speziell am Morgen, Ihre natürliche Hellsichtigkeit wachsen und erstarken lassen.

Beim geistigen Atmen lassen wir die Luft gewöhnlich durch die Nase ein- und ausströmen. Viele Menschen haben jedoch die schlechte Angewohnheit, durch den Mund zu atmen, ohne sich Gedanken zu machen, daß die Nasenatmung viel natürlicher und gesünder ist. Die Nase verfügt über spezielle Zonen zur Absorption von Prana aus der Luft. Prana ist vergleichbar mit dem vitalisierenden Aspekt der Luft. Zahlreiche östliche Atemtechniken schreiben während der Inhalation eine bewußte Konzentration auf die Nasenspitze sowie den gesamten Nasalbereich vor. Das begünstigt die Prana-Absorption und vitalisiert das gesamte Energiesystem.

Beim Yoga gibt es einen sogenannten Mond-Atem (ida), einen Sonnen-Atem (pingala) und einen Ausgleichsatem (susumna). Energie hat Polarität, das heißt sie ist positiv und negativ geladen, männlich und weiblich polarisiert wie Sonne und Mond. Eine ausgewogene Atmung, wie ich sie nachstehend beschreibe, begünstigt die gleichgewichtige Nutzung beider Gehirnhemisphären, so daß Sie Ihre intuitiven Kräfte viel bewußter erschließen können. Ihr Erinnerungs- und Aufnahmevermögen wird ebenfalls verbessert.

Die Grundtechnik besteht in der Wechsel-Atmung, das heißt es wird durch ein Nasenloch ein- und durch das andere ausgeatmet. Am besten halten Sie dabei jeweils ein Nasenloch mit dem Daumen oder einem anderen Finger zu.

1. Setzen Sie sich zunächst bequem hin. Drücken Sie die Zunge gegen die vordere Zahnreihe und die Gaumenoberseite. Dadurch entsteht beim Atmen ein natürlicher Kreislauf im Körper.
2. Halten Sie nun mit dem Daumen das rechte Nasenloch zu. Atmen Sie durch das linke Nasenloch ein und zählen Sie dabei langsam bis vier. Das ist die Mond- oder Ida-Atmung.
3. Während Sie das rechte Nasenloch mit dem Daumen weiterhin zuhalten, drücken Sie nun auch das linke mit einem Finger derselben Hand zu. Halten Sie den Atem an und zählen Sie dabei bis zehn.
4. Lassen Sie den Daumen los, so daß die rechte Nasenseite wieder geöffnet ist. Halten Sie das linke Nasenloch weiter zu. Atmen Sie langsam durch die rechte Seite aus und zählen Sie dabei bis vier.
5. Jetzt kehren Sie den Vorgang um, schließen das linke Nasenloch und atmen durch das rechte ein (Pingala-Atmung); zählen Sie dabei bis vier. Halten Sie beide Nasenlöcher zu und den Atem an; zählen Sie dabei bis zehn. Danach atmen Sie langsam durch die linke Seite wieder aus und halten die rechte geschlossen.
6. Wiederholen Sie diese Übungen jeweils fünfmal pro Seite. Atmen Sie durch ein Nasenloch ein, halten Sie den Atem an, und atmen Sie dann durch das andere aus.

Diese Übung bringt Ihnen einen regelrechten Energieschub. Praktizieren Sie sie täglich, und beschließen Sie damit all Ihre seherischen Aktivitäten mit der Kugel und sonstigen Beratungen. Zur Steigerung Ihrer Intuition ist es ratsam, vor einer Sitzung nur die Mond- oder Ida-Atmung durchzuführen.

Wenn Sie die Luft durch die linke Nasenseite einziehen, stellen Sie sich vor, wie sich Ihre Lunge und Ihr ganzer Körper mit silberner Energie füllt. Beobachten Sie mit Ihrem inneren Auge, wie diese in Körper und Geist zirkuliert. Atmen Sie, wie zuvor beschrieben, durch die linke Seite ein und durch die rechte aus, doch anstatt abzuwechseln bleibt jetzt beim Einatmen immer das linke Nasenloch geöffnet. Praktizieren Sie diese Atmung fünf- bis zehnmal.

Diese einseitige Atmung aktiviert Ihre lunar-weibliche Seite ungemein, energetisiert, stärkt Ihre Hellsichtigkeit und wirkt sich außerordentlich positiv auf die Ergebnisse Ihrer Arbeit mit der Kristallkugel aus.

3 Vorbereitungen zum Kristallsehen

Wenn Sie sich im Kristallsehen versuchen wollen, benötigen Sie zunächst eine Kristallkugel. Für den Anfang empfehle ich eine mit mindestens 4 cm Durchmesser. Alles andere wäre zu klein, um darin mühelos Bilder erkennen zu können.

Die Preise für die Kugeln sind recht unterschiedlich, doch heute generell erschwinglicher denn je. Stellen Sie Preisvergleiche an, besuchen Sie Edelstein- und Mineralien-Ausstellungen, und Sie werden sicherlich eine qualitativ hochwertige Kugel zu einem annehmbaren Preis finden. Wenn Sie ein Exemplar entdecken, das Ihnen ins Auge sticht und mit dem Sie sich wohlfühlen, feilschen Sie nicht um den Preis. Fragen Sie die Verkäufer einfach nach einem Nachlaß; Sie werden sich wundern, wie viele bereit sind, Entgegenkommen zu zeigen. Wenn es Ihr Budget erlaubt, entschließen Sie sich zum Kauf. Dies bedeutet zwar einen größeren finanziellen Aufwand, doch lassen Sie sich von dem Gedanken leiten, daß Sie damit in ein heiliges Objekt investieren, das Sie wahrscheinlich bis an Ihr Lebensende begleiten wird.

Die Kugel muß nicht vollkommen rund sein, um als geeignetes Medium zum Schauen zu dienen. Ich kenne Leute, die mit eiförmigen Kristallen relativ gute Ergebnisse im Hellsehen erzielen. Bei den meisten Menschen hat die Vorliebe für die traditionelle runde Kugel eher psychologische Gründe. Man sieht am besten, womit man sich am wohlsten fühlt.

Wenn Sie mich fragen, sollte die erste Kugel, mit der Sie arbeiten, aus echtem Quarzkristall und nicht aus österreichischem Bleikristall bestehen. Letzteres ist zwar grundsätzlich geeignet, doch um aus solch einer Kugel ein wirklich wirksames Medium zum Sehen und Hellsehen zu machen, ist ein etwas komplizierterer Prozeß erforderlich. Ob Sie sich nun für den Quarzkristall oder Bleikristall entscheiden, es geht vor allem um Ihre innere Einstellung dazu: Die Kugel muß für Sie zu etwas Heiligem werden. Nur Sie können diesen Wandel in Ihrem Inneren vollziehen und aus einem gewöhnlichen Gegenstand ein Medium zum Kristallsehen machen.

Quarzkristallkugeln

Quarzkristalle verfügen aufgrund ihrer Zusammensetzung und Struktur über eine natürliche Elektrizität, die sogenannte piezoelektrische Energie. »Piezo« stammt vom griechischen Wort *piezin* ab und bedeutet »drücken, pressen«. Unter mechanischer Beanspruchung gibt ein Kristall eine elektrische Energie in einer bestimmten Frequenz an sein unmittelbares Umfeld ab.

Um diese Energie freizusetzen, ist nicht viel zu tun. Selbst Gehirnwellen, die durch Gedanken erzeugt und auf einen Kristall gerichtet werden, können dies bewirken. Aus diesem Grund lassen sich Quarzkristalle relativ leicht für unsere Belange programmieren. Der menschliche Körper ist ein biochemisches und elektromagnetisches System, und so ist die natürliche elektrische Frequenz einer Quarzkugel ein besserer Katalysator als Bleikristall. Damit sind Quarzkristallkugeln per se für die Kunst des Sehens und Hellsehens geradezu prädestiniert.

Auf dem Markt werden verschiedene Quarzkugeln angeboten, und sie alle können ein effizientes Medium für das Kristallsehen werden. Die nachfolgende Beschreibung dürfte Ihnen bei der Auswahl Ihrer Kugel behilflich sein.

Die Amethyst-Kugel

Der Amethyst ist ein kristalliner Stein, mit dem sich hervorragend Bewußtseinsveränderungen herbeiführen lassen. Er bildet die Brücke zu anderen Ebenen des Bewußtseins und hilft uns besonders, in den intuitiven Bereich vorzudringen. Violett ist eine Kombination aus rot und blau und symbolisiert die Dualität von Physischem und Spirituellem. Der Amethyst erweckt die intuitiven Fähigkeiten in uns und ist besonders wirksam bei Menschen, die Angst vor dem Kristallsehen haben und denen es schwerfällt, sich zu öffnen. Er ist auch geeignet, um Fragen im Zusammenhang mit der Gesundheit zu beantworten und Zeiten der Veränderung anzukündigen sowie Einsicht in wichtige Traumgeschehnisse zu gewähren.

In Amethystkugeln können wir oft die Anwesenheit geliebter, bereits von uns gegangener Menschen erkennen. Über sie können wir am besten mit geistigen Führern kommunizieren. Ihre Energien helfen uns, bei solchen Kontakten ruhig und ganz in unserer Mitte zu bleiben.

Der einzige Nachteil bei Amethysten ist, daß die Kugeln so gut wie nie vollkommen klar sind; darüber hinaus sind sie sehr teuer, besonders bei Größen über 4 cm Durchmesser.

Die Malachit-Kugel

Der Malachit ist ein sehr alter Stein von tiefgrüner Farbe, den man seit Urzeiten zu Heilzwecken benutzt. Er weist Streifen, Kreise und wechselnde Farbschattierungen auf. Die Linienmuster sagen eine Menge über den speziellen Gebrauch und

Zweck dieser Steine aus. Malachitkugeln mit kreisförmiger Zeichnung eignen sich immer dann, wenn der Seher Muster im eigenen Leben oder im Leben anderer zu entdecken sucht. Der Malachit kann Verbindungen aus früheren Leben offenbaren und gegenwärtige Aktivitäten und Verhaltensmuster, die in die Zukunft hineinwirken, enthüllen. Auch zu Heilungszwecken und bei Beziehungsproblemen kann er gute Informationen liefern. Eine solche Kugel können Menschen mit starker Erdverbundenheit erfolgreich für sich und andere einsetzen; sie leistet aber auch dann gute Dienste, wenn eine solche Bindung angestrebt wird. Der Malachit zeigt Wege und Möglichkeiten, wie man sich am besten mit den unterschiedlichsten Wesen und Geschöpfen der Natur einläßt – darunter auch Totems, Naturgeister und Devas. Er führt uns in die Welt der Kreativität und des künstlerischen Ausdrucks ein.

Der Malachit ist teuer und erfordert eine pflegliche Behandlung, denn er ist ausgesprochen weich und kann leicht zerkratzt werden. Es ist ratsam, ihn nach jedem Gebrauch zu reinigen. Wegen seiner Empfindlichkeit benutzt man dazu am besten ein weiches Tuch.

Die Obsidian-Kugel

Obsidiankugeln sind starke Medien für das Hellsehen. Sie sind exzellente Spiegel der Seele und zählen wohl zu den wirkungsvollsten Kristallen, wenn es um die Enthüllung dessen geht, was in unserer eigenen Seele oder in der Seele eines anderen reflektiert wird. Es handelt sich um einen Stein, dessen schwarze beziehungsweise dunkle Farbe uns an die geheimen Plätze unseres Ichs führt und das innere Licht zum Vorschein bringt. Die Steine weisen häufig konzentrische Kreise auf, und fokussieren wir unseren Blick darauf, offenbaren sie uns das Muster unseres spirituellen Weges sowie die Probleme, die wir bewältigen müssen, um das große Ziel zu erreichen. Der Obsidian kann Hinweise auf die dunkleren Seiten unseres Seins liefern und Licht auf das Verborgene werfen – ob es nun Gutes oder Schlechtes oder auch Wertneutrales birgt.

Schwarz enthält alle Spektralfarben und repräsentiert das ganze Reich des Unbekannten, das wir mit Hilfe einer Obsidiankugel sichtbar machen können. Die in dieser Kugel auftauchenden Bilder und Visionen sind häufig von einer solchen Deutlichkeit, daß sie uns an ein altes Sprichwort denken lassen: »Manchmal tut die Wahrheit weh.«

Wenn Sie einen Obsidian zum Kristallsehen benutzen, sollten Sie zur Erdung möglichst noch einen klaren Quarzkristall in der Hand halten oder am Körper tragen. Die Wirkung von Obsidiankugeln ist stärker als man vermutet, denn sie ermöglichen einen außerordentlich großen Durchbruch. Sie offenbaren nicht nur die dunklen Aspekte unseres Seins, sondern können diese auch manifestieren. Die Informationen und Auswirkungen der Bildvisionen bedürfen in vielen Fällen der gründlichen Aufarbeitung. Wer damit für andere Menschen hellsehen möchte, sollte über eine formale Beraterausbildung verfügen, um professionelle Unterstützung bei der Bearbeitung des Materials gewährleisten zu können. Dies ist beileibe keine Wahrsagekugel für Anfänger oder Amateure!

Die Rosenquarz-Kugel

Kugeln aus Rosenquarz sind sehr angenehm in der Handhabung. Dies ist ein wunderbarer Kristall, um mit geistigen Führern zu kommunizieren und Dinge aus vergangenen Leben zu enthüllen. Die rosa Farbe des Steins reflektiert die Freundlichkeit, mit der Antworten überbracht und neue Richtungen aufgezeigt werden.

Mit Hilfe dieser Kugel können Einsichten in gesundheitliche Probleme und Herzensangelegenheiten, besonders in Liebesbeziehungen, gewonnen werden. Der Rosenquarz eignet sich speziell für Fragen im Zusammenhang mit Kindern und ist geradezu ideal als Erstkugel für Heranwachsende, die selbst das Kristallsehen erlernen möchten.

Der einzige Nachteil ist wohl der, daß Rosenquarzkugeln vielfach milchig sind; manche Menschen empfinden das beim Sehen als störend. Jenseits eines Durchmessers von 5 cm ist es überdies schwierig, ein qualitativ gutes Stück zu einem vernünftigen Preis zu finden.

Die Bergkristall-Kugel

Klare Quarzkristalle sind die gebräuchlichsten Kugeln und für alle Formen des Sehens und Hellsehens einsetzbar. Ihre piezoelektrischen Eigenschaften erwecken spirituelle Einsichten und innere Visionen, deren Ausdruck man oftmals in der Kugel selbst sehen kann.

Es wird viel darüber diskutiert, ob nun eine klare oder von Formationen und Wolken durchzogene Kugel das bessere Medium zum Sehen sei. Klare Bergkristallkugeln sind um ein Vielfaches teurer, aber das bedeutet noch lange nicht, daß sie für unsere Zwecke auch besser geeignet seien. Aus meiner Erfahrung kann ich sagen, daß Kugeln mit natürlichen Formationen, Einschlüssen, Wolken und Mustern für Anfänger im Kristallsehen am besten sind.

Die Rauchquarz-Kugel

Rauchquarz ist eine der vielen klaren Quarzarten, jedoch von dunklerer Tönung. Er hilft uns, während des Kristallsehens geerdet und ausgeglichen zu bleiben. Er eignet sich für alle, die zu Überemotionalität neigen, wie auch für Menschen mit vorwiegend negativer Einstellung, die sich bewußt oder unbewußt gegen jede Art von übersinnlicher Aktivität sperren. Die Kugel nimmt man gerne zur Deutung von Träumen und zur Erhellung des spirituellen Weges eines Menschen sowie zum Ausleuchten der Möglichkeiten, wie man ihn auf Erden am besten beschreitet.

Ein Nachteil der Rauchquarzkugel ist ihr relativ hoher Preis. Auf dem Markt werden sehr viele Rauchquarze angeboten, doch meistens handelt es sich dabei nicht um echte Exemplare, sondern um klaren Quarz, den man bestrahlt hat, damit er eine dunklere Tönung annimmt. Echter Rauchquarz ist im allgemeinen transparent und hat im Inneren verschiedene dunkle Schattierungen.

Obwohl die Wahl der Kugel eine individuelle Angelegenheit ist, öffnet ein Exemplar mit Mustern und Formationen Türen und Fenster; die Formationen fungieren in mancherlei Hinsicht wie ein Rorschach-Test, so benannt nach dem berühmten Schweizer Psychiater Hermann Rorschach. Mit diesem Test werden die einem bestimmten Verhalten zugrundeliegenden Muster durch Deutung einer Reihe von klecksartigen Figuren enthüllt; der Klient macht Aussagen dazu, welche Bilder oder Emotionen diese sogenannten »Klecksographien« in ihm wachrufen. Beim Kristallsehen spiegelt das, was Sie in den Mustern und Formationen erkennen, die Botschaft wider, die

Der Rorschach-Test: Tintenkleckse lassen sich herstellen, indem man auf ein Blatt Papier Tinte aufträgt und dieses sodann in der Mitte zusammenfaltet. Was Sie in diesen Klecksen sehen, verrät Ihnen viel über Ihr verborgenes Selbst. Alles, was Sie sehen, hat eine Bedeutung. Sie können Kleckse auch zur Entwicklung Ihrer psychischen und parapsychischen Fähigkeiten benutzen. Sinnen Sie gelegentlich einmal darüber nach, und vertrauen Sie Ihrer Imagination!

Ihr Unterbewußtsein Ihnen über Sie selbst oder über die Person, für die Sie sehen möchten, zu übermitteln versucht.

Das Unterbewußtsein ist ein wahres Wunder. Es steuert etwa neunzig Prozent unserer physischen, emotionalen, mentalen und spirituellen Energien. Nichts entgeht ihm. Wir sind uns seiner vielen Wahrnehmungen nicht immer bewußt und müssen es auch nicht sein.

Wenn wir uns zum Kristallsehen hinsetzen, bitten wir das Unterbewußtsein, auf einer bewußteren Ebene mit uns zu kommunizieren. Die Bilder, die wir in der Kugel sehen, und die Gefühle, die dabei auftauchen, geben Einsichten in das, was das Unterbewußtsein als besonders wichtig erachtet. Während wir uns auf unsere Fragen und die Kugel konzentrieren, übermittelt das Unterbewußtsein die entsprechenden Antworten durch erkennbare Bilder in den Formationen des

Kristalls an unser Bewußtsein. Was wir sehen oder uns vorstellen zu sehen, hat eine Bedeutung! Jedesmal wenn wir in solche Muster, Einschlüsse und Wolken hineinschauen, entdecken wir etwas anderes. Das Unterbewußtsein versucht mit aller Kraft, uns dabei zu unterstützen, die Reaktionen auf unsere eigenen Fragen oder auf die des Ratsuchenden zu erkennen.

Letztlich sollten Sie sich bei der Wahl Ihrer Kugel jedoch weder von ihrer Klarheit, Farbe oder Größe noch von ihrer Beschaffenheit leiten lassen. Die Kugel, mit der Sie am besten arbeiten können, ist die, zu der Sie sich intuitiv hingezogen fühlen. Wählen Sie sie liebevoll aus und achten Sie sorgsam darauf, daß es sich um echte Anziehungskraft und nicht bloß um Neugierde handelt. In früheren Zeiten gab es kein so vielfältiges Angebot wie heute; wer eine Kugel kaufen wollte, mußte sich im Prinzip mit dem zufrieden geben, was er bekommen konnte. Ich verfüge über eine Sammlung von Kugeln verschiedener Größen, Arten und Klarheitsstufen, doch die Kugel, die ich am häufigsten benutze, ist ein relativ kleiner Kristall mit vielfältigen Einschlüssen.

Die Kristallkugel muß nicht perfekt sein, um als Medium dienen zu können. Sie funktioniert, solange Sie sich wohl damit fühlen und gerne mit ihr umgehen! Denken Sie stets daran, daß sie mehr als nur eine Kristallkugel ist. Sie wird mit der Zeit zum heiligen Objekt. Sie ist Ihr Kind.

Sie müssen anfangs nicht unbedingt verstehen, wie die Kugel funktioniert, um Erfahrungen damit zu sammeln. Die Übungen dieses Buches sind so angelegt, daß Sie ihre Wirkweise unmittelbar erleben. Urteilen Sie zu Beginn nicht allzu viel oder allzu kritisch, denn damit können Sie Ihre ursprüngliche Intuitivität blockieren. Sammeln Sie zunächst einmal Erfahrungen im Kristallsehen, bevor Sie mit deren Auswertung beginnen.

Mit zunehmender Praxis und Beharrlichkeit werden Sie schließlich auch sehen. Die Vision kann konkret oder figurativ sein, so als ob Sie selbst darin versunken seien. Vielleicht sehen Sie die Bilder in der Kugel, so als schauten Sie durch ein Fenster oder ein Tor, oder aber sie erscheinen wie auf einer Filmleinwand. Das Sehen kann auch innerlich erfolgen, wobei Bilder und Eindrücke nicht in der Kugel, sondern im Geist erscheinen, während Ihr Blick auf den Kristall gerichtet ist. Die Art des Sehens ist bei jedem Menschen anders.

Nähern Sie sich den Visionen mit Ihrem gesunden Menschenverstand, ob sie nun realistischen oder symbolischen Charakter haben. Denken Sie jedoch daran, daß es einen Unterschied zwischen der durch einen Kristall erhaltenen Vision und der Erlangung der Seherfähigkeit an sich gibt. Erstere wird durch die Konzentration auf die Kugel erzeugt, und zu letzterer gelangt man durch die Fokussierung und Konzentration auf eine bestimmte Idee, auf ein Bild oder einen Gedanken. Die Kristallkugel begleitet Sie auf dem Weg dahin.

Pflege und Weihe der Kristallkugel

Nachdem Sie nun Ihre Kristallkugel gefunden haben, müssen Sie lernen, richtig mit ihr umzugehen. Behandeln Sie sie wie ein Heiligtum – als etwas ganz Besonderes und Einzigartiges. Erweisen Sie ihr Achtung und lassen Sie nicht zu, daß andere sie als Spielzeug benutzen.

Sobald die Kugel in Ihren Besitz gelangt ist, sollte *niemand* anders sie berühren, außer wenn Sie für andere kristallsehen! Gestatten Sie neugierigen Menschen, sie in die Hand zu nehmen, so ist das nicht nur eine Mißachtung der Kugel und des ihr innewohnenden Geistes, sondern es beeinträchtigt auch Ihre Empfänglichkeit für die Visionen der Kugel. Wer immer sie in die Hand nimmt, hinterläßt darauf auch seinen Abdruck. Dadurch kann Ihre eigene Fähigkeit zum Kristall- und Hellsehen gestört und beeinträchtigt werden.

Wie diese Imprägnation durch andere entsteht, ist leicht nachvollziehbar. Alle Dinge mit atomarer Struktur, so auch der menschliche Körper, haben eine elektromagnetische Eigenschaft. Jedes Atom eines jeden Moleküls einer jeden Substanz – beseelt oder unbeseelt – ist aus Elektronen und Protonen zusammengesetzt, die sich in ständiger Bewegung befinden. Diese Elektronen und Protonen sind elektromagnetische Energieschwingungen, die mit anderen elektromagnetischen Schwingungen interagieren können. Aufgrund unserer starken elektromagnetischen Ausstrahlung geben wir ständig (elektrische) Energie ab und nehmen neue (magnetische) auf. Alles, was eine atomare Struktur hat, kann imprägniert werden. Kristallkugeln haben eine kristalline Struktur vergleichbar mit der des menschlichen Körpers. Deshalb magnetisiert jeder, der Ihre Kugel berührt, diese auch mit seiner eigenen, ganz persönlichen Energie und läßt darauf die für ihn typische Imprägnation zurück.

Aus diesem Grund ist es unbedingt notwendig, Ihre Kugel von *allen* früheren Imprägnationen oder Einflüssen – physischen oder spirituellen – zu säubern. Am besten geht man davon aus, daß der Kristall von vielen verschiedenen Personen in die Hand genommen wurde, die alle ihre Energie darauf hinterlassen haben – gute wie schlechte und/oder wertneutrale. Sie sollten also sämtliche früheren Einflüsse eliminieren, damit sich die Kugel besser für Ihre Belange programmieren beziehungsweise auf Sie einstimmen läßt und Sie umgekehrt auch die richtige Einstellung zu ihr finden.

Als ersten Schritt in diese Richtung sollten Sie die Kugel vierundzwanzig bis achtundvierzig Stunden lang in eine Schüssel mit Meersalz legen. Dadurch wird sie von allen Imprägnationen früherer Besitzer befreit. Das Meersalz entzieht der Kugel alle negativen Energien und löscht sämtliche Imprägnationen. Damit weichere Kugeln wie beispielsweise der Malachit nicht verkratzen, betten Sie sie am besten in ein weiches Tuch. Sie können das Meersalz auch mit etwas Poleiminz-Elixier oder -Öl anreichern. Poleiminze nimmt Kristallen die negativen Schwingungen und verstärkt so den Reinigungsprozeß.

Nach Ablauf der 24 bis 48 Stunden können Sie die Kugel herausnehmen und das kontaminierte Salz oder Salzwasser der Erde zur Reinigung und Klärung zurückgeben. Danach bringen Sie die Kristallkugel für 24 bis 48 Stunden an einen sicheren Ort im Freien und lassen sie Tag und Nacht draußen. Dadurch kann sie sich aufladen und ihre volle Kraft und ihr ganzes Potential zurückgewinnen. Sie werden eine deutliche Veränderung bemerken: Die Kugel ist hinterher viel klarer und lebendiger.

Diesen Aufladungsprozeß können Sie noch verstärken, indem Sie die Kugel in der Zeit zwischen zunehmendem Mond und Vollmond nach draußen stellen. Während dieser Phase erreichen die lunaren Einflüsse ihren monatlichen Höhepunkt, und damit soll die Kugel nach Möglichkeit maximal aufgeladen werden. Ich empfehle, diese Prozedur unmittelbar nach dem Erwerb Ihrer heiligen Kugel durchzuführen und sie dann regelmäßig mindestens einmal jährlich zu wiederholen. Wenn Sie die Kugel in der besagten Mondphase aufladen und dazu noch die Stellung der Sonne in einem astrologischen Wasserzeichen (Krebs, Skorpion oder Fisch) berücksichtigen, erhöht sich ihre Effizienz als Medium zum Kristallsehen um ein Vielfaches. Und wenn Sie diese Aufladung jeweils zwei bis drei Tage vor Vollmond beziehungsweise am Tage des Vollmondes vornehmen, kann sich daraus ein machtvolles Monatsritual entwickeln.

Nachdem Sie die Kristallkugel gereinigt und aufgeladen haben, holen Sie sie wieder ins Haus zurück und reinigen sie zunächst in einer milden, lauwarmen Seifenlauge. Es empfiehlt sich, einen Tropfen Poleiminz-Öl oder etwas Poleiminz-Blütenelixier in das Wasser zu geben. Spülen Sie die Kugel nach dem Reinigungsbad mit klarem Wasser ab, trocknen Sie sie und polieren Sie sie mit einem weichen Tuch oder Leder nach.

Die Kristallkugel sollte vor und nach jedem Gebrauch zumindest oberflächlich gesäubert werden. Bei mehreren unmittelbar aufeinanderfolgenden Sitzungen ist es ratsam, ein mit Wasser und ein bis zwei Tropfen Poleiminz-Öl oder -Blütenelixier befeuchtetes Tuch zur Hand zu haben, um dazwischen die jeweiligen Imprägnationen der vorhergehenden Person von der Kugel abzuwischen.

Wenn Sie lange und ausführlich für andere in der Kugel gelesen haben, sollten Sie sie anschließend mit Meersalz reinigen. Bei manchen Kristallen muß das nach jedem Gebrauch erfolgen. Einige Kugeln wollen häufiger gereinigt und aufgeladen werden, andere wiederum halten ihr Energiepotential und ihre Reinheit über längere Zeit hinweg. Jede Kugel ist anders, und es dauert eine Weile, bis Sie Ihre verstehen und mit ihr umzugehen wissen. Um sicherzugehen, sind regelmäßige Reinigungs- und Aufladungsrituale ratsam.

Sie sollten Ihre Kristallkugel in einem ruhigen Raum aufbewahren. Manche legen sie in eine Schachtel auf dem Hausaltar, andere stellen sie auf einen bestimmten Tisch oder in einem Regal auf. Wo auch immer Sie sie unterbringen, der Platz sollte sauber und ordentlich sein. Die Kugel sollte vor den Augen Neugieriger geschützt werden und an einem Ort stehen, der möglichst nur Ihnen selbst zugänglich ist.

Wenn die Kugel nicht in Gebrauch ist, sollte sie mit einem schwarzen Seidentuch zugedeckt sein. Das schirmt sie ab und verhindert ungewollte Imprägnationen. Manche finden es besser, zusätzlich noch ein schwarzes oder dunkles Seidentuch zu haben, auf dem sie die Kugel plazieren, wenn sie sie zum Hellsehen benutzen. Dadurch werden unliebsame Reflexionen abgehalten, wenn Sie in die Kugel schauen.

Die Farbe des Tuches ist nicht so entscheidend wie die Stoffart. Vielfach wird zwar wegen der besseren Abschirmung zu dunkleren Farben geraten, doch sind andererseits die verschiedensten Farbtöne in Gebrauch. Wählen Sie die Farbe, von der Sie sich am stärksten angezogen fühlen. Das Tuch selbst sollte jedoch vorzugsweise aus Seide und nicht aus Baumwolle sein. Seide isoliert und schützt besser, hält die Energien im Inneren der Kristallkugel fest und schirmt sie gleichzeitig gegen äußere Einflüsse ab.

Alles in allem schaffen Sie so einen heiligen Raum für Ihre

Kristallkugel und Ihre Arbeit damit. Auf diese Weise ehren Sie den Kristall, den ihm innewohnenden Geist und Ihren zukünftigen Umgang damit. Ein heiliger Raum wird in Ihrem Haus und in Ihrem Geist geschaffen, ein Platz zwischen den Welten, ein Platz, wo das Feinstoffliche und das Faßbare ineinandergreifen und agieren können. Er ist ein wesentlicher Teil des Hellsehrituals und erweckt die Kraft in der Kugel und in Ihrem eigenen Inneren.

All das ist ein schöpferischer Akt, ein Gebet, eine Huldigung an die kreativen Aspekte in Ihrem Inneren und in allem, was lebt. Die Bereitung eines heiligen Ortes für die Kristallkugel ist gleichzeitig auch ein Akt der Weihe. Vielleicht sprechen Sie dabei ein Gebet, singen eine Hymne oder entbieten eine andere Form des Dankes für die Möglichkeiten und Verbindungen, die sich dadurch für Sie auftun. Damit erklären Sie Ihre Arbeit mit der Kristallkugel für heilig. Sie fangen an, das Göttliche in Ihrem Inneren zu erkennen und es somit als heilig zu erachten.

Sie brauchen keine besonderen Anstrengungen zu unternehmen, um sich auf Ihre Kristallkugel richtig einzustellen und einzulassen. Der Akt der Reinigung, Klärung, Aufladung und Schaffung eines heiligen Ortes ist der Beginn dieses Einstimmungsprozesses. Der Grundstein ist also durch diese Aktivitäten bereits gelegt.

Darauf aufbauend müssen Sie sich allerdings Zeit nehmen, um sich mit der Kristallkugel anzufreunden; Sie dürfen es also nicht beim ersten Kennenlernen belassen. Selbst wenn Sie eine Kugel schon viele Jahre haben, sollten Sie sie regelmäßig an die frische Luft bringen und sie immer wieder einmal genau anschauen, um all die natürlichen Wunder darin zu erkennen.

Je mehr Zeit Sie damit verbringen, desto wirkungsvoller wird die Kugel für Sie sein.

Der menschliche Körper ist, wie bereits erwähnt, ein biochemisches und elektromagnetisches System, das unaufhörlich Energie an die mit ihm interagierenden Felder abgibt und davon aufnimmt. Das bedeutet, daß jedes Objekt die persönliche und somit einzigartige Imprägnation des Besitzers oder Benutzers trägt. Durch das Kristallsehen prägen wir der Kugel nach und nach unsere eigenen Energien ein (Programmierung). Dann bedienen wir uns verschiedener Techniken zur Lesung und Interpretation dieser Imprägnationen, um tiefere Einsichten in unser Leben oder das Leben anderer Ratsuchender zu gewinnen.

In manchen Teilen unseres Körpers ist eine höhere Energieaktivität zu spüren als in anderen. Wir können diese einzeln oder insgesamt nutzen, um die Kristallkugel stärker für unsere seherischen Zwecke zu prägen und zu programmieren. Wir sprechen in diesem Zusammenhang von einer Magnetisierung der Kugel, die am einfachsten mit Hilfe der Hände, des Atems oder der Augen erfolgt.

Übung 6:
Die Kugel mit dem Atem magnetisieren

Am Ende des vorhergehenden Kapitels wurde bereits darauf hingewiesen, daß es möglich ist, unsere körpereigene Energie über den Atem zu steigern und sie innerhalb des Organismus zu verändern. Es gibt den stimulierenden und den sedierenden Atem. Mit Hilfe mancher Atemtechniken läßt sich die Sexualität stimulieren, andere wiederum lassen sich wirksam in der Heilung einsetzen. Beim Yoga finden wir eine Vielfalt von Atemtechniken für die unterschiedlichsten Zwecke; sie werden unter dem Begriff Pranayama zusammengefaßt.

Atem ist Leben. Über den Atem können wir unsere eigene Hellsichtigkeit zum Leben erwecken und die Kristallkugel mit Leben erfüllen. Richtige Atmung stimuliert und unterstützt die Aufnahme von Prana (Lebenskraft). Dadurch werden Körper und Geist vitalisiert, heilende Energien stimuliert und die Kreativität in unserem Inneren erweckt.

Die tantrische Methode der Krähenschnabel-Atmung dient zur Beruhigung des Körpers ebenso wie zur Heilung und Entwicklung der Hellsichtigkeit. Bei dieser Technik atmet man die Luft langsam über die nach oben gerollte Zunge, wölbt dann den Zungenrand beidseitig hoch und schiebt die Zunge dabei leicht vor. Halten Sie so den Atem an, solange Sie können, und atmen Sie dann durch beide Nasenlöcher langsam aus. Wenn Sie diese Übung morgens und abends und zudem noch an der frischen Luft durchführen, verstärkt das ihre Wirksamkeit.

»In vielen Kulturen verbanden sich mit dem Atem starke mystische Assoziationen. In Fernost gilt das ›Kosten der ausgeatmeten Luft eines Freundes‹ immer noch als Ausdruck tiefer Verbundenheit. Die Sympathiebekundung bei den Eskimos erfolgt nicht über einen Kuß, sondern in Form von Nasenreiben und Atemaustausch. Zahlreiche tantrische und taoistische mystische Abhandlungen unterstreichen die alles verbindende Kraft des sich ergänzenden Atems.«[1]

1 Douglas, Nik and Slinger, Penny, *Sexual Secrets,* Destiny Books, New York, 1979, Seite 41.

Mit der gleichen Atmung können Sie Ihre Kristallkugel magnetisieren und imprägnieren. Über den bewußt kontrollierten und zielgerichteten Atem können Sie in Kontakt zu ihr, dem ihr innewohnenden Geist und ihren einzigartigen Energien treten. Sie können über Ihren Atem ein starkes Band knüpfen, eine mächtige Anziehungskraft schaffen und eine Beziehung auf einer sehr ursprünglichen Ebene eingehen.

1. Halten Sie Ihre Kristallkugel ungefähr in Brusthöhe, zunächst in beiden Händen.
2. Atmen Sie ein paarmal tief ein und aus, schließen Sie die Augen und entspannen Sie sich.
3. Stellen Sie sich vor, der Kristall würde sanft und langsam zu pulsieren beginnen; spüren Sie seine Pulsation – so als ob er atmen würde.
4. Während Sie nun einige Minuten lang tief atmen, malen Sie sich all das aus, was Sie mit der Kugel tun möchten, und alles, was Sie von ihr erwarten.
5. Für diese Übung sollten Sie die Wechsel-Atmung durch die Nase benutzen, wie sie im letzten Kapitel beschrieben wurde. Neigen Sie den Kopf, so daß Sie etwa 3 bis 5 cm Abstand von der Oberfläche der Kristallkugel haben. Als Mann sollten Sie jetzt durch das rechte und als Frau durch das linke Nasenloch einatmen. Stellen Sie sich dabei vor, Sie würden den Atem des Kristalls in sich aufnehmen. Halten Sie nun den Atem an und atmen Sie nur durch das andere Nasenloch aus. Stellen Sie sich dabei vor, Sie würden in die Kristallkugel hineinatmen und sie würde ihrerseits Ihren Atem in sich aufnehmen. Sie hauchen ihr damit Leben ein. Betrachten Sie den Vorgang als einen Austausch

von Vitalität, der Sie beide miteinander verbindet. Sie sollten ihn als etwas Heiliges ansehen, bei dem Sie die Lebenskraft des Kristalls empfangen, während Sie ihm Ihre eigene Lebenskraft schenken. Dies ist ein sakraler Pakt, den Sie eingehen und in dem Sie Ihr Wesen und Ihren Geist mit dem Wesen und dem Geist der Kristallkugel und all ihren mystischen, symbolischen und archetypischen Kräften verbinden. So entsteht ein Bund für Austausch, Nähren und Verpflichtung auf Gegenseitigkeit.

6. Wiederholen Sie diese Atemübung dreimal und wechseln Sie das Nasenloch; Männer atmen dann also dreimal durch das linke Nasenloch ein und durch das rechte aus, während Frauen dreimal durch das rechte ein- und durch das linke ausatmen.
7. Stellen Sie diese Übung an den Anfang Ihres Kristallsehens, um sich ganz und gar auf die Kugel einzulassen, mit ihr in Einklang zu kommen und so stärkere Visionen zu erlangen.

Eine kurze Energetisierung der Kristallkugel über die Atmung können Sie regelmäßig durchführen. Dazu nehmen Sie die Kugel in die rechte Hand und atmen rhythmisch tief ein und aus. Mit jedem Einatmen beobachten und spüren Sie, wie sich Ihr Körper mit pulsierender Energie füllt. Beim Ausatmen legen Sie die rechte Hand auf die Kugel und beobachten, wie die eingeatmete Energie ihren Körper durchströmt, wie sie aus Ihrer Hand in die Kristallkugel hineinfließt und sie auflädt. Manche Menschen klopfen oder trommeln dabei mit den Fingerspitzen auf die Kugel, um so Pranatropfen in den Kristall »hineinzuschütteln«.

Experimentieren Sie ruhig einmal mit dieser oder einer anderen Atemtechnik und finden Sie für sich selbst heraus, welche Form für Sie und Ihre Kristallkugel die beste ist. Und bedenken Sie, daß es darum geht, eine Beziehung zu ihr aufzubauen. Dies erfordert Zeit und die Bereitschaft, viele Möglichkeiten auszuprobieren, bis Sie schließlich den besten Weg für dieses neue Bündnis gefunden haben.

Übung 7:
Die Kugel mit den Augen magnetisieren

Es heißt, die Augen seien die Fenster der Seele. Auch beim außersinnlichen Sehen haben sie eine große symbolische Bedeutung. Die Augen sind nicht nur die Organe zur physischen Wahrnehmung, sondern auch das Symbol der Innenschau und Clairvoyance schlechthin.

Die Augen können Energien, Gedanken und Gefühle projizieren und absorbieren. Es läßt sich eine Menge über einen Menschen sagen, wenn man ihm in die Augen schaut. Über die Augen und die Art und Weise, wie wir sie benutzen, senden und empfangen wir eine Vielzahl von Botschaften. Sie sind ein Vehikel unserer Kommunikation. Die meisten von uns wissen beispielsweise, daß ein fester und konstanter Augenkontakt Selbstvertrauen und ein gutes Selbstwertgefühl ausstrahlt. Hingegen zeugt das Abwenden des Blickes oder Niederschlagen der Lider von mangelndem Vertrauen und mangelndem Selbstwertgefühl. Wer die Augen hin und her bewegt, wirkt vielfach unaufrichtig, ungeduldig oder nervös. Unsere Augen sagen also etwas aus.

Das ist allgemein bekannt. Warum wäre unsere Sprache sonst wohl so reich an Redewendungen, die mit den Augen und der Art unseres Blicks zu tun haben? »Wenn Blicke töten könnten …«, »Mit den Augen der Liebe …«, »Auf jemanden herabblicken …« – alles ein Ausdruck von Gefühlen. »Augen für jemanden haben« oder »jemandem schöne Augen machen« bedeutet, die Botschaft des Verlangens auszusenden. Jemanden »im Auge behalten« heißt, ihm schützend zur Seite zu stehen. »Jemandem in die Augen sehen« ist eine Möglichkeit, Aufrichtigkeit und Redlichkeit zu bekunden. All diese und viele ähnliche Idiome lassen erkennen, wie sich Menschen ihrer Augen bedienen, um Gedanken zu projizieren und zu empfangen.

Welche Gedanken projizieren die Augen dieser beiden Menschen?

»Meine Frau wird bald nach Hause kommen.«

»Ich liebe Ihre Musik über alles.«

Richtig oder falsch? Der Mann auf der ersten Abbildung ist nicht ehrlich, denn das Reiben der Augen ist ein eindeutiges Zeichen für Unaufrichtigkeit. Der andere ist ebenfalls unehrlich. Er blendet die Musik gewissermaßen mit den Augen aus.

Wenn wir unsere Augen und unsere Aufmerksamkeit auf die Kristallkugel richten, so bringen wir uns selbst mit ihr in Einklang. Wir projizieren unsere Energien und Absichten auf sie. Mit dem Atem, dem Blick und der Berührung können wir die Energien unseres Körpers mit denjenigen der Kugel in Resonanz bringen. Die Kristallkugel nimmt genau das auf, was wir projizieren, und so können wir viel harmonischer mit ihr und ihren Energien umgehen.

Und gerade wegen dieser Energieprojektionen sollten wir vorsichtig mit unseren Gedanken sein, wenn wir die Kugel ansehen und mit ihr arbeiten. Unsere Augen projizieren nämlich unsere Gedanken, und das wiederum wirkt sich auf die Magnetisierung und Programmierung der Kugel in ihrer Eigenschaft als Medium zum Hellsehen aus.

Um die Kristallkugel mit den Augen zu magnetisieren, nehmen Sie sich genügend Zeit, sie anzusehen. Erzwingen Sie nichts, und starren Sie nicht angestrengt in sie hinein; Ihre Augen sollten sanft und warm auf ihr ruhen. Ein starrer Blick wird Ihnen nur Kopfschmerzen bereiten. Genießen Sie es einfach, mit Ihrer Kristallkugel zu experimentieren. Je öfter Sie Ihren Blick darauf richten und ruhen lassen, desto besser wird die Verbindung zu ihr; das wiederum dient der Weiterentwicklung ihrer eigenen Hellsichtigkeit.

Setzen Sie sich mit der Kristallkugel unter eine künstliche Lichtquelle oder in die freie Natur. Betrachten und studieren Sie sie von allen Seiten. Rollen Sie sie zwischen den Händen, halten Sie sie gegen das Licht. Sehen Sie die Spiegelung des Regenbogens darin? Beobachten und registrieren Sie die verschiedenen Schichtungen, Muster und Einschlüsse. Je vertrauter Sie mit ihr umgehen, desto faszinierender wird sie werden, denn Sie entdecken ständig neue Dinge darin. Kristallkugeln sind in ständigem Wandel begriffen, und jeder Wandel reflektiert etwas Neues, das auch in Ihnen lebendig wird. Schließlich ist der Kristall wie ein Spiegel. Erfreuen Sie sich an den Wundern, die er hervorbringt.

Wenn Sie die Kugel ansehen und untersuchen, bleiben Sie in Gedanken bei den Erwartungen, die Sie in sie setzen. Stellen Sie sich einmal vor, Sie könnten darin alles sehen, was Sie möchten. Malen Sie sich aus, wie Sie die Vergangenheit, Gegenwart und Zukunft mit großer Klarheit und Deutlichkeit erkennen. Stellen Sie sich vor, Sie könnten sämtliche Dinge und Menschen allzeit und allerorts auf einmal viel klarer und deutlicher sehen – mit der Kugel und ohne sie. Und vergessen Sie nicht, daß jeder Blick von Ihnen die Fähigkeit des Kristalls zur Offenbarung stimuliert und die Kugel Ihr eigenes visionäres Talent zum Erwachen und Erblühen bringt.

Übung 8: Die Kugel mit den Händen magnetisieren

Die Kristallkugel muß regelmäßig benutzt und beachtet werden, denn nur so kann sie ein starkes magnetisches Feld aufbauen und ihre Funktion als Medium zum Hellsehen optimal erfüllen. Dies ist wichtig, damit eine stimmige Resonanz zwischen Ihnen und der Kugel entsteht und aufrechterhalten wird. Gehen Sie von Zeit zu Zeit mit Ihrer Kugel hinaus ins Freie und halten Sie sie dabei in beiden Händen. Versuchen Sie, ein Gefühl für ihre Schwere zu bekommen. Umfassen Sie sie zärtlich und liebevoll. Lassen Sie sie in der Wölbung Ihrer

Handflächen ruhen, so als ob die Weltkugel in göttlichen Händen gehalten würde. Dadurch festigt sich Ihre Beziehung zu ihr.

Nehmen Sie ein paar tiefe Atemzüge, schließen Sie die Augen, und lassen Sie Ihre Gedanken zur Ruhe kommen. Streichen Sie mit Ihren Händen sanft über die Oberfläche der Kugel und liebkosen Sie sie. Das erfüllt mehrere Zwecke. Zuerst einmal hilft es Ihnen, sich mit der Kugel innig zu verbinden; zum zweiten wird dadurch das natürliche Energiefeld des Kristalls aktiviert. Es ist ein erster Schritt hin zur Programmierung der äußerst feinen elektromagnetischen Felder, so daß die Kugel als Medium zum Hellsehen oder als Spiegel der Seele dienen kann.

Ihre Hände sind Zentren starker energetischer Aktivität. Sie suchen ständig nach sensorischem Austausch. Mit anderen Worten: Wir können unsere Hände dazu benutzen, Energien fokussiert zu lenken und auszusenden oder um sie stärker zu fühlen und aufzunehmen.

Überall auf diesem Planeten haben die Menschen gelernt, Energien über die Hände weiterzugeben und aufzunehmen. In den meisten Fällen ist diese Technik mit dem Heilen verbunden. Seit alters her wurden zahlreiche Namen dafür verwendet wie etwa »Berührung des Königs« oder »Therapeutische Berührung«, »Handauflegen« und so weiter. Welche Gabe in unseren Händen schlummert, läßt sich auf vielfältige Weise demonstrieren und beweisen, aber das würde den Rahmen dieses Buches sprengen.

Wenn wir über die Kugel streichen, laden wir sie mit unseren Energien auf. Die von unseren Händen ausgesendete Energie wird vom Kristall aufgenommen und aktiviert sein Energiefeld. Seine Kraft verstärkt sich, so daß er unsere Energien viel besser widerspiegelt.

Man kann mit beiden Händen gleichzeitig oder auch abwechselnd mal mit der einen, mal mit der anderen über die Kugel streichen. Manche glauben, linkshändige Streichbewegungen hätten eine größere Wirkung, weil die linke Körperseite eine stärkere magnetische Polarität aufwies und somit das Energiefeld der Kugel effizienter aktivieren könne. Meine Erfahrung hat aber gezeigt, daß solche Überlegungen weitaus unbedeutender sind als die Gedanken, die Ihnen während der Streichbewegungen durch den Kopf gehen.

Wenn Sie glauben, die linke Hand sei effizienter, nehmen Sie sie; andernfalls machen Sie es so, wie es Ihnen am liebsten ist. Es gibt eben keine absoluten Regeln. Die Devise lautet: Machen Sie das, was für Sie persönlich richtig ist und funktioniert! Und selbst das kann von Mal zu Mal anders sein.

1. Setzen Sie sich bequem hin.
2. Nehmen Sie die Kristallkugel sachte in Ihren Schoß.
3. Schließen Sie kurz die Augen, atmen Sie ein paarmal tief ein und aus und entspannen Sie sich. Reiben Sie die Hände etwa dreißig Sekunden lang schnell gegeneinander. Dadurch werden die Chakren oder Energiezentren in den Handflächen stimuliert und so die Fähigkeit verbessert, Energien zu projizieren und zu spüren.
4. Legen Sie beide Hände mit nach unten weisenden Handflächen dicht nebeneinander, so daß sie sich berühren. Wenn Sie mit der Streichbewegung beginnen, gehen die Hände auseinander.
5. Streichen Sie langsam und sanft über die Kugeloberseite

und folgen Sie ihrer natürlichen Rundung, bis sich die Hände an der Kugelunterseite wieder begegnen. Jetzt ruht die Kugel in den nach oben weisenden Handflächen.

6. Führen Sie die Hände wieder zur Oberseite der Kugel zurück, und streichen Sie abermals nach unten und ringsum. Streichen Sie nun über die Seiten, dann nach vorne und hinten und so weiter – bis Sie die gesamte Oberfläche berührt haben.
7. Verbinden Sie die Atmung mit der Streichbewegung. Atmen Sie beim Nach-unten-Streichen aus. Visualisieren Sie, wie die Energie Sie durchströmt, wie sie aus Ihren Händen heraus und mit jedem Ausatmen in die Kugel hineinfließt.
8. Nehmen Sie die Hände langsam von der Kugeloberfläche und halten Sie sie in einem Abstand von etwa drei bis fünf Zentimeter darüber. Fahren Sie mit der Atmung und dem Streichen fort. Sie werden spüren, wie dabei Energie aus der Kugel herausströmt. Vielleicht empfinden Sie einen leichten Druck, ein Kribbeln, Wärme oder Kälte, etwas Pelziges oder Pulsierendes, oder aber Sie haben gar das Gefühl, die Kugel sei auf einmal von einem Wulst umgeben. Jede Kugel hat ein eigenes Energiefeld, und Sie reagieren auf Ihre ganz persönliche Art und Weise darauf.
9. Nehmen Sie sich ein paar Minuten Zeit, um wahrzunehmen, was Sie in Ihren Händen spüren. Zerbrechen Sie sich nicht den Kopf darüber, ob die Gefühle in Ihrer Vorstellung entstehen oder Wirklichkeit sind. Und machen Sie sich keine Gedanken darüber, was andere an Ihrer Stelle empfinden würden und ob das eventuell von Ihren Gefühlen abweicht. Mit der Zeit werden Ihre Hände so feinfühlig für die subtile energetische Ausstrahlung der Kugel, daß

Sie schon mit wenigen Streichberührungen die Energie in Ihren Händen mobilisieren und einschätzen können, wie stark diese ist.

10. Während des Streichens und Atmens ist es immer vorteilhaft, den Blick sanft und zentriert auf der Kugel ruhen zu lassen. Malen Sie sich im Geiste aus, wie die Kugel immer stärker und klarer wird, wie sie Sie in Ihren Ambitionen unterstützt und Ihre Hellsichtigkeit zum Erblühen bringt.

Übung 9:
Die Kugel mit der Imagination reinigen und aufladen

Bei Ihrer Arbeit mit dem Kristall werden Sie mit der Zeit ganz einfache und wirksame Formen für die Reinigung und Magnetisierung finden. Für welche Technik Sie sich auch entscheiden, sie läßt sich in jedem Fall von Ihrer eigenen fokussierten Imagination verstärken.

Die Imagination ist eine geistig-seelische Kraft und gleichsam für die Produktion von Bildern verantwortlich. Imaginäres ist nicht mit Irrealem zu verwechseln. Die beiden Begriffe sind *nicht* synonym. In der nachfolgenden Übung benutzen Sie den Atem, die Augen und die Hände in Verbindung mit der Vorstellungskraft, um eine intensivere Magnetisierung Ihrer Kristallkugel zu bewirken.

1. Setzen Sie sich bequem hin und entspannen Sie sich. Ihre Kristallkugel ruht vor Ihnen auf einem Ständer oder auf dem Tisch. Atmen Sie ein paarmal langsam und tief ein und aus; versuchen Sie, Ihre Mitte zu finden.

2. Legen Sie jeweils den Daumen und Zeigefinger beider Hände gegeneinander (also Daumen gegen Daumen und Zeigefinger gegen Zeigefinger). Damit bilden Sie einen Kreis, einen heiligen Raum in Miniaturform. Er ist das Symbol der Unendlichkeit. Halten Sie diesen Kreis über die Kugel.
3. Atmen Sie rhythmisch. Zählen Sie beim Einatmen langsam bis vier, halten Sie den Atem an und zählen Sie wieder bis vier; zählen Sie beim Ausatmen wiederum bis vier. Stellen Sie sich bei jedem Einatmen vor, Sie würden eine große Menge Energie in Ihren Körper ziehen, und spüren Sie in diesen Vorgang hinein. Während Sie den Atem anhalten, berührt und füllt diese pulsierende Energie jede einzelne Zelle Ihres Körpers. Während des Ausatmens lassen Sie die Luft in den Fingerkreis hineinströmen. Visualisieren Sie, wie sie sich dort als starke Lichtkraft reiner Energie sammelt.
4. Atmen Sie weiter und bewegen Sie den Fingerkreis nach unten über die Kugel; berühren Sie damit ihre gesamte Oberfläche. Bei größeren Kugeln müssen Sie die Finger dazu vielleicht ein wenig auseinandernehmen. Das macht nichts, solange die beiden Zeigefinger und Daumen weiterhin einen Kreis bilden. Während die Kugel durch den Fingerkreis gleitet, visualisieren Sie, wie die daraus ausströmende Energie von der Kugel aufgenommen wird, diese mit Kraft füllt und reinigt.
5. An der Unterseite der Kugel angekommen, lösen Sie die Finger und unterbrechen damit den Kreis; die Energie bleibt in der Kugel gespeichert. Führen Sie die Hände wieder nach oben zurück, bilden Sie ein zweites Mal einen

Fingerkreis und reichern Sie die Kugel erneut mit Energie an. Dann wiederholen Sie den Vorgang ein drittes, vielleicht gar ein viertes oder fünftes Mal. Dadurch wird eine schnelle Aufladung des Kristalls erreicht, und zudem kann diese Übung eine großartige Vorbereitung auf das eigentliche Hellsehen sein.

Übung 10:
Die Begegnung mit dem Kristallengel

Eine der besten Möglichkeiten, sich auf den Kristall einzustimmen, ist die Meditation. Dabei steht nicht seine Verwendung zum Hellsehen im Vordergrund. Es genügt, die Kugel während der Meditation in der Nähe zu haben, um eine tiefere Beziehung zu ihr herzustellen.

Kreative Imagination ist der Schlüssel, der uns die Welt unserer intuitiven Kräfte über das Kristallsehen hinaus öffnet. Sie ist eine unserer größten geistig-seelischen Fähigkeiten und macht uns Bilder und Wahrnehmungen aus unserem Unterbewußtsein zugänglich. Diese geben Aufschluß über vergangenes, gegenwärtiges und/oder zukünftiges Geschehen und stehen alle mit irgendeiner archetypischen Kraft des Universums in Zusammenhang. Über die Meditation und den Gebrauch unserer kreativen Imagination können wir uns mit diesen archetypischen Energien verbinden.

Es ist wohl eine der verbreitetsten und ältesten Vorstellungen, daß jedem Aspekt in der Natur ein eigener Geist innewohnt. Völkerkundliche Studien haben ergeben, daß überall auf der Welt der Glaube an geheimnisvolle Wesen verbreitet ist; und zu allen Zeiten wurde der Versuch unternommen, die Vielzahl der verschiedenen in der Natur anzutreffenden Geistwesen einzuordnen. Die mannigfaltigen Kräfte und Ausdrucksformen der Natur sind stets personifiziert worden. Jede Blume hatte ihre Fee, jeder Baum seine Deva und jeder Kristall seinen Engel.

Ob wir diese Wesen nun als Naturgeister, Feen und Elfen, Engel, Devas oder anders bezeichnen, spielt eigentlich keine Rolle. Es genügt, sich darüber im klaren zu sein, daß es solche archetypischen Kräfte gibt, die sich in den einzelnen Aspekten der Natur manifestieren. Unsere Existenz ist eingebettet in ein lebendiges Universum. Alles, was uns umgibt, ist mit Leben und Energie erfüllt.

Wer mehr über die verschiedensten Formen der Kristallmeditation wissen möchte, findet Einzelheiten dazu in einer Vielzahl von Büchern zum Thema Kristalle, das im letzten Jahrzehnt außerordentlich populär geworden ist. Praktisch jede der darin vorgestellten Methoden trägt dazu bei, sich besser auf eine Kristallkugel einzustellen, solange sie nur regelmäßig angewandt wird. Die folgende Meditation ist ebenfalls sehr segensreich, denn sie kann eine Begegnung mit dem Geist des Kristalls ermöglichen.

Diese Übung hilft Ihnen, sich auf die archetypische Kraft einzulassen, die sich durch Ihre Kristallkugel manifestiert. Gleichzeitig vertieft sie Ihre Beziehung dazu sowohl in physischer, emotionaler, mentaler als auch spiritueller Hinsicht. Sie fördert Ihre kreative Imagination und Ihre Fähigkeit zum Hellsehen.

1. Wählen Sie für diese Meditation einen Zeitpunkt, zu dem Sie ungestört sind. Stellen Sie das Telefon ab, und treffen Sie alle sonstigen Vorkehrungen, damit Sie niemand unterbrechen kann. Jede Meditation versetzt Sie in einen Bewußtseinszustand, in dem Sie physische Sinneseindrücke intensiver wahrnehmen. Wenn während der Meditation das Telefon läutet, wird Ihnen das einen regelrechten Schock versetzen.
2. Vielleicht beginnen Sie mit einer progressiven Muskelentspannung und atmen einige Male tief ein und aus. Schließen Sie die Augen und füllen Sie jeden Teil Ihres Körpers mit warmer, beruhigender Energie. Nehmen Sie sich Zeit für diese Einstimmungsphase, denn je entspannter Sie sind, desto wirkungsvoller ist die Meditation.
3. Vielleicht lassen Sie während der gesamten Übung eine beruhigende Hintergrundmusik laufen. Auch der Gebrauch einer Kristallschale (siehe hierzu den zweiten Teil dieses Buches) kann eventuell von Vorteil sein.
4. Nehmen Sie sich ausreichend Zeit, um sich auf Ihre Kristallkugel einzustimmen. Lassen Sie sie während der gesamten Übung entweder in Ihrem Schoß oder auf einem stabilen Ständer vor Ihnen ruhen. Sie müssen die Kugel mit geschlossenen Augen visualisieren können.
5. Schließen Sie die Augen und atmen Sie tief durch. Entspannen Sie sich und lassen Sie Ihre Gedanken zur Ruhe kommen. Ziehen Sie Ihr Energiefeld dicht an Ihren Körper zurück, so als würden Sie sich in einen bequemen alten Mantel hüllen.
6. Streichen Sie behutsam über die Kugel, um ihre Energien zu aktivieren. Lassen Sie nun all das auf sich wirken.

Die Begegnung

Vor Ihrem geistigen Auge tauchen aus der Dunkelheit Bilder einer Landschaft auf. In der Ferne hören Sie das Plätschern von Wasser – vielleicht von einem Bach ganz in der Nähe. Als das Bild klarer wird, sehen Sie sich inmitten eines kreisförmig angelegten Gartens. Es ist die Zeit der Dämmerung, und der Vollmond geht gerade auf.

Sie sitzen im weichen Gras. Etwa zehn Meter vor Ihnen schlängelt sich ein kleiner Bach durch den Garten. Der Mond spiegelt sich in seiner Oberfläche. Vor Ihnen steht Ihre Kristallkugel.

Als Sie Ihren Blick darauf richten, beginnt die Kugel zu leuchten. Es scheint, als wolle der Mond selbst sie zum Strahlen und Erwachen bringen. Behutsam strecken Sie Ihre Hand aus und versuchen, die sanfte Spiegelung des Mondlichts rings um die Kugel zu erspüren. Während Sie dies tun, beginnt die Kugel zu summen.

Es ist ein weicher, angenehmer Ton, der Ihnen wohlvertraut ist. Das von der Kugel reflektierte Mondlicht wird heller und heller. Die Kugel erscheint dadurch viel größer. Mit Verwunderung beobachten Sie das Spiel des Mondlichts, bis Sie auf einmal merken, daß die Kugel tatsächlich immer größer wird. Sie wächst! Es ist, als habe das Mondlicht sie zum Leben erweckt.

Sie beobachten, wie sich die Kugel ausdehnt – wächst, streckt – in nur wenigen Augenblicken hat sie die Größe eines kleinen Hauses erreicht. Sie betrachten das Geschehen voller Staunen.

Als Sie die Kristallkugel ansehen, können Sie all ihre Schich-

ten und Einschlüsse ganz genau erkennen. Der Mond scheint sie erhellt zu haben, so wie der sanfte Schein einer Straßenlaterne Licht in die Abenddämmerung bringt. Jede einzelne Schicht hebt sich ab, wie ein Pfad, der Sie in eine neue Welt führt.

Plötzlich gewahren Sie eine runde, höhlenartige Öffnung, und irgendwie wissen Sie, daß diese Sie zum Eintreten einlädt. Sie atmen tief durch und begeben sich in die innere Welt des Kristalls.

Licht und Farbe durchfluten Sie. Das Summen, das Sie von außen vernahmen, klingt hier wie ein zarter Gesang, ungewöhnlich und dennoch irgendwie vertraut. Die Farben und Lichter verändern sich in feinen Nuancen, als ob sie dem Gesang des Kristalls Antwort gäben. Es ist so, als wolle der Kristall Sie mit seinen Klängen begrüßen.

Ein Meer von Farben breitet sich vor Ihnen aus – leuchtend bunt in allen Schattierungen des Regenbogens. Die Schichten, die schon von außen wie kleine Straßen aussahen, erscheinen nun tatsächlich so, und Sie sind sich ganz sicher, daß sie Sie an Orte der Vergangenheit, Gegenwart und Zukunft führen können.

Niemals zuvor hatten Sie mit dem Gedanken gespielt, daß Farbe und Klang ein eigenes Leben haben könnten, doch im Inneren dieses Kristalls besteht nun kein Zweifel mehr daran. Während Sie dies denken, werden die Farben und der Kristallgesang stärker und stärker. Wenn Sie sich umschauen, meinen Sie, zum allerersten Mal das ganze Universum auf einmal zu sehen – und es erklingt für Sie.

In Ihnen wächst allmählich das Gefühl, nicht allein in dieser Kugel zu sein. Langsam drehen Sie sich um, und hinter Ihnen steht eine Gestalt aus kristallhellem Licht. Die Ausstrahlung dieses Wesens ist so sanft und hell, daß seine Züge, obwohl nicht deutlich zu erkennen, doch wunderschön sind. Seine Augen haben etwas Sanftes, so wie der erste Blick einer Mutter auf ihr Neugeborenes. Das den Kristall durchflutende Mondlicht scheint sich auf dieses Wesen zu richten, so daß es in allen Regenbogenfarben erstrahlt, wie ein Prisma im Sonnenlicht.

»Alles im Leben spiegelt sich, wie der Mondschein auf dem Wasser. Wenn wir verstehen, in diesen Spiegelbildern zu lesen, werden wir darin die Schatten aller Zeiten, Menschen und Plätze erkennen.«

Als das Mondlicht die Kugel erfüllt und sich in ihren Schichten und Formationen widerspiegelt, nehmen Sie flüchtige Eindrücke und Bilder von einem neuen Leben und Abenteuern wahr.

Ein Kristallengel tritt hervor und streckt eine Hand in das sanfte Licht, das in die Kugel dringt. Sowie er seine Hand zurückzieht, sehen Sie darin eine kleine Kristallkugel liegen – eine Miniatur jener Kugel, in der Sie sich zur Zeit befinden. Sie schauen den Kristall an und sehen darin das Spiegelbild Ihres eigenen Gesichts.

»Dies ist mein Gelöbnis: Ich werde mit dir arbeiten und dir zur Seite stehen, damit du erkennst, wie sich alles Leben in dem deinen spiegelt. Diese Kristallkugel soll dich daran erinnern, daß sich die Nacht in deinem Tag spiegelt und der Tag in deinen Nächten. Sie wird deinem Herzen und deiner Seele völlig neue Dimensionen eröffnen.«

Der Engel legt die kleine Kristallkugel in Ihre Hände. Das Mondlicht läßt seine wunderbare Gestalt ringsum in hellem

Glanz erstrahlen und hüllt auch Sie darin ein. Ihr Körper erbebt vor Freude und Zuversicht. Sie schließen die Augen und sprechen ein stilles Dankeswort.

Als Sie Ihre Augen öffnen, sehen Sie sich wieder draußen im Garten sitzen, mit Ihrer Kristallkugel vor Ihnen. Der Mond wirft seinen mystischen Glanz auf Sie, und in diesem Augenblick wissen Sie, daß dies nicht nur eine Kristallkugel ist. Sie ist das Leben, das Universum.

Atmen Sie nun tief ein und aus, während die Bilder langsam verblassen. Kehren Sie mit Ihrer Aufmerksamkeit und Ihrem Bewußtsein zu dem Ort zurück, an dem Sie die Meditation begonnen haben. Nehmen Sie Ihre Kristallkugel in die Hand und spüren Sie, wie das neue Leben darin pulsiert; einen kurzen Augenblick lang sind Sie ganz sicher, ihren Gesang zu vernehmen.

4 Das Kristallsehen

Die Kristallkugel ist ein uraltes Symbol für das Okkulte oder Verborgene. Sie ist ein Spiegel, der einzelne Aspekte des Lebens reflektiert. Sie kann ihren Freunden besondere Geheimnisse verraten. Damit die Kristallkugel für Sie die höchste Effizienz erreicht, legen Sie am besten von vorneherein alle Furcht und Vorbehalte ab und öffnen sich den neuen Wegen und Möglichkeiten, die sie Ihnen bietet. Sie müssen sich ganz und gar auf die Kugel und damit auch auf sich selbst einlassen.

Denken Sie daran, daß die Kugel ein Symbol des reinsten Zustandes Ihres Selbst ist. Sie ist ein Mikrokosmos, eine Spiegelung en miniature Ihrer Person und Ihres Innersten. Daß Sie die Kugel und deren Gebrauch in den Dienst einer höheren Aufgabe stellen, ist damit gleichzeitig Ausdruck dessen, daß Sie sich Ihren eigenen höheren Zielen im Leben zuwenden und hingeben. Durch Ihre Arbeit mit der Kristallkugel aktivieren Sie Ihre eigenen inneren Fähigkeiten.

Wenn wir die Augen und damit unsere Aufmerksamkeit auf einen Punkt heften, sei es auf eine Person oder eine Sache, so lenken wir Energie in eine bestimmte Richtung. Vorübergehend knüpfen wir eine geistig-energetische Verbindung. Die Wendung »In Sicht, im Sinn« ist zwar nur eine Phrase von »Aus dem Auge, aus dem Sinn«, hat aber dennoch eine Bedeutung für das Schauen mit dem geistigen Auge. Wenn wir die Augen fokussieren, konzentrieren wir damit gleichzeitig unsere Gedanken und lenken deren Energie in die Richtung, die unsere Augen nehmen.

Durch diese Fokussierung richten wir uns gleich zu Beginn des Kristallsehens auf die Imprägnationen der Kugel aus. In Geist und Bewußtsein steigen die Bilder auf, die wir brauchen. Wenn wir für andere sehen möchten, lassen wir sie kurz die Kugel in die Hand nehmen (genauere Details hierzu im weiteren Verlauf dieses Kapitels). Da die Kugel uns gehört, lassen wir durch unseren Fokus darauf Bilder im Zusammenhang mit der betreffenden Person entstehen. Wenn wir die Kugel nach einer Sitzung reinigen, verbleiben lediglich unsere eigenen Imprägnationen darauf; letztere prägen sich mit jedem Gebrauch tiefer in die Energiematrix des Kristalls ein. Schauen wir für uns selbst, stärkt das unsere persönliche Verbindung mit unserer Kugel, und indem wir unseren Fokus darauf richten, tauchen Bilder im Zusammenhang mit unseren eigenen Fragen auf.

Kristallvisionen können sehr subtil sein. Wir können sie entweder in der Kugel oder im Geiste erscheinen lassen und betrachten, und das kann sich auch von Mal zu Mal ändern.

Solche Bilder und Visionen sind multidimensional. Sie können realistisch sein und Ereignisse sowie Menschen reflektieren, wie sie wirklich sind, waren oder sein werden; sie können auch symbolischen Charakter haben oder eine Kombination von beidem sein. Am Anfang mag sich eine Einordnung als schwierig erweisen, und so muß man bei der Interpretation ein wenig experimentieren und gelegentlich auch aus den eigenen Fehlern lernen. Ein Kristallseh-Tagebuch zu führen, dürfte sich in diesem Punkt als außerordentlich nützlich erweisen. Wie man es einrichtet und benutzt, erfahren Sie in Übung 11.

Lassen Sie sich nicht entmutigen! Mit Ausdauer und Beharrlichkeit werden auch Sie etwas sehen – entweder in der Kugel selbst oder aber in Ihrem Geiste. Beide Arten der Erfahrung sind gleichwertig. Die Visionen können sogar von Mal zu Mal eine andere Form annehmen. Innere Visionen (also Bilder im Geiste oder vor dem geistigen Auge) werden häufig in den Anfangsphasen des Kristallsehens registriert, signalisieren aber oft den Beginn einer heiligen Verbindung zwischen Seher und Gesehenem.

Wie gehe ich beim Kristallsehen vor?

Inzwischen dürften Sie mit Ihrer Kugel schon etwas vertraut sein und die Grundlagen der außersinnlichen Wahrnehmung begriffen haben – besonders über die Brücke der reflektierten Bilder. Nachdem nun alle Vorbereitungen getroffen sind, ist der Augenblick gekommen, mit dem eigentlichen Kristallsehen zu beginnen.

Die Kugel sollte auf einem Ständer oder einer Tischplatte in einem ruhigen Raum plaziert sein, wo Sie selbst ungestört und bequem im Sitzen schauen können. Ständer oder Tischplatte sollten mit einem schwarzen oder dunklen Tuch abgedeckt sein, damit keine unerwünschten Reflexionen aus dem Raum entstehen.

Die Frage nach dem Licht und der Intensität der Raumbeleuchtung wird immer wieder gestellt. Mal heißt es, daß durch zu helles Licht allzu viele Reflexionen erzeugt werden, die eher störend wirken. Dann wiederum wird gesagt, daß aufgrund der Reflexionen Bilder leichter auszumachen sind. Experimentieren Sie zu Beginn ruhig ein wenig in dieser Hinsicht. Sind Ihre seherischen Fähigkeiten durch die Kugel erst einmal voll aktiviert, werden Sie feststellen, daß die Lichtverhältnisse eigentlich keine Rolle spielen.

Das Abdunkeln des Raumes zum Kristallsehen kann sowohl symbolische als auch reale Bedeutung haben. Symbolisch kann es aussagen, daß man die äußeren Bilder ausblenden möchte, um innere Visionen stärker zutage treten zu lassen. Gedämpftes Licht wirkt auf viele Menschen beruhigend; und je ruhiger und entspannter wir sind, desto leichter erhalten wir Zugang zu unseren intuitiven Fähigkeiten.

Ich rate für den Anfang, Kugel und Beleuchtung so zu arrangieren, daß kaum oder gar keine Reflexionen entstehen; ein Dimmer ist notwendig, wenn die Lichtquelle über dem Kopf liegt. Auf diese Weise werden Zweifel hinsichtlich der Authentizität der Visionen – also daran, ob sie wirklich aus der Kugel oder von äußeren Einflüssen herrühren – weitestgehend ausgeschlossen.

Vielleicht möchten Sie eine Kerze aufstellen, um Ihre Kugel von hinten zu beleuchten; das kann Ihr Vorhaben nur unterstützen. Zahlreiche Kristallkugelständer verfügen bereits über kleine eingebaute Leuchten zur Illumination der Kugel von unten. Dies ist zwar nicht unbedingt nötig, doch solche Vorkehrungen lassen die Muster in der Kugel klarer hervortreten.

Machen Sie es sich auf einem Stuhl bequem und nehmen Sie das Seidentuch von der Kugel. (Vergessen Sie nicht, daß Ihre Kristallkugel immer zugedeckt sein sollte, wenn sie nicht in Gebrauch ist. Das hat sowohl eine symbolische als auch eine konkrete Bedeutung.) Führen Sie eine progressive Entspannungsübung durch, atmen Sie mehrmals tief ein und aus, und schließen Sie die Augen. Schicken Sie besänftigende Gedanken und wärmende Energie in jeden Winkel Ihres Körpers.

Nehmen Sie sich genügend Zeit dazu, denn je entspannter Sie sind, desto besser können Sie hellsehen und in der Psyche lesen.

Öffnen Sie die Augen und nehmen Sie nun die Kugel in beide Hände. Streichen Sie sanft über die Oberfläche oder führen Sie einfach die zuvor beschriebenen Streichbewegungen über der Kugel aus. Das eine ist so gut wie das andere. Wenn Sie später einmal für andere Menschen hellsehen, ist es auch in Ordnung, wenn Sie diesen erlauben, die Kugel ebenfalls zu berühren und in die Hand zu nehmen. Sie reinigen sie ja sowieso zwischen den einzelnen Sitzungen, so daß keine Störfelder auftreten können. Daß Sie sich selbst und anderen gestatten, die Kugel in die Hand zu nehmen, schadet den Visionen in der Kugel nicht. Ja, es wird sie sogar noch verbessern. Wenn es früher hieß, man solle die Kugel nicht in die Hand nehmen, so lag der Hauptgrund dafür darin, daß man Fingerabdrücke und Flecken vermeiden wollte.

Beginnen Sie nun zu visualisieren, und stellen Sie sich vor, wie die Kugel zum Leben erwacht, während Sie über ihre Oberfläche streichen. Betrachten Sie diesen Akt, als würden Sie sie (und sich selbst) damit aktivieren. Nach einigen Minuten dürfen Sie die Kugel dann wieder auf den Ständer zurücklegen.

Suchen Sie einen Punkt oder ein Muster auf der Kristallkugel, das sie fasziniert, und richten Sie Ihren Blick darauf. Schauen Sie in diese Stelle hinein und durch sie hindurch, aber nicht speziell darauf. Es ist so, als würden Sie jenseits Ihres Spiegelbildes schauen, um zu ergründen, was dahinter passiert. Betrachten Sie die ganze Kugel oder jene besondere Stelle als ein Fenster oder eine Tür, durch die Sie schauen und

Ereignisse jenseits der Schwelle beobachten können. Ist Ihre Kugel wolkig oder milchig, richten Sie den Blick auf eine klare Stelle. Stellen Sie sich diese Öffnung als ein Rohr oder Teleskop vor, durch das Sie die Dinge klarer und fokussierter sehen können. Sehen Sie es als einen langen Flur, den Sie konzentriert entlangschauen, um Menschen, Aktivitäten oder Ereignisse am anderen Ende auszumachen. Benutzen Sie die Bilder, die Ihnen am besten liegen, und scheuen Sie sich nicht, von Zeit zu Zeit einmal neue und andere zu wählen.

Strengen Sie Ihre Augen nicht zu sehr an, sondern schauen Sie möglichst entspannt in den Kristall. *Auf keinen Fall sollten Sie Ihren Blick starr darauf fixieren!* Konzentrieren Sie Ihre Augen auf die Kugel, als ob Sie jenseits ihrer äußeren Oberfläche etwas sehen wollten. Ihr Blick sollte dem des Tagträumens ähneln – etwa so wie ein undifferenziertes »Loch-in-die-Luft-Gucken«.

Bleiben Sie bei diesem Blick und seien Sie offen für alles, was kommt. Versuchen Sie nicht, spezielle Informationen zu erhalten. Und machen Sie sich keine Sorgen, wenn Ihre Gedanken einmal mitten im Kristallsehen abschweifen. So etwas ist oft bedeutsam und spiegelt Bereiche Ihres Alltags wider, auf die die Kugel in gewissem Sinne Licht werfen will. In dieser Entwicklungsphase Ihrer hellseherischen Fähigkeiten ist es von großer Wichtigkeit, die Visionen auf natürliche Art und Weise entstehen zu lassen und sie nicht bewußt zu lenken. Mit zunehmender Übung können Sie später dann auch einzelne Fragen oder Probleme direkt anvisieren, während Sie sich auf das Kristallsehen vorbereiten, also sich entspannen und über die Kugel streichen.

Dehnen Sie das Kristallsehen anfangs nicht über fünf bis

zehn Minuten aus. Wer sich dabei erstmals anderen Dimensionen öffnet, für den kann Hellsehen in physischer sowie emotionaler, mentaler und spiritueller Hinsicht ausgesprochen faszinierend sein. Wer aber zu lange und allzu häufig in die Kugel schaut, könnte sich nervlich leicht überfordern. Wie bei allem im Leben, braucht es Zeit und viel Übung, um in diesem Bereich ein entsprechendes Durchhaltevermögen zu entwickeln. Mit zunehmender Konzentrationsfähigkeit und sichtbarem Fortschritt läßt sich auch die Dauer des Kristallsehens steigern.

Anfänger führen am besten maximal eine Kristallseh-Sitzung pro Tag durch. Aber auch Fortgeschrittenen rate ich, nur einmal am Tag für sich selbst in die Kugel zu schauen. Das verhindert, daß man sich allzu sehr auf sie verläßt und eine abergläubische Einstellung zu den Ergebnissen gewinnt.

Achten Sie auf alles und jedes beim Kristallsehen. Brummen oder klingeln Ihnen die Ohren? Bemerken Sie eine Veränderung in der Kugel? Gehen Ihnen Gedanken oder Bilder nicht aus dem Sinn? Spüren Sie gewisse Verspannungen, ein Kitzeln oder andere physische Reaktionen? Versuchen Sie zum jetzigen Zeitpunkt nicht, diese zu definieren oder zu verstehen; nehmen Sie sie einfach nur zur Kenntnis und fahren Sie mit dem Kristallsehen fort. Solche Phänomene können Sie später untersuchen und analysieren. Seien Sie nicht beunruhigt, wenn Ihr Geist in Tagträume oder ähnliche Szenarien abschweift. Im Gegenteil, das ist ein gutes Zeichen, denn es beweist, daß Sie über das Kristallsehen Zugang zum Unterbewußtsein erlangt haben. Bedeutung und Sinnhaftigkeit solcher Szenarien bleiben einer späteren Untersuchung vorbehalten.

Halten Sie am besten alles, was Sie beim Kristallsehen erfahren, ob nun in der Vorstellung oder in Wirklichkeit, in einem Tagebuch fest. Dieses Aufzeichnen bringt Ihnen eine ganze Menge: Erstens teilen Sie Ihrem Unterbewußtsein auf diese Weise mit, daß Sie bereit und empfänglich sind für die Nutzung aller intuitiven Einsichten, die die Kugel hervorbringt. Und zweitens hilft es Ihnen, das Geschehene besser zu verstehen. Visionen erscheinen vielen Menschen solange als unverständlich, bis sie darüber sprechen oder sie niederschreiben. Dann geht Ihnen plötzlich das berühmte Licht auf. Auf diese Weise wird die Energie der Vision ins Physische geholt und hier verankert; dies ist der erste Schritt im Erkenntnisprozeß. Wie man ein Kristallseh-Tagebuch anlegt, führt und benutzt, wird im Verlauf dieses Kapitels noch dargestellt.

Am Anfang erscheinen Bilder und Visionen in der Kristallkugel fast immer auf die gleiche Art und Weise. Der erste unspezifische visuelle Eindruck, den die meisten Menschen bekommen, ist eine Trübung der Kristallkugel, so als wäre sie milchiger, trüber, wolkiger in ihrer Erscheinung oder gar mit dichtem Nebel erfüllt. Der Kristall kann matter aussehen, und manchmal scheinen sogar Lichtpünktchen durch die sich formierenden Wolken. Auch der gegenteilige Effekt kann eintreten: Die Kugel wird zunehmend klarer, und in ihr tauchen winzig kleine Sterne oder blitzende Funken auf.

Bedenken Sie, daß jede Kugel anders ist, und somit auch die Art und Weise, wie sie mit Ihnen in Verbindung tritt. *Jede Veränderung, die Ihnen in der Kugel auffällt, ist ein sicheres Zeichen dafür, daß Sie auf dem richtigen Wege sind.* Es spielt keine Rolle, ob die Veränderung in Ihrer Vorstellung oder in Wirklichkeit stattfindet, denn beim Kristallsehen erscheinen die Bilder mal in der Kugel und mal im Geiste.

Während sich die Nebel oder Wolken formieren, behalten Sie im Gedächtnis, was diese Formationen Ihnen sagen. Sie erkennen darin das Bild, das für Sie gerade am wichtigsten ist. Jeder von uns hat schon einmal an einem Sommertag im Gras gelegen, die Wolken betrachtet und versucht, in deren Formen bestimmte Ähnlichkeiten zu entdecken. Im Grunde handelt es sich um den gleichen Prozeß, wenn die Wolken in der Kugel auftauchen. Und es ist auch das gleiche Vorgehen wie beim bereits beschriebenen Rorschach-Test (Kapitel 2).

Wenn sich die Wolken allmählich verziehen oder aufreißen, richten Sie Ihre Augen auf die so entstandene klare Stelle, als wäre sie ein Tunnel, der den Blick durch die Verdichtungen freigibt. Mit der Zeit und entsprechender Praxis bemerken Sie, wie die Wolken langsam dahinschwinden und sich schließlich gänzlich auflösen. Manchmal hat es den Anschein, als würde die Öffnung größer. *Das ist das Zeichen dafür, daß die Wolken nun bald echten Bildern weichen werden!*

Dieser Prozeß ist häufig von Farberscheinungen in den Wolken oder in der ganzen Kugel begleitet. Solche Farben haben ihre eigene Bedeutung und Sinnhaftigkeit. Die Botschaften aus der Kugel können Sie anhand der Farbenlehre ergründen.

Registrieren Sie alles, was Ihnen begegnet. *Alles hat seine Bedeutung!* Später können Sie diese Erfahrungen im Detail analysieren und dann verstandesgemäß einordnen. Das Wichtigste zum jetzigen Zeitpunkt ist, sie einfach nur zur Kenntnis zu nehmen.

Für manche Kristallseher eröffnen sich ganze Szenarien in der Kugel, so als würden sie sich einen Film anschauen. Andere sehen nur ein einziges Bild, das entweder symbolisch oder realistisch ist. Halten Sie sich stets an Ihren ersten Eindruck.

Legen Sie nicht das hinein, was Sie sehen möchten. Das würde weder für Ihre eigene intuitive Gabe sprechen noch dem Wesen und dem Geist der Kugel zur Ehre gereichen.

Wenn Sie also nur eine einzige Botschaft bekommen, geben Sie der freien Assoziation Ihrer Gedanken Raum. Was bedeutet diese für Sie persönlich? Es ist Ihre Kugel, also ist sie auch auf Ihr Unterbewußtsein eingestellt. Deshalb müssen die von ihr hervorgebrachten Bilder *zwangsläufig* so sein, daß Sie sie interpretieren *können,* wenn Sie sich nur ein klein wenig Mühe geben; dazu haben Sie später noch ausreichend Gelegenheit.

Fahren Sie zunächst mit dem Kristallsehen fort und registrieren Sie weiterhin alles, was Ihnen im Verlauf der Sitzung begegnet oder in Ihrer Vorstellung auftaucht. Wenn die Bilder oder Eindrücke langsam verblassen, ist der Zeitpunkt gekommen, die Übung abzuschließen und sich wieder zu erden. Bevor die Bilder verlöschen, kommt es häufig zu einer erneuten Wolken- oder Nebelbildung im Kristall. Dieses Phänomen ist in der Regel ein Anzeichen dafür, daß es an der Zeit ist, die Arbeit mit der Kugel fürs erste zu beenden.

An diesem Punkt angelangt, schließen Sie die Augen und nehmen ein paar tiefe Atemzüge. Lassen Sie Ihre Gedanken ziehen. Vielleicht streichen Sie noch ein paarmal über die Oberfläche der Kugel, so wie Sie es zu Beginn getan haben. Das wischt die Spiegelungen und Imprägnationen dieser Sitzung weg und reinigt die Kugel. Sie können sie natürlich auch physisch reinigen und polieren. Anschließend legen Sie das Seidentuch darüber und stellen sie bis zum nächsten Gebrauch weg. Sie können zum Abschluß der Sitzung auch ein Gebet oder ein Dankeswort sprechen. Schreiben Sie anschließend all Ihre Erfahrungen in das Tagebuch, wie im späteren Verlauf noch genauer erläutert wird. Diese Aufzeichnungen helfen Ihnen dabei, die Bedeutung und Gültigkeit des von Ihnen Gesehenen einzuordnen.

Die Phänomene in der Kugel verstehen

Die Interpretation der in der Kugel erscheinenden Phänomene ist eine individuelle Angelegenheit und erfordert eine Menge Experimentierfreudigkeit und Offenheit. Individuell insofern, als jeder, der mit der Kugel arbeitet und sich mit ihr (und sie sich auch mit ihm) verbindet, dies auf einzigartige Weise tut. Deshalb sind die nachfolgenden Deutungen und Auslegungen auch ganz allgemeiner Art und müssen nicht unbedingt für Sie persönlich zutreffen.

Je früher Sie sich aber damit vertraut machen, desto wahrscheinlicher treffen sie auch in Ihrem Fall zu. Dadurch programmieren Sie nämlich Ihren »inneren Computer«, also Ihr Unterbewußtsein. Sie teilen ihm (und der Kristallkugel sowie deren Geist) mit, welches Feedback Sie haben möchten und bauen somit ein Grundvokabular für die höhere Kommunikation zwischen Ihrem Unterbewußtsein und der Kristallkugel auf.

Die Interpretation ist auch insofern experimentell, als jede Kugel eben einzigartig ist und Sie eine Beziehung mit ihr eingehen müssen. Was für eine Kugel gilt, trifft für eine andere noch lange nicht zu. Was für einen Menschen richtig ist, läßt sich nicht auf alle übertragen. Die in diesem Buch enthaltenen Informationen sind nur als Richtschnur gedacht und sollen lediglich eine Grundlage schaffen. Um auf dem Gebiet des

Kristall- und Hellsehens erfolgreich zu sein, müssen Sie diese Informationen Ihren Bedürfnissen anpassen und sie mit Hilfe Ihrer eigenen kreativen Imagination verfeinern. Das allein verleiht Ihrem Tun Kraft und erfüllt es mit Magie.

Die Fähigkeit zur Interpretation ist ein Entwicklungsprozeß, denn sie wächst und wandelt sich in dem Maße, wie Sie sich entfalten und durch die Arbeit mit dem Kristall verändern. Die Visionen und Bilder werden mit der Zeit möglicherweise klarer oder einfacher in der Form, jedoch abstrakter in der Bedeutung. In einer Seite der Kugel sehen Sie vielleicht die realistischen Bilder, während die andere Seite den symbolischen Ausdruck widerspiegelt. Dennoch werden Ihre Bilder und Visionen stets so sein, das Sie sie deuten können. Das Interpretieren ist zwar nicht immer einfach und kann Sie einige Mühe kosten, doch zu einer korrekten Deutung sind Sie immer imstande. Schließlich sind Sie derjenige, der sieht, und so können auch nur *Sie selbst* eine Deutung vornehmen!

Die Phänomene und ihre Bedeutung

Allgemeines

- Wolken- oder Nebelbildung weist auf das baldige Erscheinen von Bildern in der Kugel hin.
- Verschwommenheit oder Trübung sind ebenfalls Anzeichen dafür, daß sich wahrscheinlich bald etwas zeigen wird.
- Plötzliche Funken oder Lichtpunkte im Kristall können unmittelbar vor den Bildern auftauchen.
- Gelegentlich verdunkelt sich die Kugel unmittelbar vor dem Auftauchen der Bilder und Visionen.

- Beim Schauen verändern sich Helligkeit und Dunkelheit der Kugel, was ebenfalls ein Hinweis dafür ist, daß bald Bilder und Visionen erscheinen.
- Temperaturveränderungen der Kugel sagen viel aus. Wird sie wärmer, läßt das auf Botschaften aus der geistigen Welt schließen, fühlt sie sich kühler an, kündigen sich eher irdische Dinge an.
- Die Visionen und Bilder sind nicht notwendigerweise eine direkte und reale Spiegelung tatsächlicher Ereignisse. Sie können auch bruchstückhaft und figurativ sein.

Wolken

- Wolkenbildung und Bilder im Hintergrund reflektieren fernere Ereignisse (aus weit zurückliegender Vergangenheit oder in ferner Zukunft).
- Vorgründige Wolkenbildung und Bilder reflektieren Ereignisse der Gegenwart oder nahen Zukunft.
- Aufsteigende Wolken und Nebelfelder sind normalerweise Affirmationen und Ja-Antworten. Sie können auch am Horizont auftauchende oder bevorstehende Ereignisse ankündigen. Sie deuten auf Enthüllungen hin.
- Sinkende Wolken oder Nebel spiegeln negative oder Nein-Antworten wider. Sie können auch Ereignisse und Dinge anzeigen, die vorübergehen oder sich entfernen, und Hinweise zur Geheimhaltung geben.
- Rechts erscheinende oder nach rechts ziehende Wolken reflektieren männliche Energien: Sie stehen für Bestimmtheit oder auch dafür, daß etwas oder jemand Neues in Ihr Leben tritt. (Dabei kann es sich um ein Geistwesen oder einen Menschen handeln – ein spirituelles oder ein weltliches Er-

eignis. Nur mit Hilfe des restlichen Bildes läßt sich das genauer präzisieren.)

- Links erscheinende oder nach links ziehende Wolken lassen auf weibliche Energien schließen: Sie stehen für Empfänglichkeit, Kreativität oder auch dafür, daß etwas oder jemand aus Ihrem Leben scheidet.
- Im Vordergrund erscheinende oder sich nach vorne bewegende Wolken spiegeln Situationen wider, die gegenwärtig sind oder in naher Zukunft zutage treten werden.
- Im Hintergrund der Kugel erscheinende oder sich nach hinten bewegende Wolken lassen auf ausklingende Situationen oder Ereignisse aus der Vergangenheit schließen, die Sie noch immer berühren; das bezieht sich auch auf frühere Leben.

Zeit

- Die Zeit läßt sich beim Kristallsehen nicht immer und manchmal auch nur sehr schwer bestimmen, insbesondere weil die Bilder mal realistisch, mal symbolisch und mal eine Kombination aus beidem sind. Sie wird vielfach durch die Bewegung der Wolken in der Kugel widergespiegelt, obwohl dies nicht das alleinige Kriterium zu ihrer Bestimmung ist. Mit zunehmender Praxis entwickeln Sie ein Gefühl für die zeitliche Einordnung der Dinge, ebenso wie Sie ein Gefühl dafür bekommen, ob die auftauchenden Bilder nun realistischer oder symbolischer Natur sind.
- Bilder und Ereignisse, die kleiner erscheinen oder im Hintergrund des Kristalls auftauchen, hängen oft mit der weit entfernten Zukunft oder Vergangenheit zusammen; was größer erscheint und eher im Vordergrund auftaucht, hat Bezug zur Gegenwart oder unmittelbaren Zukunft.

Farben

Oft leuchten die Wolken in den unterschiedlichsten Farben, wobei in vielen Fällen mehr als ein Farbton gleichzeitig in Erscheinung tritt. Die einzelnen Bilder haben häufig auch einen Bezug zu bestimmten Farben, die etwas über deren energetische Qualität aussagen und bei richtiger Deutung einiges zur Erhellung der Botschaft aus der Kugel beitragen können.

WEISS: Geist, Vermehrung, Geburt und Schöpfung

SCHWARZ: Schutz, Geist, Weiblichkeit, Geburt, vergangenes Leben

ORANGE: Mut, Kreativität, Freude, Weisheit, Wahrheit und Unaufrichtigkeit

GELB: Wissen, das Licht nach der Dunkelheit, Optimismus, Gesundheit

GRÜN: Wachstum, Geld, Beziehungen, Emotionen, Natur, Liebe

BLAU: Expansion, Intuition, künstlerische Inspiration, Friede, Gericht und Gesetze

VIOLETT: Kontakt zur geistigen Welt, Reinigung, Gleichmut, Demut, Träume

ROSA: Leidenschaft, neue Liebe, Unreife, Wahrheit

GOLD: Reichtum, Wachstum, Begeisterung, zu seiner eigenen Kraft finden

AQUAMARIN: Gesundheit, Kreativität, Abkühlung

SILBER: Intuition, Urweiblichkeit, Wendezeiten, Kausalität

BRAUN: Erdung, gesunder Menschenverstand, Unterscheidungsvermögen, Verlorenes wiederfinden, neues Wachstum

GRAU: Initiation, Offenbarung von Verborgenem, kreative Imagination

Die Kristallvisionen verstehen lernen

Eine echte Vision erfahren wir im Zustand tiefer Versenkung. Sie ist ebenso real wie die in der Nacht durchlebten Träume, in denen wir selbst eine aktive Rolle spielen. Wir fühlen und erleben jedes Detail am eigenen Leib.

Anders als Träume lassen Kristallvisionen gewöhnlich eine objektivere Sichtweise zu, denn wir beobachten dabei die in der Kugel oder im Geist widergespiegelten Ereignisse von außen her. Wenngleich ein echtes Eintauchen in die visionäre Erfahrung zwar möglich ist, bleibt dies beim Kristallsehen dennoch eher die Ausnahme.

Einige fortgeschrittene Techniken im Umgang mit der Kristallkugel öffnen uns den Zugang zu Astralreisen und damit zur bewußten Erfahrung anderer Dimensionen. Das erfordert eine noch höhere Konzentration und längere Vorbereitungszeit; einige einführende Übungen dazu sind im folgenden Kapitel enthalten. Man sollte grundsätzlich erst dann damit experimentieren, wenn man durch das Kristallsehen in der eigenen Entwicklung bereits weit fortgeschritten ist und ein hohes Maß an Kompetenz und Genauigkeit erreicht hat.

Viele der im Kristall erscheinenden Bilder und Visionen haben symbolischen Charakter; und es tauchen immer nur solche Phänomene auf, die wir auch zu interpretieren in der Lage sind. Das rührt daher, daß die Symbolik die einzige Sprache des Unterbewußtseins ist. Das Unterbewußtsein hat nur diese Möglichkeit, mit den bewußteren Teilen unseres Selbst zu kommunizieren, also benutzt es Bilder, von denen es weiß, daß wir dazu auf irgendeiner Ebene eine Verbindung herstellen können.

Vielleicht fällt uns die Interpretation nicht ganz leicht, doch die Fähigkeit zur Deutung liegt in jedem von uns. In mancherlei Hinsicht ähneln symbolische Kristallvisionen Traumbildern und -visionen mit ihren inneren und äußeren Bedeutungen sowie deren vielen verschiedenen Interpretationsmöglichkeiten. Sie stellen eben mehr als das im ersten Moment Augenfällige dar, und somit sollten wir es uns zur Gewohnheit machen, in unserer Deutung mit dem Offensichtlichen zu beginnen und nach und nach in das Nicht-so-Offensichtliche vorzudringen. Wir müssen lernen, den Interpretationsprozeß analytisch, intuitiv und einfühlsam anzugehen.

Die Symbolik von Kristallvisionen enthält meist sowohl Offensichtliches als auch Abstraktes. Letztendlich bedeutet sie das, was wir in sie hineinlegen – und darüber hinaus so manches andere. Sie ist wie ein Chamäleon und nimmt die Form an, die den Stimmungen, Verhaltensweisen und Energien des einzelnen und seines Lebens entspricht.

Stellen Sie den ersten Eindruck immer an den Anfang Ihrer Interpretation, und fahren Sie dann mit weiteren Auslegungen fort. Bleiben Sie nicht beim Offensichtlichen stehen. Was Sie in der Kugel sehen, geht stets über das Augenfällige hinaus. Geben Sie der freien Assoziation Ihrer Gedanken Raum. Woran denken Sie zuerst bei diesem Bild oder diesem Symbol?

Gibt es ein bestimmtes Gefühl, das Sie beim Kristallsehen überkommt? Registrieren Sie diese Emotion. Jagt sie Ihnen Angst ein? Sind Sie frustriert, erregt, glücklich oder traurig? Die Emotion würde nicht in Ihnen hochkommen, wenn sie nicht von Bedeutung wäre. Kristallkugeln sind wie ein Vergrößerungsspiegel. Beim Hellsehen werden Sie feststellen, daß Emotionen, Eigenschaften oder Situationen in der Kugel häufig stark übertrieben erscheinen, damit die Botschaft auch wirklich ankommt. Es ist wie ein Wink unserer Psyche, die an unsere Aufmerksamkeit appelliert.

Suchen Sie nach Ähnlichkeiten in den Symbolen und Bildern Ihrer Vision. Die Botschaft äußert sich häufig in verschiedenen Formen, um sicherzustellen, daß sie auch empfangen wird.

Wie auch immer sich eine Vision präsentiert, treten Sie ihr mit gesundem Menschenverstand gegenüber. Die Kristallkugel ist in allererster Linie eine Hilfe zur Persönlichkeitsentfaltung. Sie sollte als Medium dienen, das Ihnen ganz neue Möglichkeiten erschließt und Ihre Kreativität beflügelt. Über sie können Sie Ihr Fokussierungs- und Konzentrationspotential zur Entfaltung bringen; doch selbst wenn sie für Sie selbst ein wunderbares Instrument zur Weiterentwicklung geworden ist, verleiht Ihnen das noch lange nicht die Qualifikation, andere Menschen damit beraten zu können.

Hinweise und Tips zum erfolgreichen Kristallsehen

- Üben Sie konsequent. Alles, was man lernen und entwikkeln möchte, erfordert Zeit und viel Praxis.
- Sorgen Sie dafür, daß Sie an einem ruhigen Ort üben, an dem Sie ungestört sind. Das hilft bei der Konzentration und Fokussierung. Wenn Sie in Anwesenheit anderer kristallsehen, sollten sich diese still verhalten, denn jede Bewegung kann störende Reflexionen auf die Kugel werfen.
- Arbeiten Sie mit der Kristallkugel entweder vor den Mahlzeiten oder einige Stunden nach dem Essen, denn die Ver-

dauung kostet mehr Körperenergien als jede andere Aktivität.

- Praktizieren Sie das Kristallsehen nicht länger als fünf bis zehn Minuten und nur nach einer Entspannungsübung oder Meditation. Je entspannter und ausgeglichener Sie sich fühlen, desto leichter kann sich Ihre innere Wahrnehmung öffnen und manifestieren.
- Entwickeln Sie Ihre eigenen Ideen für das Vorbereitungs- und Abschlußritual. Eine einfache Geste, die ausschließlich diesem Zweck vorbehalten bleibt, eine ganz bestimmte Form der Meditation oder eine Affirmation kann Ihr Vorhaben einläuten. Machen Sie das, womit Sie sich persönlich am wohlsten fühlen. Das gleiche gilt für das abschließende Ritual. Sie können eine Geste ausführen, ein Gebet oder eine Affirmation sprechen oder irgend etwas anderes tun, das die Zeremonie beendet und Sie wieder mit der Erde verbindet.

  Als besonders effizientes Hilfsmittel hat sich in diesem Zusammenhang die Kristallschale erwiesen, über die im zweiten Teil des Buches ausführlich berichtet wird. Schlagen Sie die Schale zu Beginn und am Ende jeder Sitzung an. Das stimuliert die geistigen Kräfte in uns und wirkt insgesamt harmonisierend. Die Klänge regen auch die Kristallkugel zur Aktivität an und reinigen sie gleichzeitig.
- Bewahren Sie Ihre Kristallkugel stets an einem sauberen und ordentlichen Ort auf. Durch diesen einfachen symbolischen Akt unterstreichen Sie die Reinheit und Klarheit Ihrer eigenen Intuition und Vision.
- Reinigen und energetisieren Sie Ihren Kristall regelmäßig. Laden Sie die Kugel bei Mondschein für tiefere Visionen

und bei Sonnenschein für größere Klarheit auf. Nehmen Sie nach jedem Gebrauch eine physische Reinigung vor, insbesondere wenn Sie für andere hellsehen.

- Lassen Sie niemanden Ihre Kugel berühren, außer den Ratsuchenden, für den Sie lesen. Die Menschen sind gewöhnlich recht neugierig, aber vergessen Sie nicht, daß die Kugel ein heiliges Objekt ist und dementsprechend behandelt sein will.
- Rollen Sie die Kugel über Ihren Solarplexus und den Bereich des dritten Auges. Das stimuliert diese Chakren oder Energiezentren. Der Bereich des dritten Auges zwischen den Augenbrauen ist mit unserer höheren intuitiven Fähigkeit des Hellsehens (klare Visionen) und der Solarplexus mit der außersinnlichen Fähigkeit des Feinfühlens (klares Fühlen) verbunden. Dadurch werden nicht nur unsere außersinnlichen Fähigkeiten angeregt, sondern auch eine bessere Verbindung zur Kristallkugel hergestellt.
- Nutzen Sie alles, was Ihnen hilft, Ihre intuitiven Kräfte auf natürliche Weise zu entfalten, insbesondere beim Kristallsehen. Die wohl gebräuchlichsten Hilfsmittel lassen sich in die nachfolgenden Kategorien einordnen:

Astrologie

- Der zunehmende Mond steigert die Effizienz im Kristallsehen. Das gilt insbesondere für die Zeit rund um den Vollmond, also einen Tag davor, bei Vollmond selbst und einen Tag danach.
- Wenn die Sonne in einem Wasserzeichen, also im Krebs, Skorpion oder Fisch steht, begünstigt das das Kristallsehen außerordentlich.

- Manche Kristallseher arbeiten zusätzlich mit den Planeten und Zeichen, die für die Augen zuständig sind, wie beispielsweise die Waage.

Kräuter

Bestimmte Kräuter sind schon immer mit der Psyche in Verbindung gebracht worden. Sie werden vor allem als Tee zubereitet oder als Räucherwerk verbrannt. Folgende Kräuter können auf allerlei Weise vorteilhaft beim Kristallsehen eingesetzt werden:

SCHARBOCKSKRAUT: Aus dieser Pflanze läßt sich ein gutes Reinigungsmittel für die Kugel oder ein Getränk für ihren Benutzer herstellen. Es erzeugt ein Gefühl von Freude bei der Arbeit mit dem Kristall.

BEIFUSS: Er ist seit langem als visionsförderndes Kraut bekannt, ob man ihn nun in Tees, Blütenelixieren oder als Räuchermittel verwendet. Er öffnet den Menschen für Visionen und Bilder und bringt Klarheit in seine seherische Aktivität.

SALBEI: Als Tee oder Räucherwerk erweckt er die Spiritualität beim Kristallsehen. Er hilft bei der Zuordnung und Verknüpfung von Bildern, Symbolen und visionären Erfahrungen.

THYMIAN: Diese Pflanze ist außerordentlich effizient als Teemischung oder Räucherwerk, wenn Informationen aus vergangenen Leben und deren Auswirkungen auf die Gegenwart in der Kugel gelesen und betrachtet werden sollen.

EISENKRAUT: Neben Beifuß ist dies eine der besten Pflanzen für das Kristallsehen. Es gilt als visionsförderndes Kraut und ist besonders wirksam, wenn spirituell Suchende Klarheit für ihren Weg finden möchten.

Blütenelixiere

Blütenelixiere werden aus den Blüten verschiedener Pflanzen und Bäume hergestellt und enthalten deren ätherische Energiemuster. Jede einzelne Blüte hat ihre eigenen unverwechselbaren Merkmale.

SPRINGKRAUT *(Impatiens):* Dieses Elixier verhilft zu tieferen visionären Einsichten beim Kristallsehen. Wir können damit auch die Symbole und Archetypen, die während des Hellsehens auftauchen, besser deuten und verstehen.

VERGISSMEINNICHT: Dieses Elixier regt Visionen an und unterstützt uns dabei, im hellseherischen Prozeß den Kontakt zu Geistführern zu finden.

HAUSWURZ *(Sempervivum):* Dieses Elixier wirkt positiv auf unsere Arbeit mit der Kristallkugel und hilft uns, die Botschaften der geistigen Führer besser lesen und verstehen zu lernen. Es unterstützt aktiv, unsere hellseherischen Visionen in unser Wachbewußtsein zu integrieren.

POLEIMINZE: Dieses Elixier klärt die Aura und die Erscheinungen im Kristall. Während des Gebrauchs der Kugel schützt es den Benutzer vor negativen Erfahrungen, und nach Beendigung der Sitzung kann man sie damit abwaschen.

JOHANNISKRAUT: Beim Kristallsehen erschließt dieses Elixier den Weg zu vergangenen Leben. Man verwendet es auch für Astralprojektionen, wobei die Kugel als Tor zu anderen Dimensionen fungiert. Es stärkt unsere innere Vision und unser inneres Licht.

Kristallsehen für andere

Zunächst ist es wichtig zu wissen, daß Sie die Entwicklung Ihrer kristallseherischen Fähigkeiten nicht automatisch dazu qualifiziert, auf professioneller Basis Lesungen und Beratungen im psychologischen und parapsychologischen Bereich durchzuführen. Wenn Sie dies persönlich anstreben sollten, haben Sie damit zwar einen ersten wichtigen Schritt getan, aber es ist eben nur ein Schritt auf dem Weg zu diesem Ziel, das Sie sich gesteckt haben. Auch wenn wir alle eine außersinnliche Komponente haben und im Prinzip intuitiv Informationen empfangen und weitergeben können, *heißt das noch lange nicht, daß wir die Qualifikation besitzen, für andere zu lesen oder andere zu beraten!*

Die Art der Interpretation und Übermittlung der Botschaft oder Information an den Ratsuchenden ist von ebenso großer Bedeutung wie deren Inhalt. Wie wird eine solche Botschaft überbracht? Ist sie aufbauend und hilfreich? Führt sie uns in die Irre? Schränkt sie den freien Willen ein? Hilft sie dem einzelnen dabei, seine Probleme in konstruktiver Form zu lösen? Wenn die Information negativ ist, gelingt es uns, den Betreffenden so zu führen, daß er die kreativen Möglichkeiten darin erkennt? Das sind ein paar naheliegende Fragen, die sich in diesem Zusammenhang stellen.

Es sind nicht wenige, die sich aus Büchern und Seminaren Fakten angeeignet haben und nun glauben, das würde sie ausreichend befähigen und qualifizieren, ihre Kenntnisse der Psyche professionell zu nutzen und einem breiten Publikum zugänglich zu machen. Dann gibt es solche, die einfach nur einen Grund suchen, ihr psychologisches Geschick herauszukehren. Und viele wollen auf diese Weise einfach zu sich selbst und ihren Freunden sagen können: »Schaut mich an; ich bin etwas Besonderes!« Andere sehen darin eine Möglichkeit, Glanz auf ihr langweiliges und unproduktives Leben zu werfen. Und manche benutzen es gar, um vor der Welt ihre eigene »Spiritualität« zu dokumentieren. Unglücklicherweise geschieht das alles häufig zum Schaden anderer.

Zahlreiche im Schnellverfahren ausgebildete »Psycho-Berater« sind der Meinung, daß sie durch das Beschreiten eines professionellen Weges auch auf ihrem spirituellen Lebenspfad vorankommen. Das ist eine völlige Verkennung der Tatsachen. Übersinnliche Fähigkeiten machen einen Menschen nicht spiritueller als jede andere natürliche Gabe. Gehen wir denn davon aus, daß ein muskulöser Mensch automatisch auch spirituell besser entwickelt ist? Natürlich nicht! Wer also bei übersinnlichen Fähigkeiten ähnliche Schlüsse zieht, zeigt damit sein ganzes Nichtwissen und diskreditiert sich praktisch selber. Übersinnliches muß nicht unbedingt spirituell sein, Okkultes oder Metaphysisches nicht immer segensreich; und was einem gefällt oder zusagt, ist nicht immer geeignet und nützlich.

Wer ein echtes Interesse daran hat, seine hellseherischen Fähigkeiten für andere einzusetzen, der sollte es sehr verantwortungsvoll machen. Es erfordert viel Zeit, Energie, Einsatz und Ausdauer, um erfolgreich auf diesem Gebiet zu arbeiten. Es ist eine echte Suche nach Wissen und Erkenntnis und erfordert ein Studium von großer Tiefe.

Man sollte die Fähigkeit besitzen, Ähnlichkeiten festzustellen und Zusammenhänge herstellen zu können. Man muß die Wahrheit von den Halbwahrheiten und Illusionen von der

Wirklichkeit trennen und unterscheiden können. Man muß Informationen aus der geistigen Welt empfangen und auf kreative sowie produktive Weise für sich selbst und andere verarbeiten können. Im allgemeinen gilt, je besser man ausgebildet ist, desto erfolgreicher arbeitet man auch als professioneller Berater. Je umfassender und tiefgehender die Schulung – und zwar auf allen Ebenen –, desto größer ist das Potential, physisch, emotional, mental, psychisch und spirituell kreativ zu sein. Weiterbildung und -entwicklung sind ein niemals endender Prozeß.

Wenn wir unsere hellseherischen Fähigkeiten für andere einsetzen möchten, müssen wir in der Lage sein, Informationen auf neue Art und Weise zu verarbeiten und anzuwenden. Wir müssen intuitiv Möglichkeiten sehen, wie sich gewöhnliche Daten und Erfahrungen in etwas Neues, Kreatives verwandeln lassen. Wir müssen uns selbst und auch andere dazu bringen, die schöpferischen Möglichkeiten in bestimmten Lebenssituationen und Grenzbereichen zu erkennen, ganz gleich wie schwierig dies auch immer sein mag.

Übersinnliches Gedankengut weiterzugeben, ohne die gebührende Achtsamkeit im Hinblick auf das Wohl des Ratsuchenden walten zu lassen, ist schlichtweg unverantwortlich und gefährlich. Wenn wir hingegen unsere kristallseherischen Fähigkeiten verantwortungsvoll in den Dienst anderer stellen möchten, sind die folgenden drei Ratschläge und Empfehlungen unbedingt zu beachten:

Erstens: Belegen Sie mehrere Kurse in Psychologie und Beratung an der Universität oder einem anderen geeigneten Bildungsinstitut. Wenn Sie sich nicht als ordentliche(r) HörerIn einschreiben können, versuchen Sie es als GasthörerIn. Die

Informationen und Übungen bekommen Sie auf diese Weise genau so mit; es wird Ihnen am Ende nur kein offizielles Zeugnis ausgestellt.

Zweitens: Nehmen Sie an Lehrgängen in Rhetorik und Gesprächsführung teil. Schulen Sie Ihre Sprech- und Kommunikationsfähigkeit, wobei das Hauptaugenmerk sowohl den Einzelgesprächen als auch der Gruppenarbeit gelten sollte.

Drittens: Diese Empfehlung kann sich für Sie unter Umständen als die wertvollste und wichtigste erweisen. Betätigen Sie sich ehrenamtlich, beispielsweise bei einem Sozialdienst, der übers Telephon Beratung und Unterstützung anbietet. Das schult Ihre Kenntnisse in bezug auf das Netz der örtlichen Gesundheits- und Sozialdienste, auf die Sie später gegebenenfalls zurückgreifen können. Durch eine solche Tätigkeit können Sie überdies eine Menge Erfahrung sammeln, wie man in einem größeren Umfeld von Personen flexibel reagiert. Sie lernen auch einiges über den Umgang mit Krisen; und wenn Sie erst einmal in der professionellen Beratung tätig sind, werden Sie *viel mit Krisen* zu tun haben. Was die Ratsuchenden brauchen, geht oft über das hinaus, was das Kristallsehen leisten kann. Vielleicht muß der eine oder andere an einen Sozialdienst und/oder professionellen Therapeuten weiterverwiesen werden.

Wenn Sie nach all diesen und weiteren Schritten, die Sie in diese Richtung bereits unternommen haben, immer noch fest entschlossen sind, das Kristallsehen professionell auszuüben, sind noch eine Menge anderer Dinge zu berücksichtigen. Die folgenden Grundsatzüberlegungen dürften eine erfolgreiche Beratung anderer Menschen gewährleisten:

Setzen Sie von vorneherein auf Erfolg

Ihr Erfolg hängt weitestgehend von Ihrer inneren Einstellung ab. Setzen Sie also auf Erfolg! Denken Sie immer daran, daß Sie etwas Neues lernen. Dabei werden Ihnen Fehler unterlaufen, aber Sie werden auch Ihre Gaben entwickeln und verfeinern. Sie haben anderen Menschen etwas zu bieten! Das sollte Ihnen immer im Gedächtnis bleiben. Sehen Sie sich selbst als Katalysator für positiven und kreativen Wandel im Leben anderer.

Bereiten Sie sich vor

Ehe Sie mit dem Kristallsehen für andere oder sich selbst beginnen, sollten Sie alle Vorkehrungen getroffen haben, die einer guten Atmosphäre dienlich sind. Bringen Sie Ihren Geist zur Ruhe. Werfen Sie den Ballast des Tages ab. Nehmen Sie sich Zeit zur Entspannung, bevor der Ratsuchende kommt. Denn je ruhiger und gelassener Sie sind, desto effizienter können Sie arbeiten.

Essen Sie mindestens eine Stunde vor dem Termin nichts mehr. Wenn Sie etwas schwer Verdauliches gegessen haben, warten Sie mindestens sechs Stunden bis zur nächsten Sitzung. Sorgen Sie dafür, daß Sie im Verlauf des Kristallsehens nicht gestört werden.

Halten Sie die Gestaltung des Raumes so schlicht wie möglich. Viele Menschen haben völlig falsche Vorstellungen von allem, was mit der übersinnlichen Dimension und geistigen Welt zu tun hat. Einige betrachten diese immer noch als geheimnisumwittertes »Teufelswerk«. Dieser Eindruck wird noch genährt, wenn ein Wahrsager seine Beratungen in einem spärlich beleuchteten und aufdringlich parfümierten Raum durchführt. Wenn sich der Ratsuchende unbehaglich und angespannt fühlt, schwinden für Sie die Chancen auf eine erfolgreiche Sitzung. Am Beratungsort soll eine angenehme und wohltuende Atmosphäre herrschen. Damit setzen Sie ein Zeichen für Professionalität und Geborgenheit, so daß sich der Klient gleich viel wohler fühlt.

Wenn Sie beim Kristallsehen gedämpftes Licht bevorzugen, dimmen Sie es erst, wenn der Klient eingetroffen ist und Sie ihm erläutert haben, daß dadurch störende Reflexionen vermieden werden. Auf diese Weise braucht der Ratsuchende keine Angst zu haben, daß das, was geschieht, ihn anschließend womöglich nicht mehr loslassen könnte.

Klären Sie im Vorfeld die Erwartungen. Informieren Sie Ihren Klienten darüber, was die Beratung leisten kann und was nicht. Bieten Sie Referenzen und sonstige Nachweise über Ihre beruflichen Aktivitäten an.

Geben Sie Auskunft über die Kosten und ungefähre Dauer der Beratung. Wenn Sie ein Honorar verlangen, denken Sie daran, daß Sie dafür auch einen Gegenwert bieten müssen. Setzen Sie vernünftige Preise an, denn überhöhte Honorare sind kein Richtwert für die Qualität der Beratung.

Lassen Sie den Klienten rechtzeitig wissen, ob er sich Notizen oder eine Bandaufnahme machen kann. Geben Sie ihm alle Informationen, die er braucht, um ihn eine entspannte und angenehme Sitzung erleben zu lassen. Erläutern Sie genau, was in der Sitzung geschieht.

Kommen Sie nun zum Kristallsehen

Zu Beginn geben Sie Ihrem Klienten nochmals einen kurzen Überblick des Sitzungsverlaufs. Sie sollten einander gegenübersitzen, und die Kugel sollte in der Mitte zwischen Ihnen beiden auf dem Tisch stehen. Nehmen Sie das Tuch ab und bitten Sie Ihren Klienten, die Kugel anzufassen und in die Hand zu nehmen. Lassen Sie ihn wissen, daß Ihnen das beim Hellsehen hilft. Vielleicht bitten Sie den Klienten jetzt, sich auf bestimmte Probleme oder Anliegen zu konzentrieren, die ihm ganz besonders am Herzen liegen.

Nach ein paar Minuten lassen Sie ihn die Kugel zurück auf den Ständer legen. Nehmen Sie sich einen Augenblick Zeit für eine stille Besinnung oder ein Gebet im Hinblick auf die Visionen, die Sie empfangen *werden.* Fangen Sie nun mit dem Kristallsehen an, und zwar genauso, wie Sie es für sich selbst tun würden. Wenn Sie es für nötig halten, drehen Sie die Kugel und schauen Sie sie ruhig aus verschiedenen Winkeln an. Das ist in Ordnung.

Beschreiben Sie Ihrem Klienten nun laut und verständlich, was Sie sehen und fühlen. Mit diesem Beschreiben ergeht ein vernehmliches Signal an Ihr Unterbewußtsein, die Vision zu verstärken und klarer hervortreten zu lassen. Gleichzeitig beruhigt es die Nerven und hilft, die Bilder und deren Bedeutung ins Bewußtsein zu holen.

Beschreiben Sie, was Sie sehen und fühlen, selbst wenn es allgemeine und offensichtliche Dinge sind. Was hebt sich für Sie am stärksten ab? Fassen Sie sich kurz, aber beginnen Sie immer mit dem Allgemeinen und verfeinern Sie Ihre Ausführungen im weiteren Verlauf. Versuchen Sie nicht, alles und jedes zu interpretieren. Beschreiben Sie zunächst die Bilder, wie Sie sie im einzelnen sehen, und stellen Sie deren Klärung und Definition zunächst zurück. Eine Sitzung kann beispielsweise so beginnen: »Ich sehe das verschwommene Bild eines

Menschen, der alleine ist …«. Unterlassen Sie zu Anfang jegliche Erklärung, wer der Mann ist und warum er alleine ist. Zum jetzigen Zeitpunkt ist es wichtiger, das Bild einzufangen und es zunächst zu beschreiben.

Nachdem Sie ein Bild oder ein ganzes Szenario vollständig beschrieben haben, können Sie zur Deutung übergehen. Denken Sie daran, daß die Bedeutung stets etwas mit dem zu tun hat, was Ihnen als erstes in den Sinn kommt. Sie würden dieses Bild nicht sehen, wenn Sie es nicht zu deuten wüßten. Geben Sie der freien Assoziation Ihrer Gedanken Raum. Woran erinnert Sie das Bild? Was spiegelt es für Sie wider?

Stellen Sie dem Klienten nicht viele Fragen. Das würde ihn nur aus der Fassung bringen und zudem sein Vertrauen in Sie unterminieren. Schließlich ist er zu Ihnen gekommen, weil Sie für ihn in der Kristallkugel lesen sollen. Vermeiden Sie also um Himmels willen Sätze wie: »Ich sehe einen Mann, der alleine ist. Können Sie dazu eine Verbindung herstellen? Verstehen Sie, was das bedeutet?« Es ist nicht Aufgabe des Klienten, eine Interpretation der Dinge zu geben, die Sie geschaut haben. Und wenn Sie Ihrem Klienten solche Fragen stellen, sind Sie eben noch nicht in der Lage, für andere hellzusehen! Es ist *Ihre* Vision. *Sie allein müssen interpretieren!*

Das Schlimmste, was Ihnen passieren kann, ist eine falsche Deutung. Wenn Sie also unsicher sind, ob Sie mit Ihren Interpretationen vielleicht danebenliegen oder diese abwegig sind, sollten Sie anderen auf gar keinen Fall Ihre hellseherischen Dienste anbieten.

Gehen Sie niemals davon aus, daß der Klient immer sofort auf Anhieb versteht, was Sie ihm sagen. Nichts würde für ihn frustrierender sein als das. Wie klar Ihnen auch immer etwas erscheinen mag – für Ihren Klienten muß es noch lange nicht klar sein. Fragen Sie ihn, und wenn Sie einem gewissen Zögern oder einem anderen Hinweis entnehmen, daß er etwas nicht verstanden hat, erklären Sie alles noch einmal. Manchmal müssen Sie die gleiche Sache auf drei oder vier verschiedene Weisen vortragen, damit die Botschaft ankommt und verstanden wird. Wählen Sie einfache, schlichte Formulierungen. Gliedern Sie die Information und führen Sie Beispiele an, damit der Klient die Zusammenhänge erkennt.

Räumen Sie Zeit und Gelegenheit dafür ein, daß der Klient auch andere Sorgen und Fragen vortragen kann, die während der Sitzung nicht angeschnitten wurden. Bemühen Sie sich, immer mehr für den Klienten zu erschauen als das, weswegen er zu Ihnen gekommen ist. Wenn man einen Kunden über das Maß seiner Erwartungen hinaus bedient, wird er hochzufrieden sein und bei nächster Gelegenheit wiederkommen.

Danken Sie dem Klienten für seinen Besuch und sein Vertrauen. Reichen Sie ihm die Hand. Einige Berater nehmen Ihre Klienten zum Abschied in den Arm; welche Geste Sie auch wählen, Sie durchtrennen damit das geistig-energetische Band, das während der Sitzung geknüpft wurde. Anschließend decken Sie die Kugel wieder mit dem Tuch ab.

Fangen Sie nicht gleich mit dem Säubern oder Abwischen des Kristalls an. Ihr Klient könnte sonst Anstoß daran nehmen und das Gefühl haben, er hätte die Kugel »kontaminiert«. Erst nachdem er gegangen ist, reinigen und polieren Sie sie, damit sie für den nächsten Einsatz bereit ist.

Beim Kristallsehen für andere gehen Sie am besten nach einer Art »Sandwich-Methode« vor, das heißt, Sie beginnen mit dem, was offensichtlich und positiv ist. Das stärkt den

Selbstwert des Klienten und nimmt ihm die Befangenheit. Gehen Sie sodann zu den problematischeren Bildern oder Angelegenheiten über, die sich in der Kugel zeigen. Halten Sie keinen Monolog, sondern führen Sie einen Dialog. Erzählen Sie Ihrem Klienten alles, was Sie sehen und fühlen, und zeigen Sie ihm Möglichkeiten, Alternativen und vielleicht auch Schritte oder Ereignisse auf, die sich daraus ergeben könnten. Geben Sie dem Klienten dabei ausreichend Gelegenheit, selbst einen aktiven Beitrag zu leisten.

Beenden Sie das Gespräch stets mit einem positiven Gedanken! Wie schwierig sich manche Dinge auch immer im Kristallspiegel zeigen mögen, der Klient muß stets die Gewißheit haben, daß es positive Lösungsmöglichkeiten, Auswege und Alternativen gibt. Das bedeutet jedoch nicht, daß Sie alles Negative vermeiden sollten. Wenn Sie erst die Lage einschätzen und dem Klienten dann Vorschläge unterbreiten, wie er mit der jeweiligen Situation umgehen kann, tragen Sie zu seinem Wachstum auf dem Weg zur Erleuchtung bei. So stärken Sie Ihren Klienten und gleichzeitig auch sich selbst.

Seien Sie professionell und geschäftsmäßig

Begegnen Sie den Menschen, die zu Ihnen kommen, mit Respekt und Aufmerksamkeit. Jeder ist verschieden, doch für alle gelten die gleichen Grundsätze und Verhaltensregeln, die Sie nach bestem Wissen und Gewissen zur Anwendung bringen sollten. Pünktlichkeit ist eine Möglichkeit, um dem Klienten Ihren Respekt zu bezeugen. Wenn für die Beratung eine halbe Stunde angesetzt ist, so halten Sie sich genau daran. Bleiben Sie so exakt wie möglich in Ihrem Zeitplan. Wenn Sie bei einem Klienten überziehen, ist das denjenigen gegenüber unfair, die dadurch warten müssen. Natürlich passiert so etwas hin und wieder, doch Sie können Ihre Termine so planen, daß solche Vorkommnisse weitgehend ausgeschlossen sind.

Weisen Sie bei der Vereinbarung des Termins darauf hin, daß Sie Wert auf Pünktlichkeit legen, damit die nachfolgenden Klienten nicht unnötig zu warten brauchen.

Respektieren Sie die Individualität und Einzigartigkeit des Klienten. Führen und leiten Sie ihn. Geben Sie ihm Orientierungshilfen und Anregungen. Ermuntern Sie ihn dazu, Fragen zu stellen. Ihre Rolle besteht nicht darin, das Leben für den Klienten in die Hand zu nehmen oder für ihn Entscheidungen zu treffen. Präsentieren Sie alle Informationen in positiver und ermutigender Form.

Als professioneller Berater dürfen Sie niemals zu spät zu Ihren Terminen erscheinen oder sich gar dem Klienten gegenüber unhöflich, ungeduldig oder mißbilligend zeigen. Wahren Sie Objektivität und Distanz, und halten Sie sich mit persönlichen Meinungen und Beurteilungen zurück. Es ist nicht einfach, sich in der Beratung zurückzunehmen, doch genau das macht sie so effizient.

Nachdem Sie eine Zeitlang professionell gearbeitet haben, werden Leute an Ihre Tür klopfen und einfache Lösungen für Probleme suchen, die weder schnell noch leicht zu finden sind; womöglich brauchen diese Menschen alles andere als eine Beratung mit Hilfe der Kristallkugel. Als verantwortungsvoller Berater ist es Ihre Aufgabe, das zu erkennen. Menschen, die mit großen persönlichen Problemen zu Ihnen kommen, suchen und benötigen in den wenigsten Fällen Informationen aus der geistigen Welt. Was sie dringend brauchen, ist vielmehr eine therapeutische Behandlung und Beratung.

Es obliegt Ihnen, solche Menschen an professionell qualifizierte Stellen zu verweisen, die derartige Hilfen anbieten. Lesen Sie in Ihrem Kristall – wenn Sie sonst keine Möglichkeit haben – und finden Sie heraus, an welchen geeigneten Dienst oder Arzt Sie den Ratsuchenden in seinem speziellen Fall am besten verweisen können. Wenn er trotzdem auf einer Sitzung bei Ihnen besteht, nutzen Sie Ihre Fähigkeiten, um Wege und Möglichkeiten aufzuzeigen, die ihn zur Therapie veranlassen. Seien Sie klar in Ihren Aussagen und bieten Sie ihm Hilfestellung, um geeignete Alternativen und Handlungswege zu finden. Das ist in allen Fällen das Beste für den Klienten und ein Beweis für Ihre Professionalität.

Der gute Hellseher und Berater

- Der gute Hellseher und Berater kann sich auf den Ratsuchenden und/oder die jeweilige Situation einstellen.
- Der gute Hellseher und Berater kann stets auch erkennen, wie sein Gegenüber auf die medialen Botschaften reagiert. Er kann die empfangenen Informationen in einer für den Ratsuchenden nicht bedrohlichen, konstruktiven und eingänglichen Art und Weise präsentieren.
- Der gute Hellseher und Berater präsentiert seine Informationen stets so, daß der Ratsuchende sie auch versteht.
- Der gute Hellseher und Berater vermittelt der jeweiligen Situation angemessene Einsichten und zeigt neue Möglichkeiten und zweckmäßige Alternativen oder Vorgehensweisen auf.
- Der gute Hellseher und Berater macht all dies, ohne in den freien Willen des Klienten einzugreifen.

Übung 11:
Das Kristallseh-Tagebuch

Mit der Führung eines Tagebuchs können Sie Ihre hellseherischen Fähigkeiten am besten entfalten und die erzielten Fortschritte kontrollieren. Ein solches Tagebuch ist ein wesentlicher Teil Ihres Entwicklungsprozesses im Kristallsehen. Indem Sie es führen, teilen Sie Ihrem Unterbewußtsein mit, daß Sie fest entschlossen sind, Ihre visionären Fähigkeiten auszubauen.

Mit der Aufzeichnung Ihres Sitzungsergebnisses geben Sie gleichzeitig Ihren hellseherischen Erfahrungen einen irdischen Bezug, so daß Sie die Visionen besser einordnen und in der Wirklichkeit verankern können. Visionen sind bisweilen ätherischer Natur, und ihre Bedeutung kann sich verflüchtigen. Indem Sie sie aufzeichnen, nehmen Sie sie aus der ätherischen Dimension heraus und kristallisieren sie auf der physischen Ebene. Notieren Sie sie schwarz auf weiß; und lesen Sie sie anschließend noch einmal durch, fallen Ihnen viele neue Bedeutungen ein. Bedenken Sie, daß Kristallvisionen häufig multidimensional sind und vielfältige Auslegungen zulassen.

Wenn Sie Ihre Visionen aufzeichnen, ist das gleichzeitig auch ein Dank an Ihr Höheres Selbst. Es ist eine positive Anerkennung Ihrer eigenen seherischen Gabe. Jede Vision ist ein Geschenk! Wenn Sie das Kristallsehen zu einem wichtigen Bestandteil Ihres Lebens machen, ist das Aufzeichnen von Visionen Ausdruck der Dankbarkeit, mit der Sie die Botschaften entgegennehmen. Es ehrt Sie und die Seite in Ihnen, die die visionäre Gabe birgt.

Die Aufzeichnung Ihrer Visionen und Ihrer jeweiligen Reaktionen darauf dient mehreren Zwecken. Sie können sie im kreativen Prozeß und zur weiteren Inspiration nutzen. Mit ihrer Hilfe können Sie bewußt die Kluft zur geistigen Ebene überbrücken, den Visionen und ihren Energien in einem größeren Kontext irdischen Bezug geben und dadurch den Sinn der Botschaften besser verstehen. Gleichzeitig werden durch die Aufzeichnungen auch archetypische Energien geerdet, und Ihr Tagebuch ist ein Spiegel davon.

Wenn wir ein Kristallseh-Tagebuch führen, verbessern wir dadurch unser schriftliches und mündliches Ausdrucksvermögen, denn unser Bewußtsein wird dabei auf unseren abstrakten Verstand ausgerichtet. Und was ganz wichtig ist, wir entwickeln damit unsere Fähigkeit, Bilder und Symbole zu interpretieren, neu entstehen zu lassen und letztendlich so damit umzugehen, daß die beim Kristallsehen erschauten archetypischen Energien leichter auf unser Leben einwirken können.

Es gibt viele Formen, ein solches Tagebuch zu führen. Lassen Sie Ihre Kreativität spielen. Je sorgfältiger Sie beim Niederschreiben Ihrer Erfahrungen sind, desto stärker wird das Band der Kommunikation zum visionären Ich. Im folgenden sind einige Vorschläge angeführt, die Sie nach Belieben aufgreifen können:

Widmen Sie Ihr Tagebuch

Auf dem Deckblatt Ihres Tagebuchs sollte eine Art Widmung erscheinen. Widmen Sie es und Ihre Aktivitäten rund um das Kristallsehen dem Zweck, daß Sie dadurch Ihr Leben besser verstehen und Ihr Bewußtsein erweitern mögen. Vielleicht wollen Sie noch einen spirituellen Vers hinzufügen, der Ihre Bitte um Inspiration und Erkenntnis ausdrückt.

Notieren Sie Uhrzeit und Datum der Sitzungen

Richten Sie eine Spalte in Ihrem Tagebuch zum Eintrag der Uhrzeit und des Datums aller Sitzungen ein. Darüber hinaus können Sie auch die Mondphase notieren, denn Sie werden möglicherweise im Laufe Ihrer Arbeit mit der Kugel herausfinden, daß die Klarheit der Visionen von Mondeinflüssen abhängig ist. Anhand der Eintragungen können Sie die günstigsten Zeiten bestimmen.

Notieren Sie alles, was Ihnen begegnet

Führen Sie die wichtigsten, beim Kristallsehen aufgetauchten Bilder und Ereignisse auf. Alles, was Sie während der Sitzung gesehen, gefühlt oder sich vorgestellt haben, hat Bedeutung und sollte dementsprechend gewürdigt werden. Wenn Sie die Informationen später durchsehen und analysieren, sind Sie in der Lage zu unterscheiden, was Gültigkeit hatte und was nicht.

Protokollieren Sie die Sitzung. Geben Sie ihr einen Titel – nichts Ausgefallenes, sondern einfach nur eine Kurzbeschreibung dessen, was die Visionen beinhalteten. Welches Hauptthema oder Leitbild durchzieht die gesamte Sitzung? Fassen Sie dieses in einem knappen, einfachen Satz zusammen.

Welche Emotionen traten unter Umständen während der Sitzung auf? Was fühlten Sie während der ganzen Zeit? Welche Fragen blieben unbeantwortet? Wenn Sie herausstellen, was ungelöst oder im Prozeß des Schauens unaufgedeckt blieb, gibt das manchmal einen Hinweis darauf, was in Ihrem Alltag noch ungelöst und unaufgedeckt ist.

Stellen Sie sich während der Aufzeichnung der Vision Fragen

1. Besteht ein Zusammenhang zu etwas, das Ihnen kürzlich widerfahren ist?
2. Hat sie eher mit etwas zu tun, was noch passieren wird?
3. Oder steht sie mit gegenwärtigen Problemen, Angelegenheiten oder Sorgen in Verbindung? Notieren Sie alles, was Ihnen im Zusammenhang mit der Vision in den Sinn kommt. Visionen spiegeln häufig das, was in Ihrem Leben auf vielen Ebenen gleichzeitig geschieht. Wenn Ihnen während der Aufzeichnung irgendein Aspekt Ihres Lebens blitzartig einfällt, ist die Wahrscheinlichkeit *groß,* daß dies irgendeinen Bezug zu der Sitzung hat.

Stellen Sie einen Bezug zwischen den Visionen und sich selbst her

Interpretieren Sie die Kristallvisionen immer im Zusammenhang. Versuchen Sie, sie mit Ihrem Leben in Beziehung zu bringen. Sie können, wie gesagt, sowohl symbolischen als auch realistischen Charakter haben. Vertrauen Sie Ihrem ersten Eindruck, doch bleiben Sie nicht beim Offensichtlichen. Die in Kristallvisionen erscheinenden Ereignisse, Bilder und Symbole repräsentieren Aspekte und Energien Ihres Lebens. Oft tauchen sie in einer Form auf, die Ihnen hilft, sie von einer anderen Warte her zu sehen.

Bringen Sie sich selbst und Ihr Leben mit den Visionen in Zusammenhang. Was bedeutet dieses Bild, diese Person oder dieses Szenario für Sie? Schreiben Sie zunächst auf, was das Bild Ihnen auf den ersten Blick gesagt hat. Darauf aufbauend können Sie später zu subtileren Interpretationen finden. Fangen Sie stets mit dem an, was Ihnen vertraut und geläufig ist, und gehen Sie dann zum Ungewohnten oder Fremdartigen über.

Geben Sie der freien Assoziation Ihrer Gedanken Raum. Das ist eine Technik, die in der Psychologie gebräuchlich ist. Dabei wird ein Wort vorgegeben, und der Klient antwortet, was ihm als erstes in den Sinn kommt. Verfahren Sie ebenso bei den Bildern, Menschen und wichtigen Szenen, die Ihnen im Kristall erscheinen. Machen Sie sich keine Sorgen darüber, vom Thema abzukommen; der Gedanke wäre Ihnen nicht in den Sinn gekommen, wenn er nicht auf irgendeiner Ebene bedeutsam wäre.

Sehen Sie Ihr Tagebuch regelmäßig durch

Richten Sie in Ihrem Tagebuch eine Spalte zur Überprüfung Ihres Fortschritts ein. Gehen Sie regelmäßig Ihre Aufzeichnungen durch, sehen Sie sich die Ergebnisse Ihrer Kristallvisionen an und vergleichen Sie sie mit dem, was sich in Ihrem Leben seit der letzten Sitzung getan hat. Bestehen da Verbindungen? Haben Sie beim Kristallsehen wichtige Dinge und Ereignisse kommen sehen, die seit der Sitzung tatsächlich auch eingetroffen sind? Sie können so hervorragend mitverfolgen, wie Sie ein zunehmend besseres Verständnis der Kristallvisionen gewinnen und Ihnen die Zusammenhänge zwischen den Bildern in der Kugel und Ihrem Leben immer klarer werden.

5 Rituale mit der Kristallkugel

Fragen Sie ein Dutzend Menschen, was ihnen bei dem Wort »Ritual« einfällt, werden Sie zwölf verschiedene Antworten bekommen. Selbst wenn Sie im Kreis von Metaphysikern, Parapsychologen oder spirituell orientierten Personen davon sprechen, wird die Begriffsverwirrung nur noch größer und eklatanter. Über das Ritual ist eine Menge geschrieben worden, doch oft handelt es sich dabei um groteske und absurde Zerrbilder der echten rituellen Techniken. Was da als Ritual betrachtet wird, erinnert eher an ein Unterhaltungsprogramm, hat aber mit dem eigentlichen Sinn rein gar nichts zu tun. Solche Vorstellungen sind in der Regel realitätsfremd und lassen auf mangelndes Wissen vom Ritual und seinem wahren Potential schließen, durch das unsere persönlichen Energien mit größeren und mächtigeren Schwingungen in Einklang gebracht werden.

Früher ging man davon aus, daß sich Rituale nur mit Engeln und Dämonen befaßten, doch in Wirklichkeit sind sie in unserem Leben allgegenwärtig. Folgen wir nicht jeden Morgen einer gewissen Routine oder einem gewissen Ritual? Stehen wir nicht auf, gehen unter die Dusche, trinken Kaffee, lesen die Zeitung und gehen dann zur Arbeit? Das ist an sich schon ein Ritual. Es gibt persönliche, militärische, religiöse und soziale Rituale – Rituale für jeden Aspekt unseres menschlichen Daseins.

Ein Ritual ist jeder Akt, der von einer starken Absicht und/ oder großem Nachdruck geprägt ist. Es ist eine Technik zur umfassenderen Erfahrung unserer inneren Welt. Dabei benutzen wir eine äußere Aktivität, um die Landschaften des Inneren zu erkunden. Tore öffnen sich, und der Durchgang wird frei ins Labyrinth der eigenen Tiefen, die jenseits unseres Alltagsbewußtseins liegen.

Die Zeiten der Tempelrituale mit Roben, Lichtern und sonorer Musik sind vorüber, aber es wird immer Menschen geben, die die Schönheit und Kunst der alten rituellen Traditionen am Leben erhalten. Die modernen Formen des Rituals finden eher auf einer mentalen Ebene statt, und der Tempel braucht nur noch im Kopf errichtet zu werden.

Unsere Handlungen werden in dem Maße mit Kraft erfüllt, wie wir ihnen Bedeutung und Wichtigkeit einräumen, und somit können Rituale immer nur so stark sein, wie bedeutsam und wichtig sie für uns sind. Durch sie lernen wir, Körper, Seele und Geist einzubringen und wieder zur Einheit verschmelzen zu lassen. Es gelingt uns, den tieferen Bewußtseinsebenen zu befehlen, Energien zu integrieren und zu aktivieren – je nach Sinn und Zweck des jeweiligen Rituals. Damit können wir Schwellen überschreiten und so den Weg zu unseren angeborenen Potentialen finden.

Rund um den Gebrauch von Kristallkugel und -schale können wir unsere eigenen kraftvollen Rituale entstehen lassen. Sie dienen als Hilfsmittel, die uns direkter und bewußter zu neuen Ebenen der Wahrnehmung führen. Durch den rituellen Gebrauch dieser Medien schärfen wir unsere Achtsamkeit und erweitern unsere Fähigkeit, alle Aspekte unseres Selbst zu nutzen. Wir schlagen damit eine Brücke zu unseren inneren Ressourcen.

Um die gewünschte Wirkung zu erzielen, sind gewisse Vorüberlegungen erforderlich. Zunächst müssen Sie sich über den

Zweck Ihres Vorhabens im klaren sein, das heißt, Sie müssen wissen, warum Sie es durchführen und warum Sie sich damit befassen. Überlegen Sie gut, was Sie alles dafür benötigen. Durchleuchten Sie jeden einzelnen Aspekt und erfassen Sie seine Bedeutung, denn je mehr Bedeutsamkeit Sie diesen Details beimessen, desto größer ist die Effizienz Ihres Rituals.

Vorbereitung ist der Schlüssel zu jedem wirksamen Ritual, und das gilt auch für solche, die auf den Gebrauch der Kristallkugel und -schale einstimmen sollen. Sie müssen nicht nur sich selbst gründlich vorbereiten, sondern auch Ihr Umfeld. Die in diesem Kapitel enthaltenen Übungen geben Ihnen einige Anhaltspunkte für die Durchführung von Ritualen mit der Kristallkugel. Im Prinzip können Sie sich daran orientieren und die Vorgehensweise Ihren persönlichen Bedürfnissen anpassen.

Die beiden ersten Übungen beinhalten zwei unterschiedliche Divinationsrituale. Damit gewinnen Sie einen Einblick in die Möglichkeiten rund um das rituelle Weissagen. Die erste Übung greift auf die kabbalistische Tradition zurück. Alles, was Sie für eine erfolgreiche Sitzung brauchen, ist zwar darin enthalten, doch je mehr Sie über die Kabbala und den Lebensbaum wissen, desto intensiver die Wirkung.

Das zweite Divinationsritual bezieht Engel und Geistwesen in den Prozeß ein. In letzter Zeit ist das Interesse an solchen Einflüssen neu erwacht. In allen Epochen der Menschheitsgeschichte wurden Rituale abgehalten, um damit Führung und Schutz zu erbitten. Mit Übung 13 erhalten Sie einen Leitfaden, wie sie Ihrer Arbeit mit der Kristallkugel einen zusätzlichen Impuls geben können.

Die Kristallkugel ist nicht nur ein hervorragendes divinatorisches Medium, sondern kann auch für Heilzwecke erfolgreich eingesetzt werden. Mit diesem Thema befaßt sich das dritte Ritual. Die Vorbereitungen und Vorgehensweisen zum wirksamen Heilen mit der Kristallkugel werden darin beschrieben und Variationsmöglichkeiten zur Hand gegeben, mit denen Sie später experimentieren können.

Übung 12: Divination und Lebensbaum

Jede Tradition hat ihre eigenen divinatorischen Systeme. Eine der ältesten Überlieferungen ist die mystische Kabbala, die viele philosophische und pragmatische Ansätze birgt. Ein Teil der Kabbala befaßt sich damit, wie das Universum in zehn Entfaltungsstufen entstanden ist. Auf einer mehr praxisbezogenen Ebene wird dargelegt, wie man Zugang zu den verschiedenen Ebenen des Unterbewußtseins erlangen und auf diese Weise das eigene Potential und die Energien des Universums besser erschließen und nutzen kann.

Der Lebensbaum stellt das grundlegende Symbol für die Arbeit mit dem System der Kabbala dar. Es ist ein Bild mit zehn Stufen oder Sephiroth, die durch 22 Linien oder Pfade verbunden sind. Jede Sephira repräsentiert bestimmte Universalenergien ebenso wie eine spezifische Ebene des Unterbewußtseins, durch die wir leichteren Zugang zu jenen universalen Energien finden können (siehe Abbildung rechts).

So reflektiert eine Stufe des Lebensbaums, Netzach, beispielsweise die Energien der reinen Emotion, der Liebe und Beziehungen im Universum und in unserem Leben. Netzach repräsentiert aber auch eine Ebene unseres eigenen Unterbe-

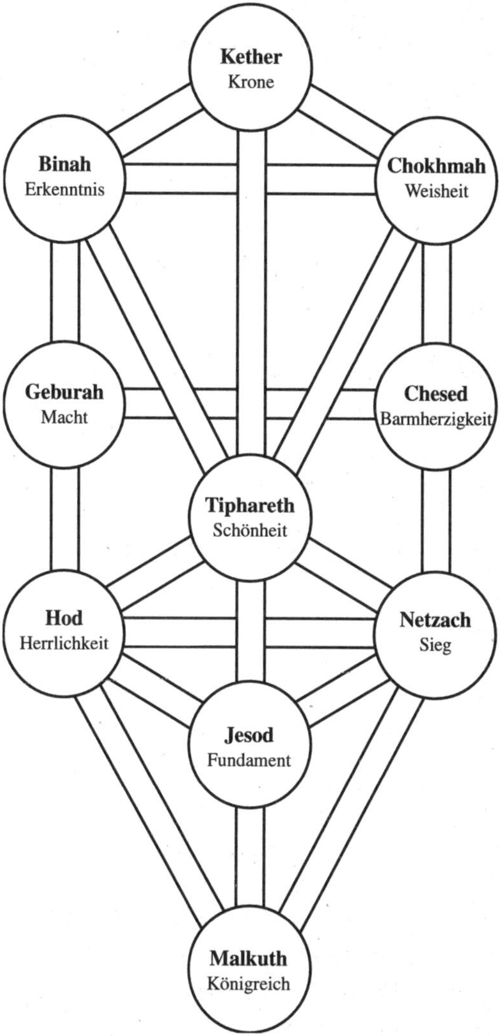

Der Lebensbaum

Entsprechungen für den Lebensbaum

Malkuth

Göttlicher Name: Adonai Ha-Aretz (ah-doh-nai ha-ah-retz)

Erzengel: Sandaphon (Prinz der Gebete)

Engel: Aschim (Selige Seelen)

Farben: Schwarz, Oliv, gelbliches Rotbraun, Zitronengelb

Kristallkugel: Klarer oder Rauch-Quarz

Divinatorische Aussage: familiäre Angelegenheiten; Natur- und Geistwesen; Verborgenes aufdecken; Gesundheit; Überwindung der Trägheit.

Jesod

Göttlicher Name: Schaddai el Chai (shah-dai-ehl-kai)

Erzengel: Gabriel (Engel der Wahrheit)

Engel: Cherubim (Engel des Lichts und der Herrlichkeit)

Farbe: Violett

Kristallkugel: Amethyst

Divinatorische Aussage: allgemeine psychische Informationen; emotionales Heilsein; Zeiten der Wende und Veränderung; Traumarbeit und Einsicht; Omen der Natur; Einsicht in göttliche Pläne.

Hod

Göttlicher Name: Elohim Tzabaoth (eh-loh-him tzah-ba-oth)

Erzengel: Michael (Prinz der Herrlichkeit und Großer Beschützer)

Engel: Beni Elohim (Söhne Gottes)

Farbe: Orange

Kristallkugel: Zitrin

Divinatorische Aussage: Wahrheit und Unwahrheit; Kommunikation; Geschäfte; Erziehung; wissenschaftliche Erkenntnis und Projekte.

Netzach

Göttlicher Name: Jehovah Tzabaoth (jeh-ho-vah tza-ba-oth)
Erzengel: Haniel (Engel der Liebe und Harmonie)
Engel: Elohim (Götter und Göttinnen)
Farbe: Grün
Kristallkugel: Malachit
Divinatorische Aussage: Liebe, Beziehung, Sexualität; Kreativität und künstlerische Leistungen; Naturgeister; Geldangelegenheiten.

Tiphareth

Göttlicher Name: Jehovah Aaloah Vadaath (jeh-ho-vah-ay-loh-ah-vah-dath)
Erzengel: Raphael (Engel der Schönheit, Klarheit und Heilung)
Engel: Malachim (Tugenden und Engelkönige)
Farben: Gold oder Rosa
Kristallkugel: Rosenquarz
Divinatorische Aussage: gesundheitliche Fragen; spirituelle Einsicht; Kindheitsprobleme; Wege zum Erfolg; Enthüllungen des Schönen in allen Dingen und Lebenslagen; Einblick in Widrigkeiten und Härten.

Geburah

Göttlicher Name: Elohim Gibor (eh-loh-him gi-bor)
Erzengel: Kamael (Prinz der Stärke und des Mutes)
Engel: Seraphim (Die Flammenden)
Farbe: Rot
Kristallkugel: Granat
Divinatorische Aussage: Angelegenheiten von Stärke und Mut; Niederreißen von Altem und Aufbau von Neuem; Einblick in Veränderungen; Erkenntnisse über Feinde und Zwietracht.

Chesed
Göttlicher Name: El (ehl)
Erzengel: Tzadkiel (Prinz der Barmherzigkeit)
Engel: Chasmalim (Die Glänzenden)
Farbe: Blau
Kristallkugel: Sodalith oder Lapislazuli
Divinatorische Aussage: Der spirituelle Weg; Einblick in Fülle und Mangel im Leben; Heuchelei und Scheinheiligkeit; Gerechtigkeit und wie man sie erlangt.

Binah
Göttlicher Name: Jehova Elohim (jeh-hoh-vah eh-loh-him)
Erzengel: Tzaphkiel (Prinz des spirituellen Kampfes gegen das Böse)
Engel: Aralim (Die Starken und Mächtigen)
Farbe: Schwarz
Kristallkugel: Obsidian
Divinatorische Aussage: Informationen im Zusammenhang mit dem weiblichen Prinzip; Einblick in Sorgen und Nöte; Öffnung für die Akasha-Chronik; Erkenntnis aller Dinge; Enthüllung von Geheimnissen.

Chokhmah
Göttlicher Name: Jah (jah)
Erzengel: Ratziel (Prinz des geheimen Wissens und des Verborgenen)
Engel: Auphanim (Wirbelnde Kräfte)
Farbe: Grau
Kristallkugel: Fluorit oder Quarz
Divinatorische Aussage: Informationen im Zusammenhang mit dem männlichen Prinzip; Einblick in richtige Handlungsweisen; offenbart verborgene Fähigkeiten und Potentiale; Einblick in astrologische Einflüsse.

Kether
Göttlicher Name: Eheieh (eh-heh-jeh)
Erzengel: Metatron (Der oberste Erzengel)
Engel: Chaioth Ha-Kadesch (Heilige lebende Kreaturen)
Farbe: Weiß
Kristallkugel: Quarz
Divinatorische Aussage: Informationen im Zusammenhang mit dem Ende und dem Neubeginn; Einblick in Übergänge und Veränderungen; wirft Licht auf die spirituelle Suche; alle initiatorischen Handlungen; neue Ideen und Kreativität.

wußtseins, die als Mittlerin fungiert und direkten Einblick in alle Fragen der Emotion, Liebe und Beziehungen gibt. Wenn wir lernen, in diese Ebene des Unterbewußtseins vorzudringen, gewinnen wir ein unmittelbareres Verständnis und eine andere Sichtweise von den Emotionen, der Liebe und den Beziehungen, die unser Leben prägen.

Verwenden wir die Kristallkugel zusammen mit der Kabbala, nutzen wir damit eine der wirkungsvollsten Möglichkeiten, um die Energien unseres Höheren Selbst anzuzapfen. Dadurch lernen wir, unser Wesen bewußt mit jedem anderen Wesen zu verbinden – insbesondere zu Divinationszwecken.

Mit jeder Stufe des Lebensbaums verbinden sich bestimmte Gedanken, Farben, Klänge, Bilder und Symbole. Dabei drückt jede Sephira einen Aspekt des Göttlichen aus, der auch seine Entsprechung im Unterbewußtsein hat. Wir können alle diese Aspekte nutzen, um unsere seherischen Fähigkeiten mit der Kristallkugel zu verbessern. Dazu legen wir gleich zu Beginn des Rituals genau fest, welche spezifische Information wir suchen. Dann richten wir uns in unserer Arbeit mit der Kugel auf die entsprechende Stufe des Lebensbaums aus.

Den Gebrauch der verschiedenen Kristallarten habe ich bereits erläutert. Selbst wenn bestimmte Kugeln manche Informationen leichter überbringen als andere, so müssen Sie noch lange nicht für jede Stufe des Lebensbaums oder für jedes Gebiet, das Sie beleuchten möchten, auch die entsprechende Kugel besitzen. Praktisch können Sie jede Quarzkugel benutzen, um Informationen aus jeder Sephira des Lebensbaums zu beziehen.

Die nachfolgenden Anleitungen sind so angelegt, daß Sie jede Kristallkugel benutzen können, um über das divinatorische Ritual mit dem Lebensbaum die gewünschten Informationen zu bekommen. Sie brauchen nichts weiter als das, was auf den vorhergehenden Seiten über die Kabbala und den Lebensbaum gesagt wurde.

Entwerfen Sie zunächst ein Tuch mit dem Lebensbaum, das später über den Tisch gelegt wird, auf dem Sie mit der Kristallkugel arbeiten. Dieses Tuch sollten sie nur für das Kristallsehen benutzen, denn es wird zu Ihrem heiligen Ritualtuch.

In der Mitte des Tuches zeichnen Sie den Lebensbaum, wie er auf Seite 165 abgebildet ist. Sie können ringsum auch einen Kreis ziehen, so als stehe der Lebensbaum in seiner eigenen Kugel. Je mehr Bedeutung sie seiner Gestaltung beimessen, desto effizienter wird das Tuch später als Medium wirken und Ihre kristallseherischen Aktivitäten unterstützen und verbessern.

Legen Sie jede kreisförmig dargestellte Sephira des Baumes in der entsprechenden Farbe an oder schreiben Sie die Namen der zehn Sephiroth in der jeweiligen Farbe hinein. Lassen Sie sich eine einzigartige, ganz besondere Kreation einfallen.

Während der Arbeit an den einzelnen Sephiroth intonieren Sie den jeweiligen göttlichen Namen sowie die Namen der Erzengel und Engel dieser Stufe. Die Anrufung erfolgt mit sanfter Stimme, aber mit bewußter Absicht, so als wollten Sie jeder Stufe Leben einhauchen. Sie laden damit die einzelnen Ebenen auf, die die entsprechenden Visionen und Bilder im Kristall erscheinen lassen, sobald Sie die Kugel daraufsetzen.

Es ist ratsam, vor dem ersten Gebrauch Ihres Ritualtuches darüber zu meditieren. Visualisieren und betrachten Sie das Tuch als ein Medium zur Unterstützung Ihrer Arbeit mit der Kristallkugel. Meditieren Sie über die Bedeutung und Symbolik des Lebensbaumes. Er ist Ausdruck für das menschliche Potential und repräsentiert alles, was wächst und sich entfaltet. Er stellt die Brücke zwischen Himmel und Erde, zwischen Bewußtsein und Unterbewußtsein im Menschen dar. Stellen Sie sich den Lebensbaum als Energiekanal vor, der über die Kristallkugel Ihre Visionen anregt. Wo immer Sie die Kugel im Baum plazieren, lassen Sie sich von der festen Überzeugung leiten, daß dort Früchte für Sie wachsen werden.

Dieses Tuch wird zu einem wichtigen Bestandteil Ihres Kristallseh-Rituals. Bedenken Sie, daß es einfach nur eine Reflexion Ihres inneren Potentials sein und Sie daran erinnern soll. Die folgenden Hinweise helfen Ihnen bei der rituellen Divination; Sie brauchen sich jedoch nicht strikt daran zu halten. Es sind lediglich Leitlinien für den Anfang. Wenn Sie das Kristallsehen wirklich mit Kraft erfüllen möchten, sollten Sie das Ritual Ihren eigenen Bedürfnissen und Vorstellungen entsprechend abwandeln.

1. Sofern nicht in Gebrauch, sollte das Ritualtuch zusammengelegt an einem sicheren und anderen möglichst unzugänglichen Platz aufbewahrt werden. Es ist ebenso heilig wie der Kristall selbst und verlangt eine entsprechende Behandlung. Wenn Sie es also herausnehmen, wird es in dem Moment zu etwas Besonderem und damit auch seine Wirkung zeigen. Durch den Gebrauch des Tuches und das Ausbreiten auf Ihrem Arbeitstisch schaffen Sie ein Ritual, mit dem Sie dem Universum gegenüber Ihre Bereitschaft zur geistigen Innenschau bekunden; gleichzeitig signalisieren Sie, daß Sie die Tore zur Divination öffnen.
2. Nachdem Sie das Tuch auf den Tisch gelegt haben, bestimmen Sie die Stufe des Lebensbaumes, die Ihren Fragen am besten entspricht. Wenn Sie beispielsweise Informationen zur Gesundheit möchten, sollten Sie Ihre Kristallkugel auf der Sephira Tipareth plazieren. Stellen Sie Ihre Kugel im abgedeckten Zustand dorthin. Entspannen Sie sich eine Weile, und enthüllen Sie sie erst dann.
3. Nehmen Sie die Kugel sanft und behutsam in die Hände; atmen Sie ein paarmal tief ein und aus, bis Sie vollkommen ruhig und entspannt sind. Spüren Sie die Energie der Kugel, wie sie pulsiert und in Einklang mit ihrer Position auf dem Lebensbaum schwingt.
4. Schließen Sie jetzt die Augen und intonieren Sie den göttlichen Namen der betreffenden Sephira des Lebensbaumes. Dadurch wird die Energie dieser Ebene angesprochen und auf die Kugel gerichtet.

   Lassen Sie den göttlichen Namen beim Einatmen leise und beim Ausatmen laut und vernehmbar erklingen. Spüren Sie, wie die angesprochene Ebene des Lebensbaumes dabei erwacht und sich die Kristallkugel mit Energie füllt. Betonen Sie jede Silbe des göttlichen Namens gleichermaßen. Machen Sie sich keine Gedanken über die »richtige« Aussprache der Worte. Auf den vorhergehenden Seiten ist auch die phonetische Transkription der hebräischen Begriffe angegeben; im Prinzip spricht man die Namen, wie man sie schreibt. Sofern Sie sich also an diese Vorgaben halten, werden die göttlichen Energien auch gerufen.

5. Wiederholen Sie diese Anrufung fünf bis zehn Minuten lang. Intonieren Sie anschließend die Namen der Erzengel und Engel, um sie als Führung und Schutz für Ihre Visionen herbeizurufen.
6. Konzentrieren Sie sich nun auf die Schwerpunktthemen Ihres Vorhabens und führen Sie Ihre kristallseherische Arbeit wie gewohnt durch; dabei können Sie sich im wesentlichen an die im früheren Teil dieses Buches gegebenen Leitlinien halten.
7. Nach Beendigung des Kristallsehens nehmen Sie die Kugel erneut in die Hände. Intonieren Sie abermals die göttlichen Namen und die Namen der Engel. Auf diese Weise danken Sie dem Universum und Ihrem eigenen Höheren Selbst für die Vision. Das dient gleichzeitig als Abschlußritual, um die visionäre Verbindung mit der Kugel aufzuheben und löst den Kristall von den Einflüssen der jeweils angesprochenen Ebene des Lebensbaumes.
8. Säubern Sie die Kristallkugel, decken Sie sie ab und stellen Sie sie an ihren sicheren Ort zurück.
9. Nehmen Sie nun das Tuch mit dem Lebensbaum vom Tisch, falten Sie es und verwahren Sie es gut bis zur nächsten Divinationssitzung.

10. Schreiben Sie die Ergebnisse Ihrer Visionen und Eindrücke in Ihr Kristallseh-Tagebuch.

Wenn Sie den Prozeß weiter unterstützen möchten, können Sie auf dem Lebensbaum Kerzen in der jeweiligen Farbe der Ebene aufstellen, die Sie bei Ihrer Arbeit mit der Kristallkugel erreichen möchten. Plazieren Sie die Kerzen hinter dem Kristall und zünden Sie sie erst unmittelbar vor der Anrufung an. Löschen Sie sie nach der letzten Anrufung. Durch das Aufstellen von Kerzen wird dem Kristallsehen zusätzliche Kraft gegeben. Experimentieren Sie ein wenig, schließlich soll das Ganze ja auch Spaß machen!

Übung 13:
Kristallsehen mit Engeln

Gerade in der letzten Zeit hat das Interesse an Engeln und Geistwesen enorm zugenommen. Seit jeher haben Menschen unterschiedlichster Kulturen und Gesellschaftsformen Engel und Geister angerufen, um Schutz und Hilfe in der Divination zu erflehen. Zu den Aufgaben der Engel gehörte es stets, Gott zu preisen und ihm zu dienen, die Gläubigen zu schützen und die Menschheit zu leiten. Es gibt Engel der Kraft, der Heilung, des häuslichen Herdes, der Natur, der Kunst, der Schönheit, der Schöpfung und der Divination – kurzum Engel für jeden Aspekt des Lebens.

Überall auf der Welt erscheinen Engel in der Literatur und Religion. Über sie wurde in vielen Erzählungen und Liedern berichtet, und natürlich auch in der Bibel. In Psalm 91 lesen wir: »Denn er hat seinen Engeln befohlen, daß sie dich behüten auf all deinen Wegen«. Man hat sie Boten, Söhne und Töchter Gottes, Geister, Heilige, Devas, Allüberscheinende, Naturgeister, Seraphim, Cherubim, Throne, Mächte, Tugenden, Kräfte, Himmelsfürsten, Erzengel oder ganz einfach Engel genannt.

Jedem Tag der Woche, jeder Jahreszeit, jedem Tierkreiszeichen und fast jeder Handlung und jedem natürlichen Rhythmus oder Zyklus ist ein bestimmter Engel zugeordnet. Wie Sie sehen, kann also das Wissen um die verschiedenen Engel und Erzengel Ihrer Kristallseharbeit ausgesprochen zuträglich sein. Sie können sie herbeirufen, um den seherischen Prozeß mit mehr Kraft zu erfüllen. Die folgende Tabelle umfaßt einige der gebräuchlichsten Assoziationen von Engeln mit den natürlichen Rhythmen des Universums. Je nach Tradition sind die Zuordnungen verschieden; diese Übersicht wurde von mir adaptiert und enthält die Entsprechungen, die mir persönlich am sinnvollsten erscheinen:

Engel der sieben Wochentage		*Engel der vier Jahreszeiten*	
Sonntag	Raphael (manchmal Michael)	Herbst	Michael
Montag	Gabriel	Winter	Gabriel
Dienstag	Kamael	Frühling	Raphael
Mittwoch	Michael (manchmal Raphael)	Sommer	Auriel
Donnerstag	Tzadkiel		
Freitag	Haniel		
Samstag	Tzaphkiel		

Engel der Tierkreiszeichen		*Engel der Planeten*	
Widder	Machidiel	Sonne	Raphael
Stier	Asmodel	Mond	Gabriel
Zwillinge	Ambriel	Merkur	Michael
Krebs	Muriel	Venus	Haniel
Löwe	Verchiel	Mars	Kamael
Jungfrau	Hamaliel	Jupiter	Tzadkiel
Waage	Uriel	Saturn	Tzaphkiel
Skorpion	Barbiel	Neptun	Ratziel
Schütze	Adnachiel	Uranus	Metatron
Steinbock	Hanael	Pluto	Kamael
Wassermann	Cambiel		
Fisch	Barchiel		

Siegel für die Erzengel der Planeten

Saturn: ♄
Erzengel: Tzaphkiel
Farbe: Schwarz
Leitgedanke: Informationen zum weiblichen Prinzip, Erkenntnis

Jupiter: ♃
Erzengel: Tzadkiel
Farbe: Blau
Leitgedanke: Geld, Fülle

Mars: ♂
Erzengel: Kamael
Farbe: Rot
Leitgedanke: Informationen über Feinde, Mut, Gerechtigkeit

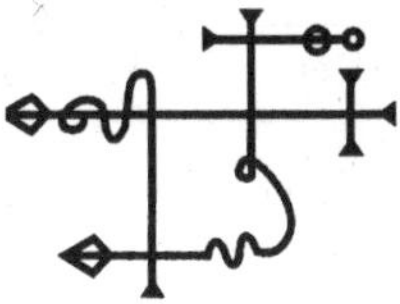

Venus: ♀
Erzengel: Haniel
Farbe: Grün
Leitgedanke: Liebe, Beziehung, Sex

Merkur: ☿
Erzengel: Michael
Farbe: Orange
Leitgedanke: Geschäft, Erziehung, Kommunikation

Mond: ☽
Erzengel: Gabriel
Farbe: Violett
Leitgedanke: Veränderungen, Träume, Emotionen

Sonne: ☉
Erzengel: Raphael
Farbe: Gold
Leitgedanke: Gesundheit, Kindheit, spiritueller Weg

Beispiel für ein Engel-Platzdeckchen

In diesem Kreis finden wir das Erzengel-Siegel und das planetarische Symbol des Mondes. Verwendet man die richtige Farbe (also hier Violett) oder stellt beim Kristallsehen lila Kerzen auf, stärkt das die Visionen zum Thema Veränderungen und Emotionen (Leitgedanke der lunaren Einflüsse).

Es gibt viele Möglichkeiten, diese Information für ein besseres Ergebnis beim Kristallsehen zu verwerten. In zahlreichen Traditionen nimmt man über die verschiedenen Zeichen des Tierkreises und über planetarische Einflüsse Kontakt mit Engeln auf. Jede allgemeine Einführung in die Astrologie vermittelt das Basiswissen zu den verschiedenen Zeichen und Planeten und gibt damit auch einen Einblick in die Qualitäten und Energien der jeweils assoziierten Engel.

Einige Engel wirken durch jedes Zeichen und jeden Planeten hindurch. So wie jeder Monat vorüberzieht und ein neues astrologisches Zeichen am Horizont erscheint, kommt auch der Einfluß der diesem Zeichen zugeordneten Gruppe von Engeln ins Spiel. In dem betreffenden Monat kann man sich leichter auf sie einstimmen. Das astrologische Zeichen kann Ihr Zugang zu einer stärkeren Verbindung mit ihnen werden.

Das gleiche trifft für die mit den Planeten assoziierten Engel zu. Den Engeln der sieben Hauptplaneten sind ebenfalls bestimmte Siegel (Symbole) zugeordnet. Diese Siegel und das Zeichen des Planeten können beim Kristallsehen benutzt werden, um Informationen zu erschließen, die im Einflußbereich der betreffenden Engel und Planeten liegen. Wenn Sie beispielsweise Erhellung in Liebes- und Beziehungsangelegenheiten wünschen, wären das Siegel für den mit der Venus assoziierten Erzengel und das Planetzeichen für die Venus zu verwenden. Dadurch werden die gewünschten Bilder und Visionen aus Ihrem Leben erweckt. Zur weiteren Vertiefung dieses Prozesses können Sie bei Ihrem Ritual zusätzlich Kerzen im passenden Farbton aufstellen.

Die zuvor gezeigte Übersicht der Siegel enthält einige grundsätzliche Angaben, mit denen Sie ein eigenes Ritual für Ihre Arbeit mit der Kristallkugel entwickeln können. Die folgende schrittweise Anleitung mag Ihnen dabei helfen, aber zögern Sie nicht, sie Ihren Bedürfnissen anzupassen:

1. Bestimmen Sie als erstes den Engel mit seinem Einflußbereich, den Sie für die gewünschte Information aus der Kugel ansprechen möchten. Berücksichtigen Sie dabei den Tag, die Jahreszeit und das astrologische Zeichen, unter dem Ihre hellseherische Tätigkeit steht. Tragen Sie alle entsprechenden Daten in Ihr Kristallseh-Tagebuch ein. Später können Sie diese Aufzeichnungen immer wieder zu Rate ziehen.
2. Treffen Sie all Ihre Vorbereitungen und Vorkehrungen zum Kristallsehen frühzeitig. Für dieses Ritual benötigen Sie Pergamentpapier, farblich passende Kerzen und Zeichenmaterial. Damit können Sie ein Engel-Platzdeckchen herstellen, auf das Sie Ihre Kugel vor Beginn der eigentlichen seherischen Aktivität stellen.
3. Zeichnen Sie zunächst einen Kreis von etwa zehn bis fünfzehn Zentimetern Durchmesser auf das Pergamentpapier.

Sie können ihn in der passenden Farbe des planetarischen Einflusses oder auch in der Farbe des Tierkreiszeichens anlegen. Diese magische Zeichnung darf alles enthalten, was Sie für Ihr Kristallsehen als bedeutsam erachten.

4. In die Mitte des Kreises tragen Sie nun das Planeten- und/oder das Tierkreiszeichen ein. Zeichnen Sie auch das Siegel für den Erzengel des Planeten ein und schreiben Sie darüber hinaus noch dessen Namen nieder. Sie können beim Anfertigen des Platzdeckchens auch den Namen des Engels, den Sie in Ihrer Arbeit mit der Kugel ansprechen möchten, intonieren. Halten Sie sich dabei an die in der vorigen Übung gegebene Anleitung. Jede Silbe des Engelnamens muß gleich stark betont werden.
5. Sobald das Platzdeckchen fertig ist, stellen Sie Ihre Kugel samt Sockel genau in die Mitte des Kreises. Wenn Sie farblich passende Kerzen in das Ritual mit einbeziehen möchten, zünden Sie sie jetzt an.
6. Legen Sie Ihre Hände um die Kugel, schließen Sie die Augen und atmen Sie ein paarmal tief ein und aus. Während dieser Einstimmung visualisieren Sie ein farblich passendes Lichtwesen, das Sie umarmt, schützt und umhüllt und Sie während des Kristallsehens mit Licht erfüllt. Um die Gesamtwirkung zu erhöhen, können Sie zusätzlich die entsprechenden Engel anrufen.
7. Öffnen Sie nun die Augen und beginnen Sie mit dem Kristallsehen, wie Sie es gelernt haben.
8. Nach Beendigung Ihrer Arbeit legen Sie erneut die Hände um die Kugel und wiederholen die Anrufung als Danksagung an die Engel für ihr Mitwirken bei den erhaltenen Visionen.

9. Löschen Sie die Kerzen, decken Sie die Kristallkugel ab, und legen Sie alles wieder weg. Sie können das Pergamentpapier für zukünftige Anlässe aufheben. Wenn Sie dies möchten, bewahren Sie es an einem sicheren Ort auf.
10. Schreiben Sie Ihre Visionen und Eindrücke in Ihrem Kristallseh-Tagebuch auf und legen Sie als Inspiration für die Zukunft eine Kopie der Graphik mit dem Engel-Platzdeckchen dazu.

Übung 14: Heilen mit der Kristallkugel

Der menschliche Körper ist ein Energiesystem und besteht aus vielen feinstofflichen Energiefeldern. Wir können die Kristallkugeln und ihre natürlichen elektrischen Eigenschaften für unser Energiesystem nutzen und so zu mehr Wohlbefinden, Kraft und Ausgeglichenheit gelangen. Die Kristallkugel kann ein stabilisierender und korrigierender Stimulus für physische, emotionale, mentale und spirituelle Gesundheit sein.

Es würde den Rahmen dieses Buches sprengen, auf alle Feinheiten der Heilung mit Schwingungen einzugehen. Die nachfolgende Übung ist ein erster Schritt zum holistischen Heilen mit Hilfe der Kristallkugel.

Die Chakren sind die wichtigsten Zentren aller Energien, die im menschlichen Körper zirkulieren und ihm zugeführt werden. Der Begriff *Chakra* kommt aus dem Sanskrit und bedeutet »Rad«. Chakren sind rotierende Energiewirbel, die den menschlichen Organismus mit elektromagnetischen und anderen feinstofflichen Energien versorgen.

Wenn auch kein Teil des physischen Körpers, so sind sie auf feinstofflicher Ebene doch für die Aufrechterhaltung seiner Funktionen nötig. Die Chakrenlehre wurde häufig genug belächelt, doch inzwischen hat selbst die moderne Wissenschaft und Technologie den Beweis dafür angetreten, daß genau dort, wo die Chakren liegen, verstärkte elektromagnetische Emanationen vom Körper ausgehen.

Wir können die Kristallkugeln nutzen, um unsere Chakren und die entsprechenden Körperregionen zu stärkerer Aktivität anzuregen. Die elektromagnetischen Schwingungen des Kristalls treten mit denen des menschlichen Körpers in Beziehung, kräftigen und harmonisieren dessen Organe und Systeme und geben ihm auf diese Weise einen regelrechten Energieschub.

Heilung durch Berührung hat im Laufe der Geschichte viele Ausdrucksformen angenommen. Körpermassage, Akupressur, Auramassage und das Handauflegen sind nur einige der bekanntesten unter ihnen. Wie Heilung durch Berührung wirklich funktioniert, ist immer noch nicht eindeutig geklärt. Es gibt eine Vielzahl von Theorien darüber, und alle mögen ihre Berechtigung haben.

Es ist eine anerkannte Tatsache, daß jede Aktion eine entsprechende Reaktion nach sich zieht. Wenn eine bestimmte Handlung durchgeführt wird, stellt sich eine spezifische Wirkung ein. Wir alle haben die Fähigkeit, Veränderungen in unserem physischen und feinstofflichen Energiesystem zu bewirken. Selbst wenn wir die Hintergründe nicht verstehen, sollte uns das auf gar keinen Fall davon abhalten, diese Möglichkeit zu nutzen. Die meisten Menschen wissen nicht, wie Antibiotika oder Aspirin in ihrem Organismus wirken, doch sie spüren, daß sie ihnen helfen und nehmen sie folglich ein.

Die sieben Hauptchakren

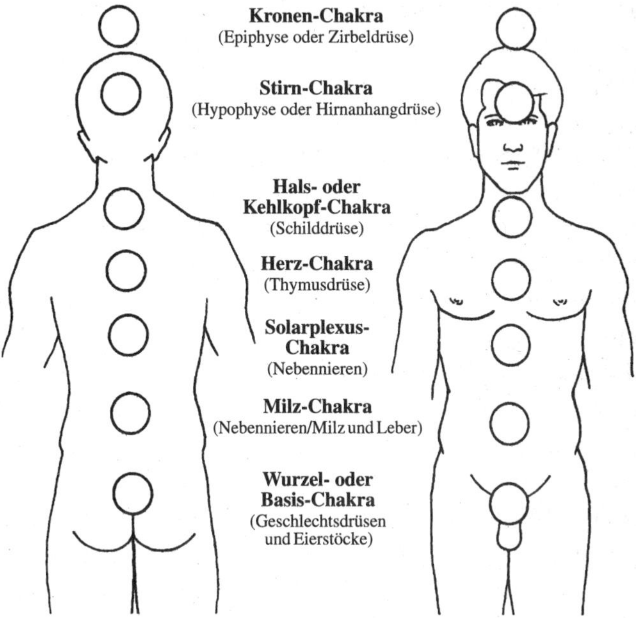

Das Chakren-System

Die Chakren sind Mittler aller Energien, die in unserem Körper zirkulieren, ihm zugeführt werden und ihm entströmen. Sie verteilen die Energie für unsere physischen, emotionalen, mentalen und spirituellen Funktionen. Die sieben Hauptchakren sind Zentren verstärkter elektromagnetischer Aktivität im aurischen Feld. Auch von Händen und Füßen geht eine vermehrte Aktivität aus.

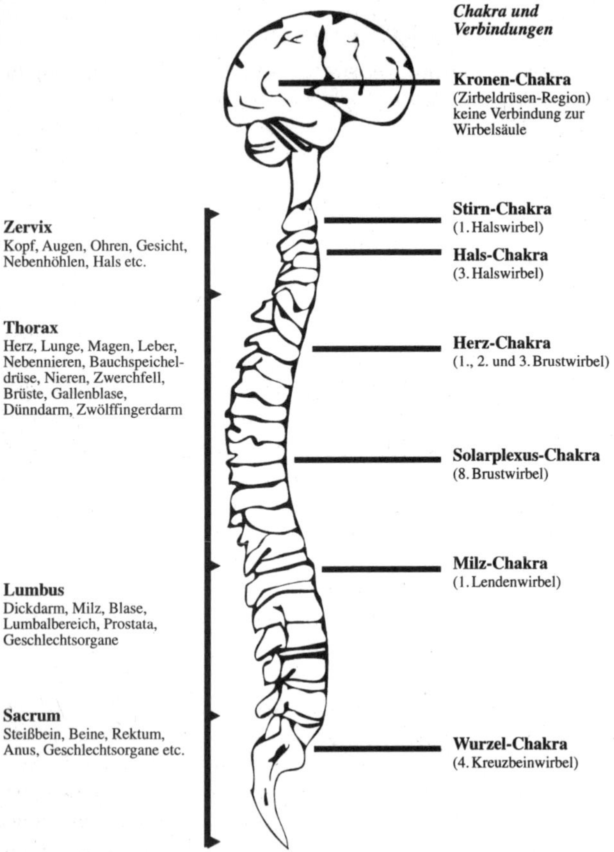

Verbindungen der Chakren zur Wirbelsäule

Schwingungen können durch die Chakren absorbiert oder projiziert werden. Sie werden dabei in die einzelnen Wirbel der Wirbelsäule geleitet und dann entlang der Nervenbahnen zu den jeweils damit verbundenen Organen, Geweben und so weiter transportiert. Auf diese Weise werden Unausgewogenheiten harmonisiert und ausgeglichen.

Chakra-Entsprechungen

Im folgenden werden die Hauptchakren mit ihren physischen Zuordnungen im menschlichen Organismus beschrieben:

Wurzel-Chakra: Dieses Chakra befindet sich im Bereich des Steißbeins am unteren Ende der Wirbelsäule. Es ist mit dem Blutkreislauf und den Geschlechtsorganen verbunden und beeinflußt die Funktion der unteren Extremitäten.

Milz-Chakra: Dieses Zentrum ist mit der Funktion der Nebennieren verbunden und steuert die Fortpflanzung und den gesamten Muskelapparat des Körpers. Es wirkt auf die Ausscheidungssysteme und -organe. Die Arbeit mit diesem Zentrum unterstützt die Entgiftung des Körpers.

Solarplexus-Chakra: Dieses Zentrum ist mit der Solarplexus-Region verbunden. Es beeinflußt das Verdauungssystem mit all seinen Organen und hilft dem Körper bei der Assimilation der Nährstoffe. Viele schwere Krankheiten, Verdauungsprobleme und psychosomatische Leiden können gelindert werden, wenn man mit diesem Zentrum arbeitet.

Herz-Chakra: Dieses Zentrum wirkt auf das gesamte Immunsystem, auf den Kreislauf und alle zugehörigen Organe. Es ist die Pforte zu allen Herz- und Kinderkrankheiten, und wirkt auf die Geweberegeneration.

Hals- oder Kehlkopf-Chakra: Dieses Zentrum ist mit den Funktionen des Halses, der Speiseröhre, des Mundes und der Zähne sowie der Schilddrüse und Nebenschilddrüse verbunden. Es wirkt auf das Atemsystem und die Funktion der Bronchien und Stimmbänder.

Stirn-Chakra: Dieses Zentrum wirkt auf das endokrine System, insbesondere auf die Hypophyse. Es ist mit dem Immunsystem und den Synapsen des Gehirns verknüpft. Von hier aus bestehen Verbindungen zu den Funktionen von Auge, Ohren und Gesicht ganz allgemein.

Kronen-Chakra: Dieses Zentrum ist mit dem gesamten Nerven- und Skelettsystem verbunden. Es beeinflußt den Bereich der Zirbeldrüse, alle Nervenbahnen und die elektromagnetischen Abläufe im Körper.

Das beschriebene Heilritual dient zur Harmonisierung und Energetisierung der Chakren, deren Lage aus den Abbildungen ersichtlich sind. Jedes Chakra steht mit spezifischen Körpersystemen und -organen in Verbindung.

Die Schwingungen der Kristallkugel werden von den Chakren aufgenommen, in die einzelnen Wirbel der Wirbelsäule weitergeleitet und anschließend entlang der Nervenbahnen zu den jeweiligen Organen, Geweben usw. transportiert. Auf diese Weise werden Unausgewogenheiten ausgeglichen.

1. Kommen Sie zu Beginn einer jeden Heilungssitzung erst einmal in Ihre Mitte, lassen Sie Ihre Gedanken ziehen und entspannen Sie sich. Führen Sie eine progressive Muskelentspannung durch oder meditieren Sie.
2. Setzen Sie sich hin oder legen Sie sich auf den Boden, was immer für Sie am bequemsten ist.
3. Nehmen Sie nun die Kristallkugel und umfassen Sie sie mit beiden Händen. Rollen Sie sie dreißig Sekunden lang fest in den Handflächen hin und her. Das aktiviert die Energie der Kugel und der Hand-Chakren und erleichtert die Stimulation der anderen Chakren.
4. Legen Sie den Kristall mit beiden Händen auf die einzelnen Chakren. Beginnen Sie mit dem Wurzel-Chakra. Schließen Sie die Augen, und atmen Sie tief ein und aus. Stellen Sie sich vor, wie die Kugel gegen Ihren Körper pulsiert, und spüren Sie in das Gefühl hinein. Lassen Sie die Kugel nun dreißig bis sechzig Sekunden lang langsam über das betreffende Chakra kreisen. Machen Sie eine Pause und wiederholen Sie den Vorgang zwei- bis dreimal.
5. Rollen Sie die Kugel jetzt hoch zum Milz-Zentrum und

führen Sie an dieser Stelle die gleiche Übung durch. Wandern Sie in dieser Weise den ganzen Körper hoch und energetisieren Sie jedes einzelne Chakra mit langsam kreisenden Bewegungen.

6. Um den Effekt zu verstärken, können Sie die Chakren auch länger massieren. Vertrauen Sie Ihrem eigenen Gefühl.
7. Jetzt sind alle sieben Chakren stimuliert. Gehen Sie nun zu jenem zurück, das mit den Problemen in Zusammenhang steht, die Sie gerade beschäftigen. Bearbeiten Sie dieses Chakra in besonderem Maße. Gehen Sie anschließend noch einmal alle sieben Zentren durch, um eine zusätzliche Harmonisierung zu erreichen.
8. Nachdem alle sieben Chakren nunmehr voll energetisiert und stimuliert sind, lassen Sie den Kristall über die zwei wichtigsten Meridiane des Körpers rollen. Meridiane sind natürliche Nerven-/Energiebahnen. Besonders die beiden Hauptmeridiane beeinflussen unsere Ausgeglichenheit und Gesundheit (siehe Abbildung auf der nächsten Seite). Sie lenken die Polaritäten des Körpers und beeinflussen das Zusammenspiel der sieben Hauptchakren.
   Um diese Meridiane mit der Kristallkugel abzutasten, sind Sie unter Umständen auf eine(n) PartnerIn angewiesen. Legen Sie sich auf den Bauch und lassen Sie Ihre(n) PartnerIn die Kugel langsam Ihre Wirbelsäule hinauf- und hinunterrollen. Die Kugel soll beidseitig an der Wirbelsäule entlanggleiten und dabei den in der Abbildung gezeigten Bahnen folgen. Dann drehen Sie sich um und lassen die Vorderseite Ihres Körpers auf gleiche Weise bearbeiten.
9. Wenn Sie dem Vorgang zusätzliche Kraft verleihen möchten, halten Sie währenddessen selbst einen Quarz in der

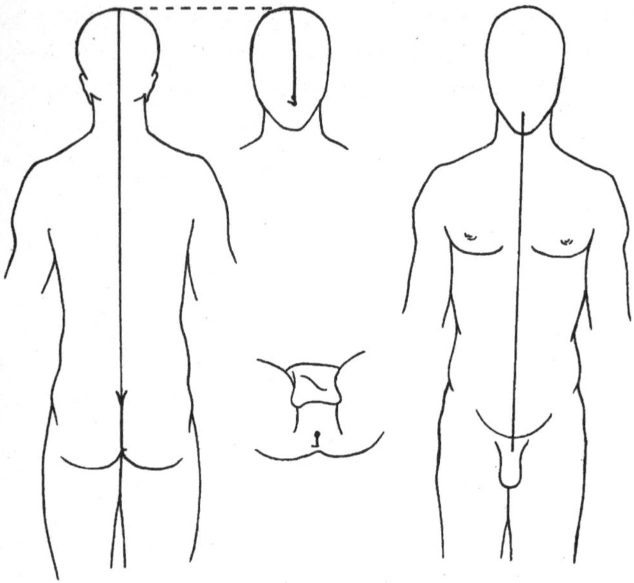

Lenkermeridian und Konzeptionsgefäß
Die beiden Meridiane sind entscheidend für das Gleichgewicht der Polaritäten im Körper. Der Lenkermeridian stellt das männliche und das Konzeptionsgefäß das weibliche Prinzip dar.

einen und einen Obsidian in der anderen Hand. Das verbessert die Harmonisierung der Polaritäten des Körpers um ein Vielfaches. Dieses Abrollen oder Abtasten mit der Kristallkugel läßt sich auch bei allen anderen Meridianen des Körpers mit sehr positivem Resultat anwenden.

10. Zum Abschluß des Heilungsrituals richten Sie sich noch einmal bewußt auf. Nehmen Sie den Kristall erneut in bei-

de Hände. Schließen Sie die Augen, und atmen Sie langsam und tief ein und aus. Indessen spüren und erleben Sie in Ihrer Vorstellung, wie die pulsierende Energie der Kugel durch Ihre Hände in den Körper bis hinein in jede einzelne Zelle des Organismus fließt. Visualisieren Sie Ihre neu gewonnene Kraft und Stärke, Gesundheit und Vitalität. Spüren Sie, wie Sie mit kristalliner Energie erstrahlen – ein wahres Lichtwesen!

Teil II
Der Gesang der Kristallschale

6 Die Entstehung der Kristallschale

Alles Lebendige ist in Bewegung. Jedes Atom eines jeden Moleküls einer jeden Zelle in allem Sichtbaren und Unsichtbaren schwingt, denn alles Leben (beseelt oder unbeseelt) ist Energie.

Selbst die feinste Schwingung und Bewegung von Energie hat deutliche Auswirkungen auf das physische Leben. Unsere Zellen befinden sich in ständigem Wechsel, sie wachsen und verändern sich. Wenn Eis zu Wasser und dann durch Erhitzen zu Dampf wird, beschleunigt sich die Schwingung oder Bewegung der Atome, die in den Molekülen des Wassers enthalten sind. Es wechselt jeweils von einem Aggregatzustand in einen anderen. Das bedeutet, daß sich sowohl seine Form als auch die Schwingungsfrequenz seiner Atome verändern.

Wollen wir unsere eigenen Energien, unser Bewußtsein und unser physisches wie spirituelles Leben auf möglichst wirkungsvolle Weise verändern, so kann dies mit Hilfe von Klängen und Tönen geschehen. Der heilige Klang – ob in Form von Gebeten, Musik, Gesang, Beschwörungen oder Kirchenliedern – ist eine Vitalkraft, die jeden Aspekt der Schöpfung durchdringt. Alle Weltkosmologien und -religionen sehen im heiligen Klang die Grundlage der irdischen Existenz.

Im Johannesevangelium der Bibel heißt es: »Im Anfang war

das Wort ...« Nach der alten hebräischen Tradition der Kabbala wurde die Welt durch das Aussprechen des heiligen Namen Gottes – das sogenannte Tetragrammaton JHVH – ins Sein gerufen. Das ist der Grund, warum dieser Name nach jüdischem Glauben bis heute weder geschrieben noch ausgesprochen werden darf. In der äthiopischen Kosmologie soll Gott sowohl sich selbst als auch das Universum durch die Aussprache seines eigenen Namens erschaffen haben. In Ägypten benutzte Thoth Worte, um das Universum ins Sein zu bringen. In fast allen Gesellschaften der Antike finden sich Mythen und Schriftstücke über diese kreative Kraft des Klanges. Aus dem Schoß der Stille kam der Klang hervor, und mit dem heiligen Klang kam das Leben!

Der Klang wurde schon immer als direkte Verbindung zwischen der Menschheit und den Göttern gesehen. Irgendwann haben alle alten Mysterientraditionen ihren Schülern und Adepten die Nutzung des Klanges als kreative und heilende Kraft nahegebracht. Sie gilt als wohl älteste Form des Heilens.

In jüngster Zeit läßt sich ein Wiedererstehen und ein neuer Ausdruck der Elemente des heiligen Klanges beobachten. Klang, Musik und Stimme kommen in physischen und metaphysischen Bereichen des Lebens zur Anwendung. Musik wird eingesetzt, um physische Energien zu verändern, Schmerzen zu lindern und bei physischen und psychischen Störungen das Gleichgewicht wiederherzustellen. Neue Anwendungsgebiete haben sich eröffnet, wie beispielsweise die Herbeiführung veränderter Bewußtseinszustände (siehe nachfolgende zwei Abbildungen).

Der Einsatz von Klängen, Musikinstrumenten und der Stimme wird neu überdacht. Viele der alten Techniken und Instrumente erfreuen sich heutzutage wachsender Popularität. Zwischen der alten Mystik und unserer modernen Wissenschaft entwickelt sich zur Zeit eine Art Partnerschaft, die die Anwendung des heiligen Klanges in seiner mannigfaltigen Form zum Ziel hat. Die Entstehung der Quarzkristallschale ist ein erstes Ergebnis daraus.

Die Quarzkristallschale ist ein starkes Symbol für die Zusammenführung der alten Mystik mit unserer neuen Technologie. Sie hat ihre Wurzeln in der Mystik der Vergangenheit, schlägt aber gleichzeitig eine Brücke zu den wunderbaren Geheimnissen der Zukunft. Sie ist sowohl Symbol als auch Instrument des alchemistischen Prozesses. Man benutzt sie zur Transmutation physischer Energien und zur Anhebung des Bewußtseins. Sie bringt Herz und Verstand in Einklang und das Physische mit dem Spirituellen in Harmonie.

In den achtziger Jahren haben Kristalle eine enorme Popularität erfahren. Sie bilden das Herzstück der modernen Kommunikationsgeräte mit ihren Kristalltransistoren und Computerchips. Neben der technischen Anwendung werden sie als hervorragende Mittel zur Kommunikation mit unserem eigenen, uns innewohnenden kreativen Wesen geschätzt.

Der wissenschaftliche Aspekt, wie Quarzkristalle Energie erzeugen und übertragen, soll in diesem Buch nicht näher beleuchtet werden. Es gibt jedoch zahlreiche Publikationen zu diesem Thema. Hier wird aufgezeigt, wie Quarzkristallschalen, ebenso wie viele althergebrachte Instrumente vor ihnen, als dynamisches Werkzeug zur Erzeugung heiliger Klänge genutzt werden können, und wie man sie zu Heilzwecken, zur Aktivierung der Kreativität und Erweiterung des Bewußtseins effizient einsetzen kann.

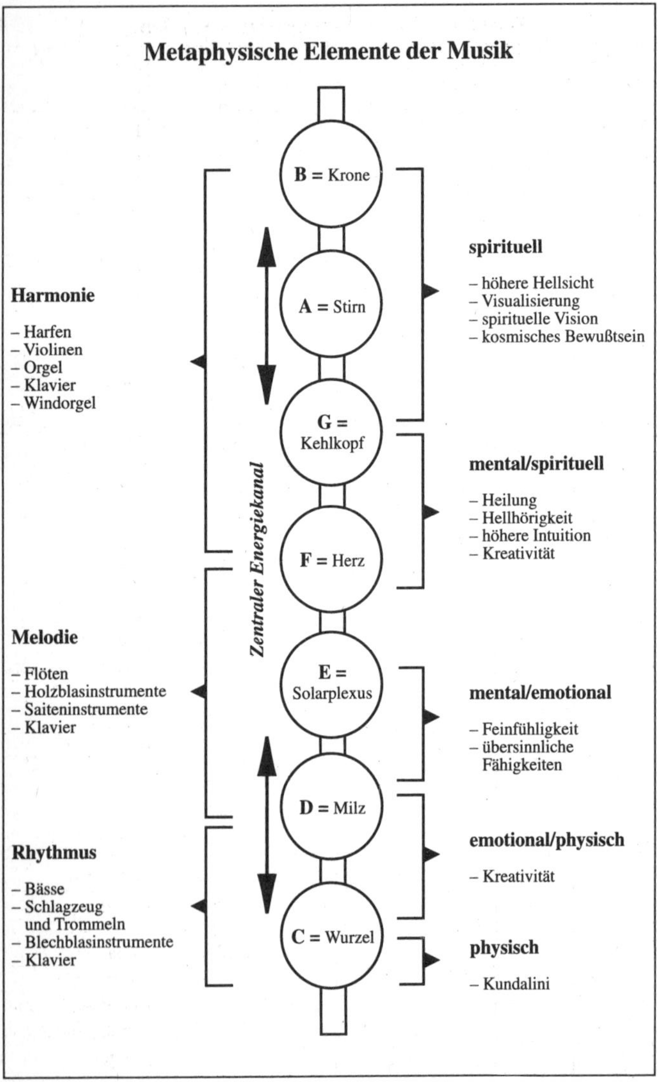
Metaphysische Elemente der Musik
B = Krone
A = Stirn
G = Kehlkopf
F = Herz
E = Solarplexus
D = Milz
C = Wurzel
Zentraler Energiekanal
Harmonie
– Harfen
– Violinen
– Orgel
– Klavier
– Windorgel
Melodie
– Flöten
– Holzblasinstrumente
– Saiteninstrumente
– Klavier
Rhythmus
– Bässe
– Schlagzeug und Trommeln
– Blechblasinstrumente
– Klavier
spirituell
– höhere Hellsicht
– Visualisierung
– spirituelle Vision
– kosmisches Bewußtsein
mental/spirituell
– Heilung
– Hellhörigkeit
– höhere Intuition
– Kreativität
mental/emotional
– Feinfühligkeit
– übersinnliche Fähigkeiten
emotional/physisch
– Kreativität
physisch
– Kundalini

Tabelle der Entsprechungen Heiliger Klänge						
Chakra	*Ton*	*Vokalklang*	*Mantram*	*Farbe*	*Attribut*	*Heilungsindikation*
Wurzel	Mittleres C (Do)	u	Lam	Rot	Vitalität, Kundalini, Lebenskraft	Kreislauf, niedriger Blutdruck, Erkältungen, Schock
Milz	D (Re)	o	Vam	Orange	Kreativität, Energiereserven, Sexualität	Muskeln, Fortpflanzung, Entgiftung, emotionale Ausgewogenheit, Sexualität
Solarplexus	E (Mi)	aw/ah	Ram	Gelb	Inspiration, Intellekt, Weisheit, Übersinnliches	Verdauung, abführend/ stopfend, Kopfschmerzen, Nebennieren
Herz	F (Fa)	a	Jam	Grün	Liebe/ Heilung, Balance, Akasha-Chronik	Herzbeschwerden, Lunge, Geschwüre, hoher Blutdruck, Blut/Kreislauf
Kehlkopf	G (Sol)	e	Ham	Blau	Hellhörigkeit, Kühlung, Entspannung	Hals, Fieber, Asthma, Lunge, Schilddrüse, antiseptische Stimulierung
Stirn	A (La)	i/e	Aum/ Om	Indigo	Drittes Auge, Hellsichtigkeit, Spiritualität	Reinigung (Blut), Obsessionen, Koagulans, Stirnhöhlen, Kopfschmerzen, Schlaganfallfolgen

Chakra	*Ton*	*Vokal-klang*	*Man-tram*	*Farbe*	*Attribut*	*Heilungs-indikation*
Krone	B (Ti)	e	Om	Violett	Christus-bewußtsein, Inspiration	Nervenberuhigung, Streß, Verwirrtheit, Neurose, Schlaflosigkeit, Knochen-probleme
Seele 8. Chakra (trans-personal)	Hohes C (oberhalb des mittleren C)	—	Om	Purpur oder Anilin-rot	Der Teil der Seele, der an die Materie gebunden ist, Verbindungsglied zu unserem wahren spirituellen Wesen	Den Lichtkörper bilden, Schlüssel zur Auflösung von Formen, die das physische und spirituelle Heil auf dem Weg zur Gefolgschaft behindern

Eine kurze Geschichte der Schalen

Die Quarzkristallschale basiert auf dem Konzept der alten tibetischen Klangschalen und Glocken, die vor allem wegen ihrer exotischen, lange nach ihrem Anschlagen im Raum nachhallenden Klänge geschätzt werden. Sie zählen wohl zu den wirkungsvollsten Heilinstrumenten im Bereich der heiligen Klänge und werden auf vielfältige Weise eingesetzt. Über ihre Entstehung und Entwicklung ist wenig bekannt, doch man geht im allgemeinen davon aus, daß sie speziell zur Erzeugung von Tönen für Heilzwecke und rituelle Anlässe geschaffen wurden.

Die Schalen sollen sieben Metalle enthalten, und zwar Gold, Silber, Nickel, Kupfer, Zink, Antimon und Eisen. Manchen Behauptungen zufolge soll das Eisenerz, das zu ihrer Fertigung verwendet wird, von Meteoriten stammen. Ob dies stimmt, sei dahingestellt, denn selbst wenn das nicht so sein sollte, geht von solchen Schalen immer noch eine kosmische Kraft aus, die allgemein anerkannt, wenn auch nicht erklärt ist.

Viele der heute gebräuchlichen Schalen sind vierzig bis fünfzig Jahre alt und wurden vor der kommunistischen Machtübernahme in Tibet von den dortigen buddhistischen Mönchen gefertigt. Benutzt werden Schalen hingegen schon seit Jahrhunderten. Das Verhältnis der Metalle und die Zusammensetzung der Legierungen werden geheimgehalten, denn die Originale sind alle handgemacht. Die Meister, die sie fertigen, dürfen diese Handwerkskunst nicht mehr ausüben, weil die Kommunisten die Verwendung von Mineralien und Metallen zu solchen Zwecken als »subversiv« betrachten.

Die Kristallschale zur Erzeugung heiliger Klänge ist aus der tibetischen Klangschale und den Tingshas oder Zimbeln hervorgegangen.

Jede Schale hat ihren eigenen charakteristischen Ton, wenn sie wie eine Glocke mit dem Stab oder Klöppel angeschlagen wird. Sie setzt gleichzeitig eine Reihe von Obertönen frei. Die Schalen können auch zum Klingen gebracht werden, indem der Stab kontinuierlich kreisend um ihren Rand geführt wird.

Der Ton der Klangschale harmonisiert alle Chakren, bringt die feinstofflichen Körper in Einklang und synchronisiert die Gehirnhemisphären. Er beseitigt außerdem energetischen Ballast, der sich im Ätherleib angesammelt hat. Der Ton durchdringt die Zellen im Körperinneren, um Blockaden zu lösen oder das Schwingungsgleichgewicht wiederherzustellen. Er bricht hartnäckige Energiemuster auf und stellt den kreisförmigen Energiefluß zur Aura wieder her.

Die Klangschale besänftigt den Geist und harmonisiert den Körper. Außerdem führt sie veränderte Bewußtseinszustände herbei. Ähnlich wie durch rhythmisches Trommeln lassen sich durch das Wellenmuster der Schale Alphawellen im Gehirn erzeugen. Die Schalen können zur Trance-Induktion im Rahmen der Visionssuche benutzt werden. Viele Schamanen bedienen sich ihrer für ihre Astralreisen.

Die weiteren tibetischen Instrumente, auf die die Kristallschale zurückgeführt werden kann, sind Ghanta (Glocke) und Dorje (Donnerkeil), die traditionsgemäß ausschließlich von Mönchen, Nonnen und Laiendienern bei ihren Ritualen verwendet werden. Wie vielen tibetischen Instrumenten und Geräten haftet auch ihnen eine hohe Symbolik an. Die Ghanta ist das Symbol der Weisheit, und die Dorje das Symbol der Leidenschaft.

Ghanta und Dorje werden in religiösen Zeremonien gemeinsam eingesetzt. Die Ghanta repräsentiert den weiblichen Aspekt unserer Energien, den sogenannten *Prajna-* oder Weisheits-Aspekt. Die Dorje repräsentiert den männlichen oder *Upaya-*Aspekt und steht für die Art und Weise, wie die Weisheit genutzt wird.

So wie man die Glocke zum Klingen bringt, benutzt man die Dorje, um die Energien rings um den Menschen ins Fließen zu bringen. Beide tragen im Zusammenspiel dazu bei, das Gleichgewicht zwischen männlichen und weiblichen Energien in unserem Inneren wiederherzustellen. Beim Yoga wäre

Oben: Klangschale
Rechts: Ghanta und Dorje

das vergleichbar damit, wenn man den Prana-Fluß in Ida und Pingula solchermaßen zu regulieren vermag, daß er in einem zentralen Energiekanal, der sogenannten Sushumma, aufsteigen kann.

Die beschriebenen Wirkungen standen Pate für die Schaffung der Quarzkristallschale, deren Klang ähnlichen Mustern folgt wie bei tibetischen Glocken und Schalen, zusätzlich aber die kristalline Quarzenergie in sich birgt.

Quarzschalen werden aus Kieselerde – das ist reiner Quarzsand – hergestellt. Der Sand wird in eine Form gefüllt, die sich mit Zentrifugalkraft dreht. Im rechten Augenblick wird eine elektrische Bogenlampe gezündet, die die Kieselerdepartikel bei Temperaturen von einigen tausend Grad zu einem einheitlichen Ganzen verschmilzt.

Kristallschalen sind in verschiedenen Größen erhältlich. Jede hat ihren eigenen charakteristischen Klang, der eine ganz spezielle Wirkung auf die physischen und feinstofflichen Energien des Menschen ausübt.

Sie werden ähnlich wie die tibetischen Klangschalen gespielt. Weil sie aber aus Quarzkristall bestehen, entsteht eine außerordentlich dynamische Energieeinwirkung auf Körper und Bewußtsein. Der menschliche Körper zeigt eine starke Resonanz auf Quarzenergie, denn die elektrischen Anteile der Quarzschwingungen rufen heftige Reaktionen in den kristallinen Strukturen und Mustern des Organismus hervor. Es ist die Kombination mit den Klangschwingungen, die in und um die Körperhohlräume nachhallen, die uns so stark und harmonisch auf die Schale reagieren läßt.

Einsatz- und Wirkungsfelder der Kristallschale sind äußerst vielfältig, wie aus nachfolgender Übersicht deutlich wird. Die Haupteigenschaften werden in diesem und den folgenden Kapiteln näher beleuchtet. Die Schale

- harmonisiert die Gehirnhemisphäre.
- reinigt und klärt die Aura.
- erzeugt eine heilige Energiespirale, die zu physischen und spirituellen Zwecken genutzt werden kann.
- induziert veränderte Bewußtseinszustände.
- aktiviert, je nach Schalentyp auf unterschiedliche Weise, die Körperfunktionen.
- reinigt und klärt Wasser.
- reinigt und energetisiert andere Kristalle und Steine.
- ist ein effizientes Medium zur Heilung im allgemeinen – wie in Kapitel 8 noch näher erläutert wird – und besonders zur Fernheilung.
- kann im Zusammenhang mit Astral- und schamanistischen Reisen benutzt werden.
- ist, kombiniert mit Gebeten oder Affirmationen, ein wirkungsvolles Hilfsmittel zur Manifestation.

- kann zur Verstärkung in der Aromatherapie herangezogen werden.
- kann zur Herstellung von magischen Heilelixieren aus Blüten und Edelsteinen benutzt werden.
- unterstützt die Einstimmung auf geistige Führer, Engel und Devas.
- intensiviert Meditationserfahrungen.
- kann zur Erkundung von Zeitspannen – Vergangenheit, Gegenwart und Zukunft – genutzt werden.
- kann dazu benutzt werden, sich in Einklang mit astrologischen Einflüssen zu bringen.
- kann zur Entwicklung hellseherischer Fähigkeiten benutzt werden.
- kann zur Verstärkung von Ritualen und Zeremonien eingesetzt werden.
- kann zur Schaffung oder Festigung von Beziehungen genutzt werden.
- kann dazu benutzt werden, Fülle zu manifestieren.

Die Symbolik von Kristallschale und Stab

Die Kristallschale ist sowohl Symbol wie auch Instrument. Verstehen wir die Symbolik, so verstärken wir ihre Kraft, insbesondere wenn magische Zwecke verfolgt werden. Ebenso wie bei der tibetischen Schale und Glocke, gibt es auch hier einen männlichen und weiblichen Aspekt. Die Schale symbolisiert die weiblichen Energien, und der Stab ist Zeichen des männlichen Prinzips. Wenn Männliches und Weibliches zusammenkommt, wird kreative Energie freigesetzt. Etwas Neues entsteht. In diesem Fall ist es die Geburt des heiligen Klanges – eines Klanges, der entsprechend der Programmierung des einzelnen Menschen wirkt.

Alle Schalen, Schüsseln oder Kessel sind Symbole der göttlich-weiblichen Energien des Universums. Sie bergen die Energie des Schoßes, in dem neues Leben entsteht. Bei der Schale ist es der neue Klang, der sich in den Äther ergießt.

Die Kreisform der Schale ist ebenso dynamisch wirkungsvoll wie komplex, denn sie hat weder Anfang noch Ende. Sie repräsentiert das gesamte Unmanifeste mit all seinen inhärenten Möglichkeiten. Der Schoß ist die ursprüngliche weibliche Weisheit – eine Weisheit, die sich in der Stille manifestiert, aber im Verstehen zum Ausdruck kommt. Er ist Symbol der Erleuchtung, Intuition und Imagination. Um aber unser Leben bereichern zu können, müssen diese aus dem Bereich des Schoßes heraus- und zum Ausdruck gebracht werden.

Die Schale ist ein Symbol der zyklischen Lebensenergien – daher auch die Verbindung zu den Mondenergien. Die Mondphasen bringen subtile Energieveränderungen mit sich. Der Mond hat eine helle und eine dunkle Seite, eine innere und eine äußere Ausdrucksform. Auch die Schale hat eine innere und eine äußere Ausdrucksform – Stille und Klang.

Das Weibliche, symbolisiert durch die Schale, spiegelt sich im Geheimnisvollen. Es ist eine Pforte, durch die wir ein- oder austreten können, Symbol der Menschwerdung auf Erden schlechthin. Durch die Erdenergien (zu denen auch der Klang gehört) können wir neu geboren werden.

Eine Schale kann sowohl als Aufbewahrungs- wie auch als Ausgießgefäß für alle Arten von Elixieren dienen. Wer es zur Meisterschaft im Umgang mit der Kristallschale bringen möchte, muß lernen, wann es Neues festzuhalten gilt und wann man es besser verströmen lassen sollte. Die Schale formt alles, was in ihr ist, nach ihrer eigenen Form, und außerdem kann ihr immer und alle Zeit das Lebenselixier entströmen.

Sie ist eines der ältesten Symbole des Heiligen Grals. Die Suche danach lehrt uns, daß es keine Trennung zwischen unserem Sein und Tun gibt. Nur mit dieser Sichtweise kann es uns gelingen, zu unserer spirituellen Essenz zu finden und diese im Rahmen unserer Lebensumstände bestmöglich zu manifestieren.

Die Schale wird mit dem Symbol und den Energien des Füllhorns in Zusammenhang gebracht. Es entstand ursprünglich aus dem Horn der Ziege Amaltheia, aus der die Konstellation des Steinbocks hervorging, und ist Symbol für die Unerschöpflichkeit der Vorräte, die uns zur Verfügung stehen. Das wiederum soll uns daran erinnern, daß wir die Schale zur Vermehrung all dessen benutzen können, was wir im Leben mitbekommen haben. Die Schale lehrt uns, daß man im Geben niemals seine Vorräte oder Energien erschöpft.

Die Schale ist die Große Mutter. Sie ist die Substanz des Universums, das Symbol all seiner Formen und Erscheinungen. Sie symbolisiert die eine Hälfte des kreativen Prinzips im Leben.

Der Stab bildet die andere Hälfte und ist Symbol des männlichen Prinzips. Viele bezeichnen den Klöppel oder Schlegel nicht als Stab, doch dieser Begriff trifft seine Funktion hier wohl am besten. Er stellt die aktivierende oder freisetzende Kraft dar. Berührt man die Schale damit, wird ein Klang erzeugt und willentlich in die Welt entsandt.

Die Schale repräsentiert die Mutter und der Stab den Vater. Nur beide gemeinsam können der Großen Schale Leben entlocken. Während also die Schale die Samen der Lebens- oder Manifestationsmatrix birgt, bringt der Stab das hervor, was gewünscht wird. Mit Hilfe des Stabes können wir den kreativen Prozeß selektiv verstärken.

Der Stab wurde in vielen Kulturen benutzt. Die meisten Menschen kennen den Zauberstab des Magiers auf der Bühne. Der dient nur zur Show, während ein echter Stab eine kreative Funktion im Transformationsprozeß ausübt. Beim Anschlagen der Kristallschale löst also ein »echter Stab« den heiligen Klang aus und bringt ihn zur physischen Manifestation.

Viele meinen, daß dem Stab im Zusammenhang mit der Kristallschale wenig Bedeutung zukomme, solange er nur den Klang erzeuge. Der Klang kann jedoch um so gezielter in die Welt entsandt werden, je mehr Bedeutung man dem Stab beimißt. Mit dem Stab machen wir den Klang manifest – wir erzeugen Klang, wo zuvor keiner war. Der Stab ist also weit mehr als nur ein Stück lederumwickeltes Holz oder Metall! Je mehr Bedeutsamkeit wir ihm zuschreiben, desto konzentrierter und präziser wird die durch ihn erzeugte Energie-Manifestation unseren Absichten dienen.

Klangstäbe sind Energiekanäle und erfordern als solche ebensoviel Pflege und Aufmerksamkeit wie die Schalen selbst. Nachfolgend sind verschiedene Varianten abgebildet, mit denen sich Kristallschalen bespielen lassen. Stellen Sie Ihren Stab möglichst selbst her; wenn das nicht geht, halten Sie ein Ritual ab oder geben Sie dem Stab etwas bei, das ihn für Sie persönlich zu etwas Einzigartigem und ganz Besonderem macht.

Typ A Typ B Typ C Typ D

Viele Stäbe sind ganz einfache Holzstangen, auf die vorne ein Gummistück aufgesetzt wurde. Simpel in der Herstellung und effizient in der Wirkung, erinnern sie uns daran, daß wir uns mit unseren Energien im Schöpfungsprozeß zunächst immer an das Einfache halten sollen. Dieser schlichten Form kann später noch größere Bedeutsamkeit verliehen werden. Schmücken Sie Ihren Stab ganz nach Wunsch mit Federn oder Farben oder bekleiden Sie ihn mit Steinen. Manche Holzarten lassen sich leicht schnitzen, und so habe ich in einem meiner Klangstäbe beispielsweise die Siegel der Erzengel der vier Himmelsrichtungen eingekerbt. Wie Sie auch immer Ihren Stab gestalten, tun Sie es überlegt. Machen Sie ihn zu etwas Persönlichem, denn er soll mehr als nur ein Stab sein. Er ist ein magisches Instrument im Schöpfungsprozeß.

Typ B ist eine andere, weit verbreitete Variante. Es handelt sich hierbei um ein schlichtes Kupferrohrstück mit beidseitiger Verschlußkappe und einer Wildlederumwicklung, die Reibung auf der Schale entstehen läßt und ihr so den Ton entlockt. Schneiden Sie ein Kupferrohr in der für Sie passenden Länge ab. Gewisse Kenntnisse in der Numerologie und über die richtige Bedeutung von Zahlen sind sicherlich von Vorteil, um die richtige Länge für den jeweiligen Zweck zu wählen. Suchen Sie sodann die Farbe des Wildleders aus, die Ihnen passend erscheint. Mit einem preiswerten Holz-Brenngerät lassen sich zusätzlich noch Muster in das Wildleder prägen. Um es nochmals zu unterstreichen: Wichtig ist vor allem, daß der Stab eine persönliche Note bekommt und für Sie zu etwas ganz Besonderem wird.

Typ C ist eine Abwandlung von Typ B. Er wurde von einer Bekannten aus Colorado/USA entworfen, die sich intensiv mit Kristallschalen beschäftigt. Bei der abgebildeten Ausführung wird ein Ende statt mit einer Verschlußkappe mit einem herausnehmbaren Stöpsel aus Wildleder versehen. Sie können auf einem Stück Pergamentpapier Affirmationen, Sehnsüchte, Gebete, Wünsche oder auch die Namen von Heilsuchenden niederschreiben. Dieses Papier rollen Sie zusammen, legen es dann in das Rohr und verstöpseln es mit dem Wildlederpfropfen. Beim Spielen der Schalen wird die Energie auf die notierten Gedankenformen gelenkt; mehr darüber in Kapitel 7.

Typ D ist eine herkömmliche Variante. Bei ihm lassen sich auf einer Seite oder beidseitig Kristallspitzen aufbringen. Damit erhält der Stab zusätzliche Kraft oder einen bestimmten Energiefokus.

Die Klangerzeugung mittels Schale und Stab ist von starker sexueller Symbolik. Sexuelle Energien sind physische Manifestationen von hochdynamischen spirituellen Energien, die den kreativen Schlüsselimpuls zum wahren alchemistischen Prozeß geben. Bei dem alten heidnischen Ritual wird ein Messer in eine Tasse gestellt, um damit die Vereinigung von Mann und Frau zu symbolisieren. Dies ist der Schöpfungsakt.

Wenn wir Stab und Schale benutzen, tun wir im Prinzip das

gleiche. Wann immer sich Männliches mit Weiblichem vereint, sei es im Geschlechtsakt oder auf anderen Ebenen, ist dies ein schöpferischer Prozeß. Die neuen energetischen Ausdrucksformen, die dabei entstehen, werden maßgeblich von den Gedankeninhalten bestimmt, mit denen sich der Mensch zum Zeitpunkt der Vereinigung beschäftigt.

Stab und Schale werden so zu einer Art Verlängerung unserer eigenen Energien. Sie erweitern und verstärken sie. Sie repräsentieren die Erneuerung des Lebens, die Verbindung von Sonne und Mond auf der Erde, damit das Heilige Innere Kind geboren werden kann.

Schale und Stab zusammen sind Symbole für Geburt und Initiation. Darin spiegelt sich die Vereinigung von Krone und Zepter, die Verbindung von Gegenpolen zur Hervorbringung eines neues Ausdrucks und neuer Harmonie. Die »heilige Hochzeit« wurde bei vielen Völkern als die Vermählung zwischen Gott und Göttin, Sonne und Mond oder Himmel und Erde gefeiert. Diese uralte Symbolik spiegelt sich in der Kristallschale wider: »Die Hochzeitssymbolik ist im Prinzip überall auf der Welt gleich ... Der Ring ist das Zeichen für Kraft und Würde; er nimmt das Symbol des Kreises auf, als Ausdruck von Ganzheit, Vollendung, Kontinuität und in weiterem Sinne Unvergänglichkeit. Diese Vollendung und Vollkommenheit, die man sich aus dem heiligen Bund erhofft, verpflichtet einerseits zu neuem Status und zu einem neuen Leben, läßt aber andererseits an der Fülle und Vollkommenheit eben dieses Lebens teilhaben.«[1] Und genau diese Gedanken werden mit Kristallschale und Stab versinnbildlicht.

1 Cooper, J. C., *Symbolism – The Universal Language*, Aquarian Press, Northhamptonshire, 1982, Seite 90.

Die Schaffung eines Heiligen Raumes

Die Kristallschale wird in der gleichen Weise gespielt wie die tibetische Klangschale. Der Stab umkreist die Schale, und die dabei entstehende Reibung erzeugt eine Schwingung, die als Klang aus dem Schoß der Schale heraustritt. (Eine ausführliche Anleitung zum Spielen der Schale erfolgt in Kapitel 7.)

In diesem Akt verbindet sich das Männliche mit dem Weiblichen, wie es von Stab und Schale symbolisiert wird. Es ist gleichzeitig ein Akt, der Ganzheit entstehen läßt. Wir sind alle eine Kombination aus männlichen und weiblichen Energien, die sich oft nicht im Gleichgewicht befinden. Mit dem Anschlagen der Kristallschale wird ein Ort und Raum der Heiligkeit geschaffen. Hier gibt es keine Trennung mehr zwischen Männlichem und Weiblichem, zwischen Tag und Nacht, zwischen Dunkelheit und Licht, zwischen Positivem und Negativem, zwischen Physischem und Spirituellem. Damit wird ein Zwischenreich ins Sein gerufen, in dem alles möglich ist.

Die stärkste Wirkung entsteht, wenn man den Stab kreisend am Schalenrand entlangführt; allein diese Bewegung hat schon eine starke Symbolik. Der Kreis ist das Symbol der Vollkommenheit, denn er hat weder Anfang noch Ende. Man kann an jeder Stelle im Kreis beginnen und kreativ werden. Die kreisende Bewegung erinnert an das Drehen von Rädern wie dem Rad des Lebens oder auch an die Bewegung von Sonne und Planeten. Der Kreis ist der Zeitzyklus des Universums, er schließt zugleich ein und aus. Er trennt das Innere vom Äußeren. Sobald wir gelernt haben, uns in Kreisspiralen zu bewegen, können wir vom Inneren zum Äußeren und umgekehrt gelangen.

Das Kreisen – sei es im Tanz, in einem Ritual oder beim Spielen der Kristallschale – stellt einen Schöpfungsakt dar. Wir schaffen zunächst im Geist einen heiligen Raum, einen Ort zwischen den Welten, wo sich die physische und spirituelle Ebene treffen und aufeinander einwirken. Die Schaffung oder Beschreibung eines Kreises wird im Hexenkult als das Aufbauen eines Kraftkegels bezeichnet. Dies erzeugt einen Wirbel.

Sobald die Schale gespielt wird, hören und fühlen wir den Klang, der um uns herum kreist. Er reinigt alles innerhalb des Kreises, stärkt ihn und öffnet die Pforten zu neuen energetischen Erfahrungen.

Das kreisende Streichen der Schale ist ein Symbol für das Zusammenspiel von Sonne und Mond – dem Männlichen und dem Weiblichen. Wenn sich das Innere mit dem Äußeren verbindet, die Sonne mit dem Mond, dann beginnt der Tanz des Lebens. Somit ist das Spielen der Schale eine geradezu ideale Vorbereitung für Meditationen oder Ritual. Es läßt einen heiligen Raum für höhere Kreativität entstehen.

Das Spielen von Kristallschalen ist Symbol für den sexuellen Akt und setzt auf rituelle Weise kreative Energie frei. Um diesen Prozeß ranken sich viele Symbole auf unserem Planeten. Eines der bekanntesten ist die Vereinigung von Mond und Sonne, wie in nebenstehender Abbildung veranschaulicht. Wer der Schaffung des heiligen Raumes noch mehr Gewicht verleihen möchte, kann Schale und Stab mit Symbolen versehen, die die höchsten Ziele und Bestrebungen widerspiegeln. Dadurch wird der kreative Akt intensiviert und in seiner Wirksamkeit gesteigert. Bringt man das Symbol von Sonne und Mond auf Stab und Schale an, so werden deren kreative Aspekte verstärkt.

Symbol der Vereinigung

Ebenso wie wir uns unsere Kristallschale und den Stab zu eigen machen müssen, indem wir sie mit persönlichen, für uns bedeutsamen Symbolen und Energien versehen, können wir auch zu unserem Ritual passende Symbole und Bilder auf die Schale malen. Wenn wir sie dann zum Tönen bringen, werden die durch diese Symbole repräsentierten Energien manifest und in Bewegung gesetzt. (Einige Schalen sind glatt und klar, so daß man leicht Symbole aufbringen und hinterher wieder abwaschen kann. Andere Schalen, besonders solche mit mehr als fünfundzwanzig Zentimeter Durchmesser, sind milchig und rauh an der Oberfläche. Da kann es sich schon mal als schwierig erweisen, die aufgezeichneten Symbole wieder zu entfernen, selbst wenn man wasserlösliche Farben genommen hat.)

Wenn wir eine Kristallschale erklingen lassen, setzen wir durch unsere Gedanken ausgerichtete Energien frei. Unsere Gedankenformen und ihre Richtung werden durch Symbole und Bilder oder die Formulierung unserer Absichten untermauert und fokussiert. Die Energie, die wir mit dem Klang der Schale freisetzen, läßt einen heiligen Raum entstehen, der unserem Vorhaben insgesamt dienlich ist.

Übung 15:
Die Herrscherin der Kristallschale anrufen

Beispiel von aufgezeichneten Symbolen zur zielgerichteten Lenkung von Energien. Solche Bilder verstärken den Vereinigungsprozeß von männlichen und weiblichen Kräften zur Schaffung neuer Ausdrucksformen.

Wenn Sie mit Ihrer Schale zu arbeiten und experimentieren beginnen, werden Sie mit einer mächtigen archetypischen Kraft in Kontakt kommen, die durch alle und hinter allen Kristallschalen wirkt. Wie wir später noch sehen werden, können Geistführer und Devas Sie in Ihrem Bemühen unterstützen, es zur Meisterschaft über Ihre Schale zu bringen. Die archetypische Kraft, mit der wir es hier zu tun haben, wirkt jedoch noch über diese hinaus. Ich will sie deshalb als »Herrscherin der Schale« bezeichnen.

Die mystische Kabbala unterscheidet zehn Ebenen, auf denen das Göttliche in der Welt und im Bewußtsein des Einzelnen wirkt. Zwei davon repräsentieren den Sitz der ursprünglichen männlichen und weiblichen Kräfte in uns (im Lebensbaum durch Binah und Chahkmah repräsentiert).

Die Brücke, die sie verbindet, ist mit der Tarotkarte der Herrscherin verwandt. Bei der Arbeit mit der Schale senden wir eine Botschaft an das Universum und in tiefere Schichten unseres Unterbewußtseins, die die in unserem Leben wirkenden ursprünglichen männlichen und weiblichen Kräfte in Balance halten.

Wie sich diese archetypischen Kräfte im Leben des einzelnen manifestieren, läßt sich oft nur schwer feststellen. Sie verschaffen sich ihren Ausdruck entsprechend unseren individuellen und einzigartigen Energien. Wenn wir also die Schale in einer bestimmten Absicht zum Tönen bringen, setzen wir damit zunächst unsere eigenen Energien frei, um sie im physischen Leben manifest werden zu lassen. Die Schale ruft die archetypische Kraft der Herrscherin an, damit ihre Energien stärker in unser Leben einfließen mögen.

Im Tarot ist die Herrscherin als schwangere Frau abgebildet, voller Leben und Ausdruckskraft. Sie ist es, die Segen in unser Leben bringt. Sie gibt uns die Chance, unser eigenes Glück zu erkennen und es dankbar anzunehmen. Sie ist es, die uns verstehen und begreifen läßt, daß durch das Weibliche (die erleuchtete Seele) der Christus in uns geboren wird. Sie ist es auch, die uns unsere kreativen Fähigkeiten zur Schaffung von Neuem in unserem Leben erkennen läßt. Über die Schale gewährt sie uns Einblick in den universalen Prozeß der Freude, Liebe und des Gestaltens – auf physischer wie spiritueller Ebene.

In dem Augenblick, in dem Sie Ihre Schale in Besitz nehmen, brechen Sie zu neuen Ufern auf und lassen Neues entstehen. Es werden sich Ihnen Tore und Möglichkeiten öffnen, die Sie nie zuvor gesehen oder erahnt haben. Verborgene Talente und Fähigkeiten kommen zum Vorschein und werden mit Leben erfüllt, und auf einmal können Imagination und Wirklichkeit verschmelzen. Ob Sie allerdings von diesen Möglichkeiten auch Gebrauch machen möchten, liegt einzig und allein bei Ihnen.

Dies beginnt, wenn Sie die Schale zum ersten Mal in Ihren

Händen halten. Und es ist wichtig, sich dieser Tatsache immerzu bewußt zu sein und die dabei mobilisierten Energien gebührend zu würdigen. Um dies zu tun, können Sie beispielsweise über die Tarot-Karte der Herrscherin meditieren. Visualisieren Sie, wie Sie in das Szenario der Karte eintreten, und warten Sie, bis die Herrscherin Sie begrüßt. Bedanken Sie sich bei ihr für ihren Beistand, und lassen Sie sich Wege weisen, wie Sie die Schale speziell in Ihrem Leben zum Einsatz bringen können. Als Vorbereitung zur Meditation und dem eigentlichen Klangerlebnis können Sie die Karte der Herrscherin die die Schale legen. (Analog hierzu kann man das Ganze natürlich auch mit jeder anderen Tarot-Karte machen. Die Wirkung der Karte verstärkt sich, und in einem solchen Ritual fällt es Ihnen leichter, sich mit ihrem Wesen zu verbinden.)

Uns darüber hinaus mit Mythen und Märchen über Geburten, insbesondere von Göttinnen, zu befassen und über deren tieferen Sinn nachzudenken, wäre eine Form der Anerkennung und Würdigung des Prozesses, den wir in Gang setzen.

Doch die Schale ist nicht nur ein wundervolles Instrument, das uns viel Freude bereiten kann, sondern gleichzeitig ein hervorragendes Medium für Anrufungen. Damit kann sie uns zu neuen Erfahrungen und zu mehr Verantwortung führen. Sie öffnet das Tor, damit wir die kreative Macht des Logos – des heiligen Klanges – kennenlernen. Mit zunehmender Übung und Vertrautheit werden auch Ihnen Heilung und Glück beschert ebenso wie die Gelegenheit, anderen Menschen zu helfen. Sie erkennen und begreifen, was es in Ihrem eigenen Leben zu verändern gilt. Sie werden Möglichkeiten sehen und wählen, was Sie für sich persönlich ins Leben rufen möchten. Sie werden den geistigen Führern und Engeln von Gesang und

Klang, und – was noch wichtiger ist – letztendlich auch der großen Kraft der Erzengel begegnen, die ich »die Herrscherin der Kristallschale« nenne.

1. Sorgen Sie bei dieser wie bei allen anderen in diesem Buch aufgeführten Übungen dafür, daß Sie ungestört bleiben. Hängen Sie das Telephon aus und so weiter.
2. Lesen Sie vor dieser Anrufung zuerst das Kapitel 7 durch, denn es ist wichtig, daß Sie sich zuvor mit der Schale vertraut gemacht und sie gereinigt haben. Nehmen Sie sich Zeit für die in Kapitel 7 beschriebene Übung »Den Klang in sich aufnehmen«, und beschäftigen Sie sich ausgiebig mit der Schale, so daß Sie deren Töne und ihre Wirkung auf Sie möglichst gut kennen.
3. Nachdem Sie sich nun mit der Schale angefreundet haben, reinigen Sie sie von unerwünschten Einflüssen. Wenn Sie möchten, können Sie auch das »rituelle Kristallschalenbad« durchführen. Denken Sie daran, daß jeder einzelne Aspekt Ihres Tuns Bedeutung hat. Je mehr Bedeutsamkeit Sie ihm zukommen lassen, desto stärker erfüllen Sie es mit Kraft.
4. Befassen Sie sich nochmals ausführlich mit dem Thema der Herrscherin. Wenn Sie Bücher über Tarot besitzen, lesen Sie darin alles über sie nach.
5. Nachdem die Schale gereinigt ist und Sie sich noch einmal ihre Bedeutung und die Symbolik des Stabes ins Gedächtnis gerufen haben, ziehen Sie sich mit Ihrer Schale, dem Stab und der Tarot-Karte der Herrscherin in Ihre Meditationsecke zurück.
6. Vielleicht zünden Sie noch eine Kerze an. Wählen Sie nach Möglichkeit eine grüne, denn dies ist die Farbe des Wachs-

tums und der Neugeburt. Falls Sie keine grüne Kerze haben, tut es auch eine weiße.

7. Setzen Sie sich bequem hin. Stellen Sie die Schale vor sich auf den Boden. Legen Sie den Stab griffbereit hinein. Betrachten Sie nun die Tarotkarte im Licht der Kerze und denken Sie daran, daß all ihre Aspekte Symbol für die archetypischen Energien der Neuentstehung und Manifestation sind.
8. Nachdem Sie das Bild verinnerlicht haben, nehmen Sie den Stab mit der rechten Hand aus der Schale und legen die Tarotkarte hinein. Schlagen Sie die Kristallschale dreimal sanft von außen an. Dieses »Läuten« ist ein Anruf zur Aufmerksamkeit und ein rituelles Öffnen des heiligen Raumes.
9. Halten Sie die Schale in Ihrer linken, der weiblichen Hand und fahren Sie mit dem Stab im Uhrzeigersinn kreisend am oberen Rand entlang. (Hat die Schale einen Durchmesser von mehr als fünfundzwanzig Zentimetern, stellt man sie besser auf den Boden, denn sie zu halten, wäre ziemlich beschwerlich!)
10. Wenn die Schale zu klingen beginnt, schließen Sie die Augen. Sehen und fühlen Sie den heiligen Klang, wie er Sie umkreist, sich spiralförmig dreht und einen Energiewirbel erzeugt. Wenn Sie das Kreisen des Klanges spüren und hören können, visualisieren Sie, wie sich nun vor Ihnen eine Tür bildet. Noch während sie vor Ihrem geistigen Auge entsteht, entfaltet sich darauf ein lebensgroßes Gemälde der Herrscherin. Sobald das Bild klar zu erkennen ist, hören Sie auf zu spielen. Wenn der letzte Ton verklungen ist, legen Sie den Stab zurück in die Schale und nehmen diese wieder auf den Schoß.

Anrufung der Herrscherin

Sie stehen vor dieser Türe, und ganz allmählich wird Ihnen bewußt, daß es sich nicht um ein Bild der Herrscherin handelt, sondern um ein offenes Tor, durch das Sie in das Szenario der Karte eintreten können. Ihnen wird klar, daß Sie jetzt dieses Tor durchschreiten müssen, so wie Sie beim Spielen der Schale den heiligen Raum geöffnet haben.

Sie treten über die Schwelle und sind auf einmal in Dunkelheit gehüllt. Im ersten Augenblick verspüren Sie Angst, denn Sie waren so sicher, hier noch kurz zuvor Gras und Bäume gesehen zu haben. Plötzlich nehmen Sie den süßen Geruch eines Sommertages wahr. Die Dunkelheit hellt sich auf, und Sie finden sich nackt auf einer grünen Wiese.

Aus der Ferne hören Sie das Rauschen eines Wasserfalls und das Zwitschern von Vögeln. Das Gras unter Ihnen ist weich und üppig. Ein Fluß schlängelt sich durch diese offene Wiese. Blüten in allen Farben und Düften erfüllen Ihre Sinne. In der Ferne erblicken Sie eine Frau von unermeßlicher Schönheit und Anmut. Sie sitzt auf einem Kristall-Thron und erfreut sich an der sich ständig erneuernden Schönheit des Lebens auf dieser Wiese. Sie trägt das Leben selbst in sich. In ihrem Schoß ruht ein Zepter in Form eines gleichschenkligen Kreuzes, das von der Kugel des Vollmondes gekrönt ist. Zu ihren Füßen befindet sich eine Kristallschale, in der uralte Symbole der vereinigten männlichen und weiblichen Kräfte des Universums eingraviert sind. Einige davon erkennen Sie, andere haben Sie noch nie gesehen.

Sie setzen sich ganz still vor sie hin. Sie legt das Zepter in die Kristallschale und beginnt zu sprechen. Obwohl Sie nicht alles verstehen, berühren die Worte Ihr Herz und erfüllen es mit Liebe und Freude.

»Leben zu geben bedeutet, den großen Gesang der Harmonie zu entdecken. Wer gibt, verwandelt das Leben aller, die er berührt. Leben zu schenken bedeutet, Gegensätzliches in Einklang zu bringen. Es bedeutet, Priester oder Priesterin des eigenen Lebens und MeisterIn der Heiligen Klänge des Lebens zu sein. Jeder von Euch muß seinen eigenen Weg finden, um kreative Harmonie zu schaffen und Neues hervorzubringen. Ihr mögt zwar alle diese eine kreative Kraft nutzen, doch jeder tut es auf seine Weise, denn der Weg des einen ist nicht der des anderen.«

Sie schaut Ihnen in die Augen und nimmt das Zepter aus der Kristallschale. Sie schlägt sie dreimal an, und Musik erfüllt die Wiese. Einen Moment lang hören Sie den Gesang des Flusses und den Chor der Bäume. Jetzt beugt Sie sich zu Ihnen vor und singt Ihnen ein einziges Wort sanft ins Ohr – ein Wort nur für Sie allein, ein Wort, das Sie zu Ihrem eigenen Kristallgesang und zur Lebensharmonie führt.

Behutsam nimmt sie Ihr Gesicht in beide Hände und haucht Ihnen mit einem zarten Kuß den Atem neuen Lebens ein. Dann dreht sie sich um und wandert über die Wiese fort, bis sie inmitten der Blumen und Bäume Ihrem Blick entschwindet.

Sie drehen sich um und sehen das Tor, durch das Sie eingetreten sind. Auf der anderen Seite sehen Sie sich selbst mit der Schale vor sich sitzen. Ihr physischer Körper erstrahlt in goldenem Licht, das zuvor nicht da war, und irgendwie ist alles von Sinn erfüllt. Sie gehen durch das Tor zurück und finden sich in meditativer Haltung sitzend wieder. Die Tür mit dem Abbild der Tarotkarte haben Sie wieder vor Augen.

Atmen Sie nun tief ein und aus und fühlen Sie, wie Ihr Körper nun stärker mit der Erde verbunden ist. Nehmen Sie Ihren Stab auf und fahren Sie damit kreisend über den Rand der Schale, diesmal allerdings gegen den Uhrzeigersinn. Während Sie das tun, löst sich das Bild der Tür allmählich auf, und Sie kehren ins Wachbewußtsein zurück. Sie spüren jetzt den festen Boden unter sich, sind ausgeglichen und energetisiert. Sie sind mit neuem Leben gesegnet, das Sie aus dem heiligen Raum und Ihrer Begegnung mit der Herrscherin der Kristallschale mitgebracht haben.

Als Sie nun dreimal die Schale anschlagen, um das Ritual zu beenden, hören Sie das ganz eigene Wort erneut in Ihrem Ohr erklingen – es will an das neue Leben und die neue Richtung für Sie und Ihre Schale erinnern.

7 Grundsätzliches zur Kristallschale

Schon lange bevor es Schriften gab, wurden Kristalle benutzt, um Zugang zu normalerweise nicht verfügbaren Energien zu erlangen, diese zu verstärken und weiterzugeben. Eine schier unermeßliche Vielfalt von Anwendungsmöglichkeiten hat sich inzwischen im Bereich der Klärung, Heilung und Kommunikation eröffnet.

Die sogenannten Multi-Use-, High-Tech- und High-Energy-Schalen wurden ursprünglich für die Halbleiterindustrie als Medium der Energiebündelung zur Herstellung von Kristall-Silizium-Chips entwickelt. Inzwischen sind daraus vielseitig einsetzbare, stark energetisierende Instrumente für den persönlichen Gebrauch entstanden.

Die Schalen sind in verschiedenen Größen von fünfzehn bis zu fünfzig Zentimetern Durchmessern erhältlich. Jede hat ihren eigenen, unverwechselbaren Klang, der herstellungsbedingt variiert. Obwohl jeweils ein Ton dominiert, entstehen beim Spiel der Schalen auch Obertöne. Sie treten gleichzeitig mit dem Grundton auf, sind aber gewöhnlich nicht wahrnehmbar. Würden wir beispielsweise beim Klavier die Filzauflagen wegnehmen und das mittlere C anschlagen, könnten wir beim Berühren der Saiten im Inneren des Klaviers feststellen, daß immer auch andere Seiten mitschwingen.

Die Beschäftigung mit Obertönen oder der Harmonielehre ist ein Weg zum besseren Verständnis der Wirkung und Bedeutung der Kristallschale. Jeder Klang hat Obertöne, sofern er nicht elektronisch erzeugt wird. Im allgemeinen können in der Musik vier bis fünf Obertöne wahrgenommen und identifiziert werden, doch die Obertöne reichen weit über den Hörbereich des menschlichen Ohrs hinaus. Wenn wir uns also der Musik, Worte, Gebete oder Klänge bedienen, um unser Leben zu bereichern oder unsere Einstellung dazu positiv zu verändern, müssen wir den Effekt der Obertöne beachten.

Was uns als ein einziger Ton, Klang oder ein Wort erscheinen mag, ist in Wirklichkeit eine komplexe Kombination von Tönen. Die Obertonreihe folgt keinem kontinuierlichen Schema. Sie bildet sich aus Quanten, wie der Energiezustand von Molekülen in der modernen Physik genannt wird. Die Atome sind dabei nicht kontinuierlich, sondern in Sprüngen verteilt; so ergibt sich beispielsweise im Gegensatz zu einer Entwicklung nach der chromatischen Tonleiter C, D, E ... aus dem Grundton des mittleren C der Oberton G. Und wegen eben dieser Obertöne, die bei unseren Gebeten und Affirmationen entstehen, bekommen wir manchmal mehr als das Erbetene, oder aber es manifestiert sich anders als beabsichtigt in unserem Leben.

Bei allen weiteren Erläuterungen zur Schale und deren Wirkungen sollten wir diese Grundsätzlichkeiten im Gedächtnis behalten. Doch beschränken wir uns nicht einzig und allein auf das, was schwarz auf weiß geschrieben steht. Es gibt immer Obertoneffekte, die sich auf jeden einzelnen etwas anders auswirken.

Die musikalischen Tonfolgen der Kristallschalen geben Raum für großen harmonikalen Reichtum. Wenn der intensive reine Ton auf das Ohr trifft, erzeugt er neue Schwingungen und zusätzliche Töne im Gehör selbst, die als aurale harmonikale Tonreihen bezeichnet werden. Wir hören Frequenzen, die im Originalton nicht existieren, denn das Ohr und der menschliche

Körper sind komplexe Umformer. Genau der gleiche Prozeß findet statt, wenn wir uns öffnen und uns auf eine höhere, spirituelle Schwingungsebene begeben. Sobald wir ein Talent in uns entfalten, öffnen sich andere wie von selbst, erblühen und wirken für uns. Das sind unsere spirituellen harmonikalen Tonreihen. Deshalb lassen sich Kristallschalen für den Entfaltungsprozeß des Menschen auch so vorzüglich einsetzen.

Kristallschalen gibt es in milchiger und klarer Ausführung. Erstere sind in allen der zuvor genannten Größen erhältlich. Eine klare Kristallschale von mehr als fünfundzwanzig Zentimetern Durchmesser habe ich bisher noch nicht gesehen. Dies hat vermutlich herstellungstechnische Gründe. Die klaren Schalen sind dünner als die milchigen; mit zunehmendem Durchmesser muß zwangsläufig auch die Stärke des Materials erhöht werden.

Man kann zwar einen geringen Unterschied zwischen den Tönen der milchigen und klaren Schale heraushören, aber letztlich ist die eine nicht besser oder schlechter als die andere. Oft werde ich gefragt, welche der beiden Versionen nun die wirkungsvollste oder nutzbringendste sei. Die Antwort darauf lautet: »Diejenige, von der Sie sich am meisten angezogen fühlen.« Eine klare Schale von zwölf Zentimetern Durchmesser bringt einen anderen Ton hervor als eine gleichgroße in milchiger Ausführung. Viel hängt dabei auch von der Höhe und Dicke der Kristallmasse ab.

Ob nun klar oder milchig – jede Schale erzeugt Obertöne, die wir nutzen können, um Harmonie herzustellen und die Übungen oder Rituale dieses Buches durchzuführen. Alle Kristallschalen lassen sich in jeder beliebigen Situation verwenden, sei es in der Heilung, im Ritual oder für andere hier beschriebene Zwecke. Sie lassen sich leicht und problemlos auf die individuellen Bedürfnisse des Benutzers einstellen. Sie brauchen also nicht gleich loszurennen und ein Vermögen zu investieren, um Schalen in allen möglichen Größen zu erstehen. Suchen Sie vielmehr eine für sich aus, deren Klang mit Ihren persönlichen Schwingungen übereinstimmt. Jeder, der schon einmal mit Kristallen gearbeitet hat, wird bestätigen, daß die Schalen gewissermaßen nach einem rufen; auch Sie werden das bald feststellen. Es wird Sie immer zu solchen hinziehen, die eine besonders starke Resonanz bei Ihnen auslösen. Das gleiche trifft übrigens auch für die Kugel zu.

Daß die Schalen auch Musikinstrumente sind, haben wir auf den vorangegangenen Seiten eingehend betrachtet. Je länger Sie mit einem Exemplar Ihrer Wahl arbeiten, desto vielfältigere Verwendungsmöglichkeiten werden Sie neben den in diesem Buch beschriebenen entdecken. Vielleicht finden Sie auch einfachere und unmittelbarere Ansätze für die verschiedenen, hier dargestellten Anwendungszwecke. Sie können lernen, die Schalen so zu spielen, daß sie eine Vielzahl von Klängen, Rhythmen und Effekten hervorbringen. Es ist immer besser, es zur Meisterschaft in einer Sache zu bringen, als auf vielen Gebieten Amateur zu bleiben.

Wie bringt man die Kristallschale zum Klingen?

Kristallschalen werden im wesentlichen auf zwei Arten zum Klingen gebracht. Zum einen kann man sie mit dem Stab seitlich anschlagen und damit einen glockenartigen Klang erzeugen. Dies ist eine gute Methode zum Beginn und Abschluß von Ritualen oder Meditationen; mehr darüber finden Sie in Kapitel 8. Weiterhin kann man den Stab an der Innen- und Außenseite der Schale entlang kreisen lassen, so daß sich eine Energiespirale aufbaut, deren Schwingungen teilweise hörbar sind und in eine bestimmte Richtung gelenkt werden können.

1. Schlagen Sie dreimal mit dem gummi- oder lederumwickelten Ende des Stabes sachte gegen die Innenseite der Schale. (Drei ist die Zahl der Kreativität und paßt zur Energie der Kristallschale. Aus der Vereinigung von weiblicher und männlicher Kraft geht stets eine dritte Kraft hervor. Es ist ein vortreffliches Ritual, das Sie sich generell als Auftakt zum Kristallschalenspiel merken können.)
2. Sie können sowohl innen als auch außen den Rand umkreisen; reiben Sie die Schale so lange, bis sie in der gewünschten Lautstärke erklingt. Wenn man sie allzu laut und allzu lange spielt und dadurch sehr starke Schwingungen erzeugt, kann die Schale brechen. Manchmal ist weniger mehr – dies gilt besonders für eine Kristallschale.
3. Mit zunehmender Fertigkeit im Erzeugen von verschiedenen Klängen werden Sie feststellen, daß zwei wahrnehmbare Töne vorherrschen. Der eine ist tiefer und natürlicher für die Schale, und der andere liegt eine Oktave höher. Die Tonschwingungen heben die Energie auf eine höhere Intensitätsebene ab.

   Verzweifeln Sie nicht, wenn Sie den höheren Ton nicht gleich treffen. Es dauert seine Zeit, ihn zu finden. Er läßt sich übrigens leichter mit Schalen von weniger als fünfundzwanzig Zentimetern Durchmesser hervorbringen. Ich habe auch herausgefunden, daß die Kristallschale bei Heilbehandlungen mancher Menschen den höheren Ton einfach nicht von sich geben will, ganz gleich wie sehr ich mich auch darum bemühe. Bei anderen Klienten hingegen singt sie überwiegend diesen höheren Ton. Ich habe eine Weile gebraucht, um zu erkennen, daß die Schale besser weiß als ich, welche Intensität der einzelne verarbeiten und nicht verarbeiten kann.

4. Bei manchen Schalen entstehen verschiedenartige Töne, je nachdem ob man den Stab entlang der Innen- oder Außenseite führt. In der Symbolik gibt es auch einen Unterschied. Wird der Stab an der Innenseite der Schale angesetzt, symbolisiert das die Einbringung der entschlossenen männlichen Kraft in die weibliche, durch die eine neue Energie geschaffen wird. Dies ist ein symbolischer Akt der spirituellen Vereinigung, der den Rückzug aus dem Äußeren unterstützt, um das Innere besser erkunden zu können. Es ist ein guter Weg und Lernprozeß, um sich den eigenen weiblichen Energien intensiver zuzuwenden und den Schoß des inneren Selbst zu berühren.
   Führen wir den Stab an der Außenseite der Kristallschale entlang, bringen wir damit die neuen Energien eher nach außen, in die physische Welt hinein, um sie dort stärker zum Ausdruck zu bringen, und nicht nach innen, hin zu unserer spirituellen Quelle. Anstatt in das göttliche Weibliche einzukehren, holen wir das göttliche Weibliche heraus, um ihm größeren Ausdruck zu verleihen. Das Meditieren über diese beiden Aspekte wird Ihnen sicherlich noch weitere Erkenntnisse erschließen.
5. Schlagen Sie nie mit dem Holz- oder Metallende des Stabes gegen die Schale. Bringen Sie sie auch nicht zum

»Dröhnen«, indem Sie sie zu stark anschlagen oder zu laut spielen. Die Schalen sind zwar in der Regel recht solide, aber sie können natürlich dennoch zerbrechen.

6. Wenn Sie zwei oder mehrere Schalen zum Tönen bringen, sollten Sie diese nicht zu nahe nebeneinander aufstellen, da sie die Nachbarklänge aufnehmen; ein Übermaß an Schwingungen aber kann sie zum Brechen oder Bersten bringen.
7. Legen Sie keine bloßen Steine, Ringe oder auch andere Schmuckstücke in die Schale hinein, wenn Sie sie erklingen lassen. Die erzeugten Schwingungen bringen die Objekte zum Klappern und setzen damit eine zweite disharmonische Vibration frei, die die Schale bersten läßt. Um Ringe, kleinere Steine und Kristalle darin aufzuladen, empfiehlt es sich, eine passende runde Lederunterlage (etwa acht bis zehn Zentimeter Durchmesser) hineinzulegen und die vorgesehenen Objekte darauf zu plazieren. Damit verhindern Sie, daß diese klappern und disharmonische Schwingungen erzeugen oder den Gesang der Schale stören.
8. Wegen ihres geringen Gewichts lassen sich einige Schalen nur schwer zum Klingen bringen, ohne daß man sie dabei festhält, denn unter dem Druck des Stabes auf die Wandung beginnt die Schale zu rutschen und bewegt sich. Um dies zu vermeiden, legen Sie einen Hartgummi-Ring unter, den Sie für wenig Geld in jeder Eisenwarenhandlung erstehen können, denn das stabilisiert sie, verhindert ein Wegrutschen und stört den Klang nicht.
9. Es wird oft danach gefragt, in welcher Richtung man den Stab kreisen lassen soll – im oder gegen den Uhrzeigersinn.

In beiden Fällen wird eine Energiespirale aufgebaut, die sich jedoch in unterschiedlichen Richtungen dreht und auch unterschiedliche Effekte mit sich bringt.

Die Bewegung im Uhrzeigersinn aktiviert Energien, ruft sie herbei und setzt sie frei. Diese Richtung repräsentiert mehr das männliche, nach außen hin wirkende Prinzip. Sie hat Zentrifugalkraft, denn sie führt Energie von innen nach außen ab; sie zieht das zum Physischen hin, was wir vom Spirituellen brauchen. Sie bringt Kraft ein, stärkt und stimuliert. In der Heilung mit Kristallschalen energetisiert diese Bewegung die Aura und stärkt den gesamten Harmonisierungsprozeß. In der Meditation erschließt sie uns neue Reiche und Energien und ruft diese zum Tanz des Lebens herbei.

Das Kreisen gegen den Uhrzeigersinn repräsentiert eine nach innen hin orientierte oder empfangene Energie. Die so geschaffene Spirale hat einen Sogeffekt. Sie saugt das äußere Bewußtsein in das innere hinein und ermöglicht gewissermaßen das In-sich-Hineingehen – besonders wenn zeitliche Zusammenhänge und Ereignisse aus vergangenen Leben beleuchtet werden sollen. Diese Bewegung aktiviert mehr die weiblichen Energien, erweckt ein besseres Verständnis für die Zeitlosigkeit und bringt die Verwobenheit von Vergangenheit, Gegenwart und Zukunft stärker ins Bewußtsein. In der Heilung bedient man sich ihrer, um dem Körper und der Aura negative Energien zu entziehen. Insgesamt wirkt sie stabilisierend und harmonisierend.

Beobachten Sie einmal, was passiert, wenn Menschen zum erstenmal eine Kristallschale zum Klingen bringen. Sie müssen keine Psychologen sein, um die Wirkung zu bemerken, so deutlich ist sie erkennbar. Jeder fühlt sich von den exotischen Klängen geradezu magisch angezogen. Wer zum erstenmal eine Kristallschale anschlägt, spielt sie vielfach eine Zeit lang gegen den Uhrzeigersinn und geht dann zur umgekehrten Richtung über. Unbewußt erdet er sich auf diese Weise, bevor er Energien aufnimmt. Etwas hat ihn offensichtlich angesprochen, so daß sich der Gesang der Schale für ihn auf optimale Weise entfalten kann. Welche Wirkung der Klang auf Passanten hat, die zufällig am Haus vorübergehen, ist ebenso interessant zu beobachten. Fast alle halten sie augenblicklich inne, wenn sie in die Nähe der Tonquelle kommen. Gehen sie dann weiter, so verrät uns ihr Körperausdruck viel über die Wirkung, die der Gesang der Schale auf sie ausgeübt hat. Ihr Gang gewinnt an Leichtigkeit und Beschwingtheit, die Augen werden wacher, und die Spannung weicht augenblicklich aus ihren Gesichtern. Welch bemerkenswerter Unterschied in der Erscheinung, auch wenn der Betreffende selbst sich dessen vielleicht gar nicht bewußt ist! Der Klang der Schale weist uns den Weg, wie Heilung idealerweise geschehen sollte – durch einen kraftvollen Energieaustausch ohne viel Aufhebens.

10. Nehmen Sie sich Zeit, den verklingenden Tönen noch eine Weile nachzulauschen. Bedenken Sie, daß jede Zelle im menschlichen Organismus ein Resonanzkörper ist und somit auf die Schale zu reagieren vermag. Die Klänge werden primär von den Zellen und der Wirbelsäule im Zusammenspiel mit den jeweiligen Chakren absorbiert. (Kapitel 8 enthält weitere Informationen zur Heilung mit Schwingungen.)

Reinigen und Energetisierung

Die Kristallschale läßt sich in vielfältiger Weise zur Reinigung und Energetisierung benutzen. Ihr Klang klärt und stärkt die Aura aller im unmittelbaren Umkreis befindlichen Menschen. Sie stabilisiert das Energiefeld und harmonisiert den Körper.

Man kann Kristalle und Steine darin aufladen. Doch geben Sie acht, wenn Sie während des Spielens Objekte in die Schale legen. Wie bereits an anderer Stelle erwähnt, kann dabei unter Umständen eine sekundäre Schwingung entstehen, die die Schale bersten oder zerbrechen läßt. Legen Sie also ein Stück Filz oder Leder unter die Kristalle, Ringe oder sonstigen Schmuckstücke, die Sie reinigen und energetisieren möchten. Die kombinierte Wirkung von Kristallenergie und Klang dringt bis in das primäre Muster des Objekts ein und löst beziehungsweise zerschmettert alle negativen Schwingungen, die sich in seinem Umfeld oder an seiner Oberfläche angesammelt haben.

Größere Stücke können Sie auch mit der Hand in die Schale halten. Das dürfte allerdings gewisse Schwierigkeiten bereiten, wenn Sie gleichzeitig den Stab kreisend um die Schale führen. Es ist einfacher und nicht weniger wirkungsvoll, wenn Sie die Schale einfach anschlagen. Vielleicht befestigen Sie das Objekt auch an einer Schnur oder Kordel und lassen es während des Spiels im Herzen der Schale baumeln.

Wasser läßt sich hervorragend in der Schale energetisieren und reinigen. Unser Trinkwasser ist weitgehend durch Umweltgifte kontaminiert und mit Chemikalien versetzt. Mit der Schale können wir es wirksam klären. Ein einfaches Experiment bringt es an den Tag: Nehmen Sie einen kleinen Papier- oder Plastikbecher und füllen Sie ihn mit Leitungswasser aus Ihrem Haus. Schmecken Sie das gezapfte Wasser ab, bevor Sie den Becher in die Kristallschale stellen. Schlagen Sie diese mehrmals an, aber lassen Sie jeden Ton erst verklingen. Sie können die Schale auch mit kreisendem Stab erklingen lassen; das funktioniert jedoch nicht immer, denn Größe und Gewicht des Bechers stehen dem unter Umständen entgegen.

Nehmen Sie den Becher anschließend aus der Schale und kosten Sie erneut das Wasser. Es sollte jetzt »milder« schmecken. Die negativen Effekte der Chemikalien sind neutralisiert, und der Klang hat das Wasser mit Kraft angereichert und seine Bekömmlichkeit verbessert.

Sie können die Kristallschale auch in der Mitte des Eßtisches aufstellen und sie zum Klingen bringen, wenn das Essen aufgetragen ist. Dadurch werden die Speisen energetisiert und bekömmlicher. Bei den am Tisch Sitzenden wird der Streß abgebaut und so der Verdauungsprozeß günstig beeinflußt.

Das Zusammenspiel von Klang- und Kristallemanationen hilft Negatives verwandeln und Positives verstärken. Das gilt für alle Bereiche unseres Alltags, wo immer es der Klärung, Reinigung und Energetisierung bedarf.

Wie bei allen Kristallen, müssen auch die Schalen regelmäßig gereinigt und aufgeladen werden. Dieser Vorgang hat einen zweifachen Sinn. Zunächst soll eine physische Reinigung stattfinden. Jedweder Schmutz und Staub in oder auf der Schale hat zur Folge, daß die enthaltene Energie beim Spielen in Bewegung gesetzt wird. Die Energie des Schmutzes wird vom Menschen absorbiert. Noch deutlicher wird dies, wenn wir im späteren Teil dieses Kapitels darüber sprechen, wie wir mit Hilfe der Schale unseren Gebeten und Affirmationen Kraft verleihen können.

Des weiteren soll die Kristallschale von ihr möglicherweise anhaftenden negativen Energien befreit werden. Alle kristallinen Strukturen haben eine elektromagnetische Schwingung und damit auch das Potential, Energie freizusetzen (elektrisch) und zu absorbieren (magnetisch). Dies ist ein wichtiger Aspekt für die Heilung mittels Kristallschalen, die im nächsten Kapitel beschrieben wird. Die Schale sollten Sie nach jeder Heilbehandlung reinigen, damit die aufgenommenen negativen Schwingungen nicht freigesetzt und von irgend jemandem, insbesondere von Ihnen selbst, absorbiert werden.

Für die physische Säuberung können Sie destilliertes Wasser und ein mildes, möglichst biologisch abbaubares Reinigungsmittel benutzen. Klare Schalen werden mit einem weichen Tuch abgewischt, und für die rauhe Oberfläche der milchigen können Sie eine Zahnbürste oder eine andere weiche Bürste nehmen. Nachdem Sie Ihre Schale sorgfältig abgewaschen und mit klarem Wasser nachgespült haben, stellen Sie sie nach draußen ins Freie. Den Stab können Sie natürlich nicht auf diese Weise behandeln. Es wird zweckmäßigerweise mit Räucherwerk oder Ölen gereinigt (siehe nachfolgende Anleitung).

Um die Schale von etwaigen feinstofflichen Energien zu befreien, können Sie jede beliebige Methode der Quarzkristallreinigung anwenden, so zum Beispiel:

1. Nehmen Sie ein Räuchermittel (aromatische Kräuter, Räucherstäbchen, Pulver), das klärend und reinigend wirkt. Weihrauch ist hochwirksam, ebenso wie eine Kombination aus Zedern und Salbei.

2. Die Blütenessenz der Poleiminze hat ebenfalls eine reinigende Wirkung auf Quarzkristalle. Nehmen Sie eine kleine Schüssel destilliertes Wasser und geben Sie fünf bis sieben Tropfen der Essenz dazu. Waschen Sie die Kristallschale innen und außen mit dieser Lösung ab; benutzen Sie dazu ein weiches, feuchtes Tuch.
3. Kristallschalen lassen sich auch gut mit Meerwasser reinigen, das die negativen Energien aus der Schale herauszieht. Diese spezielle Methode wird im »Rituellen Kristallschalenbad« thematisiert.
4. Nach der Reinigung ist es immer ratsam, die Schale zu energetisieren. Am besten stellt man sie dazu für ein bis zwei Tage nach draußen ans Licht. Wenn das in der Phase des Vollmonds geschieht, verstärkt das die Aufladung. Wir bedienen uns der Energien von Sonne und Mond (männlich und weiblich), eines Geschenks der Natur, um die Kraft der Schalen zu erneuern und zu vitalisieren. Es genügt, wenn dies alle paar Monate geschieht.

   Die Schalen müssen im Prinzip nicht oft aufgeladen werden. Benutzt man sie regelmäßig, werden sie allein durch das Spielen energetisiert. Wenn man sie allerdings vorwiegend bei der Heilung einsetzt, sollte man sie auch häufiger und in kürzeren Intervallen reinigen und aufladen.

Übung 16:
Den Klang in sich aufnehmen

1. Suchen Sie sich einen Zeitpunkt und Ort der Ruhe, an dem Sie ungestört sind. Nehmen Sie Ihre Kristallschale in die linke Hand, solange Sie sie von der Größe her bequem halten können; ansonsten stellen Sie sie vor sich auf den Boden oder nehmen sie auf den Schoß.
2. Schließen Sie die Augen, und spüren Sie in die Stille Ihrer unmittelbaren Umgebung hinein.
3. Halten Sie den Stab in der rechten Hand und schlagen Sie die Schale sachte von der Seite her an. Lauschen Sie dem Klang, der sich in die Stille ringsum ausbreitet. Warten Sie ein paar Sekunden, und wiederholen Sie dies ein zweites und ein drittes Mal.
4. Führen Sie den Stab nun kontinuierlich kreisend am äußeren Rand der Schale entlang und bringen Sie sie zum Klingen. Wenn sich der Ton aufbaut, können Sie die kreisende Bewegung verlangsamen, so daß sich der Klang stabilisiert. Spüren Sie, wie der Klang Sie einhüllt. Während Sie nun hören und fühlen, wie er sich im ganzen Raum kreisförmig weiter ausbreitet, spüren Sie, wie er jedes Atom Ihres Seins erfaßt.
5. Während Sie weiterspielen, achten Sie nun ganz bewußt auf sich selbst. Spüren Sie den Klang stärker in einer bestimmten Region Ihres Körpers? Assoziieren Sie gewisse Farben mit ihm? Ruft er irgendwelche Emotionen, Gedanken oder Vorstellungen in Ihnen wach? Wie fühlen Sie sich bei diesem musikalischen Erlebnis? Wie steht es um Ihren Atemzug? Können Sie sich konkret vorstellen, wie der

Klang Sie umkreist? Alle diese Gedankenansätze geben Ihnen Ideen für spätere Einsatzmöglichkeiten der Schale.

6. Legen Sie nun den Stab neben die Schale, bleiben Sie still sitzen, und gestatten Sie Ihrem Körper, den Klang aufzunehmen. Vielleicht schlüpfen Sie einmal in die Rolle eines Klangmagneten und ziehen so die Schwingungen des Kristalls in Ihr eigenes Energiesystem hinein. Spüren Sie, wie Sie aufgeladen und harmonisiert werden, wenn Sie die Töne in sich aufnehmen? Achten Sie genau darauf, wo Sie den Klang am stärksten empfinden, denn das kann Ihnen Aufschluß über Bereiche geben, die in Zukunft besonders bearbeitet werden müssen.
7. Experimentieren Sie mit der Schale. Anstatt sie einfach nur zum Klingen zu bringen, versuchen Sie ruhig einmal, sie als Glocke zu benutzen, indem Sie sie auf sanfte Weise anschlagen und ihr so eine Reihe von Tönen entlocken. Achten Sie auf die unterschiedlichen Effekte, die dabei entstehen. Merken Sie, wie der Klang jetzt eher pulsiert als kreist? Wie wirkt diese Pulsation auf Sie?
8. Führen Sie den Stab an der Innen- und Außenseite der Schale entlang, und achten Sie dabei auf den unterschiedlichen Klang und wie Sie ihn aufnehmen. Nehmen Sie einen Unterschied wahr, und wenn ja, welchen?
9. Stellen Sie die Schale vor sich auf den Boden. Bringen Sie sie zum Klingen. Wenn der Klang der Schale stärker wird, lehnen Sie sich zurück und spüren in sich hinein, welche Wirkung das auf Sie hat. Wiederholen Sie das Ganze, aber legen Sie sich diesmal ausgestreckt hin, so daß die Schale oben vor Ihrem Kopf steht. Bemerken Sie einen Unterschied, und wenn ja, welchen? Plazieren Sie die Schale

jetzt jeweils seitlich vom Körper, und wiederholen Sie den Vorgang. Es ist ein Versuch, sich auf die Schale einzustimmen und ihre verschiedenen Wirkungen auf Sie zu erkunden. Sobald Sie wissen, welchen Effekt die Art des Spielens und die Position der Schale zu Ihrem Körper auslöst, werden Sie auch erkennen, wie Sie sie für andere zur Heilung und Anhebung des Bewußtseins einsetzen können.

10. Der Umgang mit der Schale sollte Ihnen in erster Linie Freude machen. Bei all den technischen Erläuterungen darf nicht übersehen werden, daß wir es hier mit einem Musikinstrument zu tun haben. Am Ende Ihrer Erfahrungsreise werden Sie feststellen, daß Lernen auch Spaß machen kann, selbst wenn hin und wieder Ausdauer und Beharrlichkeit vonnöten sind, um sich das Reich der Klänge richtig zu erschließen.

Übung 17: Das rituelle Kristallschalenbad

Diese rituelle Reinigung kann als Vorbereitung für Zeremonien aller Art dienen, sollte aber auch unabhängig von persönlichen Ritualen möglichst regelmäßig durchgeführt werden, da die Schalen dabei auf ausgesprochen wirkungsvolle Weise gereinigt werden.

1. Lassen Sie Wasser in die Badewanne einlaufen.
2. Sorgen Sie dafür, daß Sie nicht gestört werden.
3. Legen Sie Ihre persönlichen Kristalle und Steine auf den Badewannenrand. Je mehr dort liegen, desto intensiver das Ritual.

4. Vielleicht möchten Sie eine besondere Atmosphäre schaffen und Kerzen anzünden oder Räucherwerk zur Klärung und Aromatisierung der Raumluft abbrennen lassen. Sie können auch ein paar Tropfen eines ätherischen Öls in das Badewasser träufeln. Lassen Sie Ihrer Phantasie freien Lauf!
5. Geben Sie eine Tasse Meersalz in die Wanne. Rühren Sie das Wasser um, damit sich das Salz auflöst und verteilt.
6. Schlagen Sie dreimal sachte gegen die Kristallschale, und steigen Sie in die Wanne.
7. Führen Sie den Stab in kreisender Bewegung am Schalenrand entlang und bringen Sie sie zum Klingen. Während der Klang langsam verhallt, legen Sie den Stab zur Seite und tauchen die Schale ins Wasser.
8. Es steht Ihnen frei, sich in die Wanne zu legen oder aufrecht sitzen zu bleiben. Denken Sie daran, daß dies ein Ritual ist und daß alles, was Sie tun, eine Bedeutung haben soll, um der Handlung Kraft und Magie zu verleihen. Sehen Sie sich selbst als den Stab und die Badewanne mit dem Wasser als die Schale an. Sie verkörpern die männliche Kraft, die sich mit der weiblichen vereint.
   Nehmen Sie die Schale zwischen die Beine, den Sitz ihrer kreativen, sexuellen Lebenskraft. Aus diesem Ort schöpfen wir die Energien, die wir brauchen, um neues Leben hervorzubringen.
9. Während Sie in der Badewanne sitzen, sinnen Sie über die Schale und ihre kreativen Energien nach. Meditieren Sie über sie als Symbol und Erweiterung Ihrer eigenen kreativen Lebenskraft. Machen Sie sich bewußt, daß auch Sie selbst in diesem Prozeß gereinigt und von Fremdenergien

befreit werden. So wie das Meerwasser der Schale alle negativen Energien entzieht, so befreit es auch Ihr Energiesystem davon. Sobald Sie den Eindruck haben, daß Sie und die Schale gereinigt sind, heben Sie sie aus dem Wasser und bringen Sie sie nochmals zum Klingen, bis die Töne ringsum verhallen.

10. Stehen Sie auf und duschen Sie sich und die Schale mit klarem Wasser ab. Schlagen Sie die Schale dreimal an, sprechen Sie ein stilles Dankgebet für die Reinigung und den Segen der Schale. Dann können Sie zum eigentlichen Ritual übergehen, sofern diese Übung als Vorbereitung diente, oder aber Sie wenden sich wiederum Ihrem Alltag zu – wissend, daß Sie physisch und spirituell gereinigt und energetisiert sind.

Übung 18: Gebetstechniken mit der Kristallschale

Da die Kristallschale mit heiligen Klängen arbeitet, ist sie ein ausgezeichnetes Instrument zur Manifestation der Energien von Gebeten und Affirmationen. Dies kann auf vielfältige Weise erfolgen; einige Techniken sind nachstehend beschrieben.

Zunächst ist wichtig, daß wir verstehen, wie Manifestation überhaupt funktioniert. Als multi-dimensionale Wesen müssen wir auf allen Ebenen Energie in den Manifestationsprozeß einbringen. Wir müssen Mentalenergie ebenso wie unsere Visualisierungs- und Vorstellungskraft nutzen. Wir müssen das, was wir manifest machen wollen, so betrachten, als sei es schon da. Tun Sie so, als würden Sie etwas aus einem Katalog heraussuchen. Sie müssen es mit allen erdenklichen Details vor sich sehen.

Gleichzeitig sind wir emotionale Wesen und müssen daher auch emotionale Energie in die Manifestation einbringen. Es handelt sich hier jedoch nicht um die Emotion des Wünschens, sondern vielmehr um die der Vorfreude, vergleichbar mit dem Gefühl, das uns begleitet, wenn wir etwas aus einem Katalog bestellt haben und nun ungeduldig auf den Paketboten warten.

Weil wir aber auch physische Wesen sind, reicht es nicht aus, nur zu visualisieren und uns auf das zu freuen, was wir manifest zu machen hoffen, denn sonst tritt entweder gar nichts ein oder es kommt derart verspätet und verzögert, daß wir schließlich aufgeben und uns sagen, das alles habe sowieso keinen Sinn. Wir müssen deshalb alles in unserer physischen Macht Stehende tun, um den Prozeß positiv zu beeinflussen. Wenn wir eine Arbeitsstelle wirklich haben wollen, sie also manifest machen möchten, und wir sie nur visualisieren und uns darauf freuen, ohne jemals Bewerbungsunterlagen, Lebensläufe und so weiter abzuschicken, werden wir sie nie bekommen.

Die Kristallschale bietet uns eine Möglichkeit, physisch aktiv zu werden, um die mentalen und emotionalen Energien verstärkt zum Tragen zu bringen. In ihrer Kombination bilden diese drei Komponenten den spirituellen Prozeß der Manifestation.

Selbst wenn wir unsere Energien auf allen drei Ebenen einsetzen, dabei aber eines der natürlichen Gesetze des Universums außer acht lassen, können wir den gesamten Prozeß blockieren beziehungsweise zum Scheitern bringen. Es geht hier in erster Linie um das Gesetz des Annehmens. Wir müssen bereit sein, das anzunehmen, was uns auf unsere Bitte hin gegeben wird. Das Gesetz beginnt in dem Moment zu wirken, in dem wir um etwas bitten oder etwas manifest machen möchten.

Wenn wir die Kristallschale benutzen, nimmt dieses Gesetz einen noch dynamischeren Verlauf. Die Schale erdet die Energien und setzt sie in Aktivität um, so daß das Universum einen Impuls zur Reaktion erhält. Wenn wir größere Fülle anstreben und manifest machen möchten, zeigt sich gewöhnlich innerhalb einer Woche, daß der Prozeß in Gang gebracht wurde. Vielleicht bietet Ihnen jemand plötzlich ein Projekt an, ein anderer macht Ihnen auf einmal Komplimente, und ein dritter backt Ihnen womöglich einen Kuchen. Es ist wichtig, diese Dinge zu honorieren. Nehmen Sie sie dankbar an, und tun Sie das Kompliment nicht mit einem Achselzucken ab. Nehmen Sie Hilfe an, und sagen Sie nicht gleich, daß Sie schon alleine zurechtkommen. Freuen Sie sich über die Komplimente, die man Ihnen macht, und über das, was man Ihnen sonst entgegenbringt. Wenn Sie die kleinen Dinge des Alltags nicht annehmen, wird Ihnen das Universum die großen gar nicht erst schicken. In dem Moment, in dem Sie die kleinen »Geschenke« annehmen, baut sich eine magnetische Anziehungskraft auf, die die größeren Geschenke heranzieht. Das trifft auf alles und jeden zu, was Sie durch Gebet oder Affirmation herbeisehnen oder mit einer der nachfolgenden Techniken manifest zu machen versuchen.

1. Bedienen Sie sich eines Stabes mit einseitig herausnehmbarem Stöpsel, wie er ausführlich im vorhergehenden Kapitel beschrieben ist. Legen Sie einen Wunsch, eine Affir-

mation oder ein bestimmtes Gebet, dessen Erfüllung für Sie und Ihr Leben große Bedeutung hat, dort hinein. Während Sie die Schale zum Klingen bringen, visualisieren Sie, wie die Affirmation in das Universum geschickt, in Ihren Alltag zurückkommt und erfüllt wird. Visualisieren Sie sie so, als sei dies bereits geschehen. Danken Sie für die Erfüllung. Visualisieren Sie Möglichkeiten, wie sie Ihnen und anderen im Alltag zugute kommen kann.

2. Um Fülle und Reichtum manifest zu machen, legen Sie etwas Goldenes in die Kristallschale und möglichst auch den Stab dazu. Wenn Sie die Schale spielen, schicken Sie die männliche und weibliche Kraft des Goldes gemeinsam hinaus, um eine neue Ausdrucksform von Gold und Reichtum in Ihrem Leben zu erzeugen.
3. Eine andere Technik zur Teilhabe an der Fülle besteht darin, eine goldfarbene Kerze zu benutzen. Eine kleine Votivkerze ist in dem Fall besonders wirkungsvoll. Sie sollten Sie anzünden und in die Schale stellen. (Verwenden Sie zu diesem Zweck vorzugsweise tropffreie Kerzen.) Wenn Sie die Schale nun zum Klingen bringen, vereinigen sich die Schwingungen der Kerze und Schale zu einer Kraft von Klang und Licht, um die Energien von Fülle und Reichtum freizusetzen. (Das läßt sich auch auf die Heiltechniken übertragen, die im nachfolgenden Kapitel beschrieben werden.)
4. Schreiben Sie Ihr Gebet oder Ihre Affirmation auf ein Stück Papier, und legen Sie dieses in die Kristallschale. Während der Klangentwicklung setzt es die notwendige Energie frei, um im Sinne des darauf Niedergeschriebenen zu wirken.

5. Man kann auch Düfte einsetzen, um die Schwingungsenergie von physischen, emotionalen, mentalen oder spirituellen Absichten manifest zu machen. In den nächsten beiden Kapiteln wird ausführlich darauf eingegangen. Im Moment aber sollten Sie einfach ein bestimmtes ätherisches Öl oder eine Blütenessenz auf den Rand der Schale reiben. Sobald die Schale klingt, setzt sich die Schwingung des Duftes und/oder der Blütenessenz frei und leitet so den Manifestationsprozeß ein.
6. Durch die Kombination verschiedener Schwingungstechniken wird ein synergetischer Effekt erzielt, so daß sich dadurch die Wirkung potenzieren und nicht rein summerisch verstärken läßt. Wenn wir beispielsweise Reichtum vermehren möchten, können wir Gold in Stab und Schale tun, eine schriftliche Affirmation dazulegen, den Rand der Schale mit ätherischem Lorbeeröl einreiben und eine goldene Kerze darin aufstellen. Damit bringen wir vier Methoden zur Anwendung, um die Energie von Fülle und Reichtum in Bewegung zu setzen. Das heißt aber nicht, daß wir damit den vierfachen Effekt erzielen. Im Gegenteil, die Energie erhöht sich in Potenz, was in unserem Fall gleichbedeutend ist mit 2^4 ist. Die Energie ist also sechzehnmal stärker als bei Anwendung von nur einer Methode.

Übung 19:
Die Geistwesen der Kristallschale

Der Umgang mit der Schale wird Ihnen helfen, den Schleier zu anderen Welten zu lüften. Dort leben jene geistigen Führer, Lehrer, Engel und Devas, die durch die Musik der Kristallschale zur Zusammenarbeit mit den Menschen herbeigerufen werden können.

Die Schale erschließt einen heiligen Raum. Und wo immer sich Energien zu Wirbeln verbinden, existiert auch die Möglichkeit, Menschliches mit dem Göttlichen zu verbinden und damit das Physische mit Nichtphysischem zu vereinen.

Während Sie sich also auf Ihre Schale einstimmen, werden Sie feststellen, daß die hervorgebrachte Energie je nach Art der Anwendung unterschiedlich ist. Es ist daher auch nichts Ungewöhnliches, bei jedem Einsatz von heiligen Klängen verschiedenen spirituellen Führern zu begegnen. Normalerweise gibt es jedoch einen primären Führer, der mit Ihnen über die Kristallschale kommuniziert.

Auch heute noch erzeugt die Vorstellung von geistigen Führern und Wesenheiten bei vielen – selbst bei Anhängern der Esoterik und der New-Age-Bewegung – ein mulmiges Gefühl. Die Existenz solcher Wesen und deren Hilfe für uns in der irdischen Welt ist von den verschiedenen Großreligionen dieser Erde jedoch nie bestritten worden. Im Gegenteil, sie ist ein integraler Bestandteil jener Weltanschauungen. Ob wir sie nun als Engel, Heilige, Ahnenwächter, Führer, Lehrer oder sonstwie bezeichnen, alle mystischen Erfahrungen mit Wesenheiten der spirituellen Welt sind Teil unserer gesamten globalen Evolution.

Daß sich dem einzelnen durch die Arbeit mit der Kristallschale Kontakte zu feinstofflichen Dimensionen eröffnen, ist ein weit verbreitetes Phänomen. Durch die Arbeit mit den heiligen Klängen wird gewöhnlich auch die Funktion des Kehlkopf-Chakras stärker angeregt. Dieses Zentrum wiederum ist mit unserer Fähigkeit der Kommunikation und des kreativen Ausdrucks gekoppelt. Es besteht auch eine Verbindung zur Gabe der Hellhörigkeit (das Hören von Klängen und das Kommunizieren mit anderen Wesenheiten und Dimensionen). Während Ihrer Arbeit mit der Schale werden Sie sensitiver für diese subtilen Kommunikationsformen, die von den meisten Menschen ignoriert oder gar nicht erst wahrgenommen werden. Ob wir nun von intuitiver Führung oder Verbindung zur geistigen Welt sprechen, spielt hierbei keine Rolle. Wichtig ist, daß wir diese Art von Kommunikation überhaupt anerkennen und sie richtig zu nutzen wissen.

Das bedeutet natürlich nicht, daß wir jegliche Erkenntnis oder Energie, mit der wir über die Schale in Kontakt treten, auch übernehmen sollten, so als sei sie in Stein gemeißelt. Alles und jedes muß kritisch hinterfragt und beurteilt werden. Dies gilt in besonderem Maße für Botschaften aus Bereichen, mit denen wir im allgemeinen nicht umzugehen wissen. Nur weil irgendeine Wesenheit behauptet, sie habe irgend etwas getan oder gehöre einer bestimmten Gruppierung an, muß das nicht unbedingt wahr sein. Der Sinn aller metaphysischen Studien liegt darin, das Bewußtsein in einer Weise zu schulen und zu erweitern, daß wir unsere Lebenserfahrungen in ihrem wahren Zusammenhang erkennen, Neues unvoreingenommen prüfen und möglichst kreativ und produktiv für unseren Alltag nutzen. Meinen Schülern sage ich daher immer wieder:

»Wenn der Tod das einzige Kriterium für die Erlangung von Weisheit wäre, würde keiner von uns mehr leben.«

Erwarten Sie nicht, daß nun auf der Stelle ein Geistwesen erscheint, sobald Sie die Schale zum erstenmal in die Hand nehmen. So funktioniert das nicht! Im Umgang mit der Schale wird Ihnen auf sanfte, jedoch zunehmend deutliche Weise bewußt, daß Ihnen Hilfe zuteil wird, und die Quelle jenes Beistandes wird sich Ihnen im Laufe der Zeit von ganz alleine offenbaren.

Wenn Sie mit den Geistführern Ihrer Schale in Kontakt kommen, machen Sie es sich zur besonderen Aufgabe, die eigene Energie täglich ins Gleichgewicht zu bringen und zu reinigen. Damit vermeiden Sie statische Informationen und energetische Verzerrungen. Bleiben Sie allzeit fest mit der Erde verbunden. Der Kontakt mit nichtphysischen Zuständen kann dazu führen, den Menschen von der Ebene des objektiven Alltags wegzuziehen, selbst wenn die Wesenheiten zu den höchsten ihrer Art zählen mögen.

Bitten Sie Ihre geistigen Führer, einzeln zu erscheinen. Gestatten Sie ihnen, sich auf eine ihnen gemäße Weise zu erkennen zu geben, beispielsweise in einer Farbe, einer bestimmten Berührung, eines Gefühls und so weiter. Erlauben Sie ihnen, sich so zu verhalten, wie es ihrem individuellen Wesen entspricht. Lassen Sie keine vorgefaßten Meinungen hochkommen. Wägen Sie ab, und seien Sie kritisch gegenüber allem, was diese Geistwesen an sie herantragen. Die wahren Führer erwarten das sogar von Ihnen und fühlen sich durch solche Tests keineswegs beleidigt.

Ihre Anwesenheit läßt sich mit normalen und paranormalen Sinnesorganen wahrnehmen. Wie wir gesehen haben, erzeugt die Schale einen Wirbel, der den Schleier zwischen den physischen und nichtphysischen Welten lüftet, und deshalb ist die Wahrscheinlichkeit auch größer, daß wir auf diese Weise ihre Gegenwart erfahren.

Viele Wesen stellen sich Ihnen eindeutig als männlich oder weiblich vor, aber auch das variiert je nach Gebrauch der Schale und Ihrer eigenen Empfänglichkeit. Zahlreiche Wesen sind auch androgyn, also weder wirklich männlich noch weiblich.

Wenn ein Wesen Eigenschaften zeigt oder Stimmungen verbreitet, die Ihnen nicht zusagen, schicken Sie es unmißverständlich fort. So wie Sie sich in der physischen Welt entscheiden können, mit wem Sie sich einlassen möchten, können Sie dies auch in der spirituellen Welt halten.

Stellen Sie mit Hilfe Ihrer Kristallschale eine Atmosphäre her, die Ihnen den Aufbau einer guten Beziehung zu den geistigen Führern erleichtert. Nutzen Sie sie als Auftakt zu Meditationen mit Geistführern und fragen Sie diese dabei auch um Rat für Ihre Freunde. Bitten Sie um Unterstützung und Informationen, und setzen Sie einen vernünftigen Zeitrahmen zur Erfüllung Ihrer Wünsche. (Das ist eine gute Möglichkeit, um zu überprüfen, wie potent ein Geistwesen wirklich ist.) Erkundigen Sie sich, wie Sie die Schale am vorteilhaftesten für sich und die Ihnen nahestehenden Menschen einsetzen können.

Die Geistführer, mit denen Sie über Ihre Schale in Kontakt kommen, strahlen eine ganz eigene Atmosphäre aus. Sie ist von einer starken Energie der Liebe und der Anteilnahme geprägt. Die geistigen Führer beeinflussen insbesondere die Gefühle jener Menschen, die sich mit der Kristallschale beschäftigen. Als Instrument für Wandlung und Übergang wohnt ihr die gleiche Dynamik inne wie den Geistführern, die durch die Schale wirken. Diese verfügen über starke kreative Energien, die unsere eigene Imagination und Intuition im Inneren stimulieren. Die Schale und die durch sie wirkenden Geistführer setzen einen Prozeß in Gang, der die vollkommene bewußte Vereinigung mit den feinstofflichen Ebenen und deren Kräften zum Ziel hat.

Übung 20:
Das Rad des Lebens

Mit dieser Übung lernen Sie, die Energien der Kristallschale richtig zu lenken und zu beherrschen. Sie führt in das kreisende Spiel im und gegen den Uhrzeigersinn ein und macht deutlich, welche Macht in den erzeugten Klängen liegt. Bedeutung und Zusammenhänge von Vergangenheit und Gegenwart sowie von Gegenwart und Zukunft werden für Sie erkennbar. Und vor allen Dingen ermöglicht sie Ihnen, die Räder Ihres eigenen Lebens besser in Gang zu setzen.

In dieser Übung geht es um das Fließen und Im-Fluß-Sein aller Dinge. Sie lernen, wie Sie den heiligen Klang dazu einsetzen können, um sich auf den Rhythmus des Universums einzustimmen und in den Strukturen von Mutter Natur zu bewegen. Sie hilft, schwere Zeiten leichter zu bewältigen und in manchen Bereichen des Alltags die Dinge wieder in Fluß zu bringen. Sie dient auch dazu, den Schleier zu lüften und Ihnen Einblick in Sinn und Zweck der Höhen und Tiefen Ihres Lebens zu gewähren.

Das Bild vom Rad des Lebens paßt gut zur Kristallschale. Über die Bedeutung des Kreises haben wir bereits gesprochen, doch es verbindet sich mit ihm zudem auch das Drehen des Lebensrads. Wenn Sie die Schale zum Klingen bringen, setzen Sie gleichzeitig jene Räder in Bewegung, die den Manifestations- und Lernprozeß in Ihrem eigenen Leben steuern und beherrschen. Sie lernen, das Rad des Lebens zu betätigen – nicht wie ein Roulette-Rad, sondern wie eines, das sich spiralförmig höher und höher windet und dabei die Möglichkeit des Versagens mehr und mehr hinter sich läßt.

Die Manifestation und den Einsatz des heiligen Klanges in dieser Weise zu beherrschen, ist nicht einfach. Zeit und Ausdauer sind erforderlich, aber die Kristallschale ist eines der hilfreichsten und wirkungsvollsten Medien auf diesem Weg.

Das Rad des Lebens wird manchmal auch als Rad des Schicksals bezeichnet und ist als solches auch im Tarotdeck abgebildet. Wie bei allen Radsymbolen, stellt die Karte eine Vielfalt von Energien dar. Die richtige auszuwählen und zu kontrollieren, erfordert einen schwierigen Lernprozeß, den wir mit Hilfe der Kristallschale viel leichter bewältigen können.

Wird diese Tarotkarte und ihre Symbolik zusammen mit der Kristallschale benutzt, werden Energien freigesetzt, die die Tore zu Ruhm und Glück öffnen können. Auf diese Weise kann gleichzeitig das Gesetz von Aufstieg und Fall in Kraft treten, und wir lernen die Wichtigkeit der Synchronizität kennen – daß Dinge eben zu einer Zeit und auf eine Art und Weise geschehen, wie sie für uns als Individuen am besten sind. Jeder Mensch hat seinen eigenen, ganz spezifischen Rhythmus, und wenn wir Erfolg im Leben haben möchten, müssen wir diese Tatsache anerkennen und sie uns bestmöglich zunutze machen.

Diese Übung können Sie regelmäßig durchführen, um die Ihrem Leben zugrundeliegenden Rhythmen zu erkennen. Gleichzeitig wird auch Ihre Sensibilität und Ihre Wahrnehmungsfähigkeit geschult, so daß Sie solche Schemata leichter identifizieren können. Sie zeigt Ihnen, daß der Same nur aufgehen kann, wenn man ihn pflanzt, und daß er sodann eine gewisse Keim- und Wurzelbildungszeit braucht, bis sich Wachstum offenbart.

Mit dieser Übung können Sie auch die Muster Ihrer Vergangenheit durchschauen, damit Sie sie in der Zukunft nicht wiederholen. Vor allen Dingen werden Ihnen Wahlmöglichkeiten aufgezeigt. Der Erfolg in unserem Leben ist weitgehend dadurch bestimmt, inwiefern wir unsere Entscheidungen aus dem Herzen heraus treffen.

Mit dieser Übung läßt sich auch der Erkenntnisprozeß einleiten, daß in unseren physischen Dimensionen göttliche Gesetze wirken. Auch Sie werden die Bedeutung der Höhen und Tiefen in Ihrem Leben besser verstehen und erkennen, wie wichtig Krisen für Sie sind; gleichzeitig werden Ihnen die Möglichkeiten zu deren Bewältigung aufgezeigt.

1. Wählen Sie einen Zeitpunkt, der keine unliebsamen Störungen verheißt.
2. Meditieren Sie zur Vorbereitung über die Tarotkarte »Rad des Schicksals«.
3 Für diese Übung müssen Sie die Schale sowohl visualisieren als auch physisch benutzen.
4. Nehmen Sie sich Zeit zur Entspannung. Atmen Sie ein paarmal bewußt ein und aus, oder führen Sie eine progressive Muskelentspannung durch.

Wenn Sie innerlich ruhig werden, klopfen Sie zwölfmal an die Schale, so als würde eine Uhr in der Ferne schlagen. Sobald der Klang gänzlich verhallt ist, beginnen Sie sie kreisend im Uhrzeigersinn zu spielen. Führen Sie den Stab zwölfmal am Schalenrand entlang. Lassen Sie den Gesang nachklingen, bis er gänzlich verstummt. Danach umkreisen Sie die Schale zwölfmal in gegenläufiger Richtung.

Während die Schale dabei ihren Gesang erklingen läßt, visualisieren Sie sich selbst inmitten von tiefblauen und -roten Farben. Spiralformationen in Rot wechseln in Spiralformationen in Blau und hüllen Sie ein. Sehen Sie die Zeitabläufe vor Ihrem geistigen Auge, wie sie in der Natur widergespiegelt sind.

Lassen Sie den Stab noch einmal im Uhrzeigersinn am Schalenrand entlang kreisen, und stellen Sie sich dabei vor, wie hinter der blauen Spirale eine Sonne aufgeht und ihre Strahlen auf einen Baum wirft, der den jahreszeitlichen Wechsel von Frühling, Sommer, Herbst und Winter reflektiert. Dem Sonnenlauf am Firmament folgend, beginnen die Blätter zu sprießen, nehmen dann ein tiefes Grün an, das sich herbstlich verfärbt, bis die Blätter schließlich zur Erde fallen. Die kahlen Äste des Baumes bedecken sich mit Schnee, der dann zu schmelzen beginnt, und die ersten Knospen des Frühlings zeigen sich wieder. Vor Ihren Augen geht eine Jahreszeit in die andere über, ein Jahr in das nächste. Alle folgen sie dem gleichen Schema, haben den gleichen Rhythmus und Zyklus. Jetzt bemerken Sie, daß die Jahreszeiten entsprechend den Spiralformationen von blau und rot wechseln. Wie die Farben sich spiralförmig ineinanderdrehen, wandelt sich auch der Baum.

Sie lassen den Stab sinken und den Klang verhallen. Im Verklingen löst sich auch das Bild der Sonne und des Baumes auf.

Es bleiben nur noch die roten Energiespiralen. Nun nehmen Sie das Spiel erneut in gegenläufiger Richtung auf. Im Klang der Schale zeigt sich der aufgehende Mond vor dem Hintergrund der Farben. Während Sie weiterspielen, wechselt er von Neu- zu Voll- und wieder zu Neumond und durchschreitet dabei alle Zwischenstadien. Und mit der Zeit erkennen Sie den Rhythmus, nach dem sich auch die roten Spiralen drehen.

Sie hören auf zu spielen, und in dem Moment beginnt der Mond zu verblassen. Nun schlagen Sie abermals zwölfmal sachte gegen die Seite der Schale. Mit jedem Schlag wechselt das Szenario und wird immer klarer und deutlicher. Himmel und Erde sind mit blauen und roten Farbtönen erfüllt. Es ist, als hätten Sie eine Leere entdeckt, in der alles auf Erden zu schweben scheint. Über Ihnen leuchten Sonne und Mond. Rings um Sie auf der Erde sehen Sie Uhren aller Formen und Größen: Die Uhr des Großvaters, Kuckucksuhren, Armbanduhren und so weiter … Sie hängen an Bäumen und sind in Felsen eingelassen. Die gesamte Landschaft hat etwas Surreales, eine gewisse Ähnlichkeit mit einem Bild von Salvador Dali.

Bei einigen Uhren bewegen sich die Zeiger im Uhrzeigersinn und rasten bei jedem Ticken hörbar ein. Bei anderen drehen sie sich in entgegengesetzter Richtung. Manche laufen und laufen, ohne jemals anzuhalten, und einige scheinen völlig stillzustehen. Sie gehen näher heran und entdecken, daß sich im Zifferblatt jeder Uhr eine Episode Ihres Lebens spiegelt: Hier sehen Sie die Schulzeit, dort Ihre Beziehungsmuster, an anderer Stelle Ihren Umgang mit Geld, und an wieder anderer Stelle Ihren Weg von einer Inkarnation in die nächste.

In diesen Zeitausschnitten werden die Muster und Rhythmen Ihres gesamten Lebens ersichtlich. Nur wenn Sie sie alle in Harmonie bringen, kann wahre spirituelle Erleuchtung geschehen. In dem Maße, wie Sie daran arbeiten, die Zeiger der Uhren zur Synchronizität zu führen, wird sich auch Ihr »Schicksal« wandeln.

Jetzt berühren Sie die Uhren und versuchen, mit den Fingern die Zeiger der verschiedenen Uhren synchron zu stellen. Sie führen die Zeiger und verlangsamen dabei die einen, während Sie andere beschleunigen. Sehen Sie sich noch einmal um. Es gibt so viele Uhren, so viele Rhythmen, so viel zu tun. Und jetzt verstehen Sie und wissen: Erst wenn Sie die unterschiedlichen Rhythmen in den Griff bekommen und beherrschen, werden Sie alle Zeit der Welt haben.

Bei dieser Erkenntnis erklingt ein sonores Glockengeläut, als ob die große Uhr des Universums um Ihre Aufmerksamkeit bitten wollte. Sie blicken zum Himmel auf und sehen, wie Sonne und Mond ineinander übergehen und miteinander verschmelzen. Der Anblick läßt Sie schaudern vor Erregung. Er erinnert Sie daran, daß alles möglich ist und Schranken oder Begrenzungen nur dann entstehen, wenn man sie sich selbst auferlegt oder von anderen auferlegen läßt.

Während Sie Ihre Aufmerksamkeit wieder zurück zur Erde bringen, entschwinden die Uhren aus Ihrem Blick. Sie bleiben in der Verwirbelung blauer und roter Energiespiralen stehen. Nun schlagen Sie die Schale zwölfmal sachte an. Mit jedem einzelnen Schlag schwinden Blau und Rot ein wenig mehr, und schließlich finden Sie sich wieder in Ihrem eigenen Zimmer und kehren in den Alltagsrhythmus zurück – jenen Rhythmus, der in Zukunft stärker für Sie und nicht länger gegen Sie wirken wird.

8 Die Magie der heilenden Klänge

Alles in unserer Welt ist Ausdruck von Energie in der einen oder anderen Form. Wenn sich ähnliche Energieschwingungen verbinden, ist das der »Stoff«, aus dem Materie gemacht ist. Alle Materie besteht aus Teilchen, den sogenannten Atomen. Diese wiederum setzen sich aus feinsten elektromagnetischen Energieschwingungen zusammen, den sogenannten Protonen und Elektronen.

Atome sind in ständiger Bewegung, egal ob es solche sind, die einen Stein ausmachen, oder jene, die Luftmoleküle beziehungsweise den menschlichen Körper bilden. Sie ziehen ähnlich schwingende Atome an, verbinden sich mit ihnen und formen Moleküle, aus denen letztendlich die gesamte Materie unseres Universums besteht.

Alle Organe, jedes Gewebe, alle Muskeln und so weiter in unserem Körper sind aus ähnlich schwingenden Atomen gebildet. Wenn beispielsweise ein falsches Nahrungsmittel in unseren Organismus gelangt, ändert sich dadurch das normale Schwingungsmuster des betroffenen Organs, des Systems oder auch des ganzen Körpers. In solchen Momenten braucht der Organismus etwas, um wieder zu seinem ursprünglichen Rhythmus zurückzufinden. Erst wenn das Gleichgewicht in den außer Takt geratenen oder erkrankten Zonen wiederhergestellt ist, kann sich wahre Gesundheit einstellen.

Wissen wir, welches Schwingungsmuster für die kranke Zone »normal« ist, können wir eine Energiefrequenz dort hinschicken, damit das Gleichgewicht wieder hergestellt ist. Unterschiedliche Klänge, Farbtöne, Gedanken, Steine oder Düfte erzeugen unterschiedliche Schwingungsfrequenzen, die zur Heilung eingesetzt werden können. Senden wir die passende Energiekonzentration in die Problemzone, so gelingt es uns, sie vorübergehend ins Gleichgewicht zu bringen. Der Körper kann sich dann selbst gezielter der Toxine, Negativaspekte und anderer Energiemuster entledigen, die die Lebensprozesse auf allen Ebenen behindern. Der Energiefluß ist wieder im Lot.

Der Mensch ist sowohl ein biochemisches als auch ein elektromagnetisches Energiesystem. Wir können unseren Körper nicht länger entweder als das eine oder das andere System betrachten. Wir müssen die Interaktion beider Energieformen begreifen lernen. Ebenso wie es biochemische Prozesse im Organismus gibt, finden darin auch elektromagnetische Abläufe und Emanationen statt.

Schwingungsheilmittel wirken nach verschiedenen Prinzipien. Das erste ist das Prinzip der Resonanz. Resonanz ist die Fähigkeit einer Schwingung, sich auszubreiten und bei allem ähnlich Schwingenden eine Reaktion auszulösen. Die verschiedenen Organe und Systeme des Körpers resonieren mit unterschiedlichen Schwingungen. Man kann spezifische Farben, Klänge oder elektromagnetische Frequenzen benutzen, um auf die Organe und Systeme einzuwirken. Ist ein Organ oder System krank, das heißt aus der normalen Schwingungsfrequenz geraten, können wir ein Schwingungsheilmittel einsetzen, um das Gleichgewicht, also die Normalität, wiederherzustellen. Von einer forcierten Resonanz spricht man immer dann, wenn eine stärkere oder primäre Schwingung auf eine andere oder schwächere Frequenz projiziert wird, um dieser ein anderes Muster »aufzuzwingen«. In einem solchen Fall zwingt die stärkere Schwingung die schwächere in ein der Gesundheit des Körpers entsprechendes Muster.[1]

Die beiden Schwingungen pendeln sich aufeinander ein und werden schließlich phasengleich. Bei der Kristallschale bewirkt die Oszillation des Klanges und die dadurch hervorgerufene Resonanz im menschlichen Körper eine Mikromassage der Systeme, Gewebe und Zellen. Das wiederum führt zur Harmonisierung aller Abläufe, optimiert den Blutkreislauf und den Stoffwechsel, stabilisiert das endokrine System sowie alle Chakren und bringt uns in Einklang mit unserem Höheren Selbst.

Heilende Schwingungen sprechen beide Aspekte des menschlichen Energiesystems an und gehören damit zu den effizientesten Behandlungsformen überhaupt; mit ihnen läßt sich der normale Energiefluß im und durch den Körper wiederherstellen. Schwingungen, die von außen auf uns projiziert (wie im Fall der Kristallschale) oder eingenommen werden (zum Beispiel in Form von Blüten- und Edelsteinelixieren, die im nächsten Kapitel ausführlich behandelt werden), folgen einem spezifischen Weg zur Wiederherstellung der Homöostase. Von externen Quellen erzeugt, wie beispielsweise bei Klang- oder Farbprojektionen, durchdringen solche Schwingungen zunächst die den Körper umhüllenden feinstofflichen Energien und wirken ausgleichend und harmonisierend darauf, so daß diese noch mehr Energie in den Körper hineinziehen könen.

1 Dieser Aspekt der Resonanz erklärt auch die Sympathie und Antipathie, die wir anderen Menschen gegenüber empfinden. Hier können wir ansetzen, um unsere persönlichen Schwingungen so zu verändern, daß wir uns auf die in den spirituellen Reichen und Dimensionen vorherrschenden Frequenzen einstimmen können.

Das Mittel interagiert sodann mit den Chakren und sorgt für eine ausgewogene Schwingungsfrequenz. Von den Nadis in den Chakren strömt die Energie durch die Meridiane und durch das Nervensystem, wo die eigentliche Interaktion mit dem physischen Körper stattfindet. Ein elektromagnetischer Strom wird erzeugt, der einen Austauschprozeß zwischen Kreislauf und Nervensystem ermöglicht und anschließend in die Problemzone gelenkt wird.

Genaugenommen lösen die heilenden Schwingungen einen Welleneffekt aus, der sich durch die äußeren, den Körper umgebenden Energiebänder bis hinein in die jeweilige Zone oder das System fortpflanzt, zu dem die stärkste Resonanz besteht. Und genau dort stellt es die Balance wieder her. Bei Blüten- oder Edelsteinelixieren wirkt die Schwingung von innen her; sie breitet sich dann wellenartig nach außen aus und stellt den Energiefluß, den Einklang und die Balance wieder her.

Durch heilende Schwingungen lassen sich Energieblockaden in den unterschiedlichen Frequenzbereichen auflösen. Wenn das Mittel bei einem physischen Leiden eingesetzt wird, werden die in der Problemzone angesammelten Toxine durch diesen Prozeß gelöst und ausgeschieden. Es kann vorkommen, daß diese toxischen Frequenzen dann bis an die äußere Grenze des aurischen Feldes zur Reinigung gedrängt werden. Da sie aber durch den Geist wieder in den Körper hineingezogen werden können, ist eine fachkundige Beratung und Aufdekkung der Krankheitsursachen unabdingbar und letztlich entscheidend für den Heilungsprozeß. Es muß sowohl auf der emotionalen als auch auf der mentalen Ebene gearbeitet werden, um die Muster zu durchbrechen und zu korrigieren, die zu der jeweiligen Situation geführt haben.

Die Chakren (siehe Kapitel 5) haben eine Schlüsselfunktion bei der Verwendung heilender Schwingungen und bei der Arbeit mit den heilenden Klängen der Kristallschale. Sie sind die primären Mittler und Verteiler aller in den physischen Leib und seine Systeme einfließenden Energien. Sie hängen mit dem Körper über das endokrine und Nerven-System zusammen, und wenngleich sie nicht als Teil des physischen Organismus gelten, haben sie eine ganz enge Verbindung dazu.

Es gibt in der Tat Hunderte von Energieverteilungszentren, die mit dem physischen Leib zusammenhängen, doch man spricht im allgemeinen von sieben primären und einigen ebenfalls sehr wichtigen sekundären Zentren. Ihre genaue Lage ist umstritten, je nachdem, ob man sich der westlichen oder östlichen Schule anschließt. Die unterschiedlichen Auffassungen rühren daher, daß die Menschen in den verschiedenen Teilen der Welt ihre Energien jeweils unterschiedlich nutzen.

Die Chakren oder »Räder«, wie sie im Sanskrit heißen – man beachte die symbolische Verbindung zur Schale! – lenken unsere elementare Lebenskraft in die einzelnen Zonen und Systeme unseres physischen Körpers. Sie helfen dabei, die Energie, die wir aus der Nahrung, und aus der Luft beziehen, aufzunehmen und in die verschiedenen Bereiche des Organismus zu schleusen. In und um uns herum fließt mithin ständig Energie, die unser individuelles Energiefeld aufbaut.

Als Zentren der elektromagnetischen Energie reagieren die Chakren hochempfindlich auf die Einflüsse von heilenden Schwingungen. Wenn wir wissen, welche Funktionen des Körpers welchen Chakren zugeordnet sind, können wir die passenden Schwingungen einsetzen, um die Homöostase bei physischen Beschwerden wiederherzustellen.

Das ist ein kritischer Punkt bei der Arbeit mit Schwingungen. Bei einer physischen Störung, also einer Unausgewogenheit im normalen Energiefluß (Blockade oder Überaktivität), hat der Körper eine doppelte Aufgabe. Er muß zunächst in der betroffenen Zone die Balance wiederherstellen und sich dann an die Korrektur dessen begeben, was die Unausgewogenheit erzeugt hat. Schwingungen, insbesondere Klänge, unterstützen diesen Prozeß äußerst wirkungsvoll.

Die Chakren sind mit den Nervenganglien entlang der Wirbelsäule und mit den endokrinen Drüsen verbunden, so daß die von ihnen verteilte Energie in die ihnen zugeordneten Organe fließen kann. Die Chakren strahlen sowohl nach vorne als auch nach hinten über die physische Begrenzung des Körpers hinaus aus; es handelt sich dabei um kleine Energiewirbel, die mit wissenschaftlichen Methoden meßbar sind. Bei einem gesunden Menschen rotiert der Energiewirbel im Uhrzeigersinn und transportiert beziehungsweise verteilt die Energie für den Bedarf des Organismus. Wenn die einzelnen Wirbel jedoch nicht harmonisch und ordnungsgemäß funktionieren, verlangsamt sich diese Rotation oder wird sogar gegenläufig. Daraus entstehen physische, emotionale und mentale Unausgewogenheiten. Die Kristallschale hat sich bei der Wiederherstellung der korrekten Drehung und Funktion der Chakren bestens bewährt.

Die Wirkung der einzelnen Kristallschalen

Je nach Form, Größe und Klarheit und Spielart entstehen unterschiedliche Klänge, denn schließlich sind Kristallschalen ja Musikinstrumente, denen man die verschiedensten Töne entlocken kann. Im Prinzip ist jede Ausführung überall einsetzbar. Ebenso wie Quarzkristalle für bestimmte Zwecke programmierbar sind, so sind es auch die Schalen. Natürlich mag es bei der einen oder anderen Ausführung leichter fallen, bestimmte Effekte zu erzielen, doch letzten Endes lassen sie sich alle programmieren und bei den in diesem Buch beschriebenen Übungen verwenden. Man muß also nicht gleich einen ganzen Satz kaufen.

Nachfolgend werden zwar bestimmte Wirkungen einzelner Schalengrößen herausgestellt, aber es handelt sich dabei nur um Hinweise darauf, daß es bei einer bestimmten Schalengröße eben einfacher ist, den beschriebenen Effekt zu erzielen. Mit zunehmender Praxis läßt sich dieser aber mit jeder beliebigen Größe erreichen. Alles hängt von Ihrer Bereitschaft ab, mit der eigenen Schale zu arbeiten und sich mit ihren Energien in Einklang zu bringen.

Die Sechs-Zoll-Schale (ca. 15 cm)

Die Sechs-Zoll-Schale erklingt in einem hohen, klaren Ton, der eine Klärung und Öffnung des Kronen-Chakras und des Dritten Auges bewirkt. Dadurch können die Energie und höhere Weisheit vom Scheitel hinunter in das Kehlkopf- und Herzzentrum fließen. Für manche Menschen mag diese Energiefrequenz zu stark sein, und anfangs sollte man sich mit kleinen Dosen begnügen, bis man sich daran gewöhnt hat.

Diese Schale entwickelt einen Ton, der ein wichtiges kleineres Chakra aktiviert, das direkt am Hirnstamm, an der Medulla oblongata, sitzt. Genau an dieser Stelle befinden sich zwölf Nervenbahnen, von denen drei bis ins Herz reichen und die anderen neun ins Gehirn führen. Dieses Zentrum erzeugt das, was die alten Ägypter »die Intelligenz des Herzens« nannten – eine Verbindung von Verstand und Herz für einen neuen Ausdruck im Leben des einzelnen.

Diese Schale aktiviert die oberen vier Chakren – Herz, Kehlkopf, Stirn und Krone. Da viele Menschen im Alltag aus den unteren Zentren heraus agieren und funktionieren, ist ihre Schwingung anfangs meist viel zu intensiv. Man kann sie benutzen, um die starken Lebenskräfte aus den unteren in die oberen Zentren zu ziehen und sie so auf einer höheren Ebene zur Entfaltung zu bringen. Wer bisher nicht mit höheren Frequenzen gearbeitet hat, könnte auf den Klang der Schale mit Angst, Erregtheit und Nervosität reagieren.

Bei der Sechs-Zoll-Schale paßt der Spruch: »Klein, aber fein«. Mehr ist eben nicht immer besser. Benutzen Sie sie zu Beginn recht sparsam, bis Sie sich mit der Schwingungsfrequenz angefreundet haben.

Die Sieben-Zoll-Schale (ca. 18 cm)

Die Energie dieser Schale hat eine schützende und harmonisierende Wirkung, besonders auf Menschen, die sich mit Astralenergien und -phänomenen beschäftigen. Dazu gehören auch außersinnliche Wahrnehmungen, außerkörperliche Erfahrungen und verschiedene Formen von Medialität sowie andere parapsychologische Phänomene astralen Ursprungs.

Die Sieben-Zoll-Schale bringt den Astralleib mit dem physischen Körper in Einklang, so daß kein Ungleichgewicht durch Mißbrauch oder übertriebenen Gebrauch von Energien aus der geistigen Welt entstehen kann. Sie harmonisiert die Emotionen, so daß keine physischen Probleme daraus erwachsen. Die Klangenergie aus dem Kristall neutralisiert störende Energien im Astralleib des Menschen, indem sie diskordante Schwingungen absorbiert und in Lichtenergien umwandelt.

Mit dieser Schale lassen sich die sieben Haupt-Chakren in Einklang bringen. Man kann auch hervorragend mit Kindern bis zur Pubertät damit arbeiten. In den ersten Lebensjahren werden die Chakren aktiviert und zur Entfaltung gebracht. Die Sieben-Zoll-Schale unterstützt diesen Prozeß und bringt die Chakren auf sanfte und behutsame Weise zur Öffnung. Nach der Pubertät übt die Dynamik der Schale eine andere Wirkung auf den Heranwachsenden aus. Dann dient sie mehr als Mittel zur Harmonisierung und inneren Ausrichtung, so daß die Aktivierung der Chakren in Übereinstimmung mit den persönlichen Lebenserfahrungen des einzelnen erfolgen kann.

Die Acht-Zoll-Schale (ca. 20 cm)

Diese Schale ist am vielseitigsten und kreativsten von allen. Sie aktiviert das Kehlkopf-Chakra, unser Zentrum der höheren Kreativität und Fülle, das auch mit der Gabe der Hellhörigkeit und der Durchsetzung der kreativen Willenskraft verbunden ist.

Der Klang dieser Schale hat Verbindung zum universalen OM – dem Klang, aus dem nach der östlichen Philosophie alle anderen Klänge hervorgegangen sind. Sie ist universell in Heilung und Meditation einsetzbar, stimuliert die kreative

Imagination und hilft, Zugang zu unserer Chronik vergangener Leben, beginnend bei der Seelengeburt, zu erlangen. Über sie können wir traumatische Erinnerungen ans Licht bringen und uns emotional davon lösen (Viele Menschen, die in der Kindheit Mißbrauch erlitten haben, erinnern sich an solche Erfahrungen nicht mehr. Die Schale ist ein ausgezeichnetes Medium in der Beratung und Therapie und unterstützt den Betreffenden dabei, Zugang zu diesen Erinnerungen zu erlangen, so daß darüber gesprochen wird und er sie bewältigen kann.)

Die Schale lüftet den Schleier zwischen der endlichen und der unendlichen Welt. Die 8 ist das in die Vertikale gebrachte Symbol der Unendlichkeit, und so hilft uns diese Schale, unsere Fähigkeit zu entwickeln, zwischen den Welten zu wandeln. Ein solcher Weg ist schwierig und erfordert ungeheure Willenskraft und Kreativität, die durch die Klänge der Kristallschale aktiviert werden.

Diese Schale hat auch Verbindung zum achten Chakra. Es handelt sich hierbei um einen Punkt ungefähr fünfzehn Zentimeter oberhalb des Scheitels. Er hängt mit den Funktionen des Astralleibs zusammen. Die Acht-Zoll-Schale aktiviert und kräftigt dieses Zentrum, so daß der Astralleib erstarkt und als eigenes Instrument dem Bewußtseins dienen kann, etwa für bewußt gesteuerte Astralprojektionen oder außerkörperliche Erfahrungen. Es bestehen auch Verbindungen zum luziden Träumen und der Traum-Alchemie, bei der es darum geht, Traumszenarien zu beherrschen, zu verändern und neu erstehen zu lassen.

Die Neun-Zoll-Schale (ca. 23 cm)

Mit dieser Schale läßt sich ein universeller Heilklang erzeugen. Sollten Sie einmal unsicher sein, welche Tonfolgen oder welche Schale in einer bestimmten Situation den Heilungsprozeß unterstützen, liegen Sie mit der Neun-Zoll-Version niemals falsch. Ihr Klang aktiviert zwar alle Chakren, doch ihre Wirkung auf die unteren ist unübertrefflich. Er stimuliert unsere primäre Lebenskraft und kanalisiert sie durch alle Chakren nach oben, wobei diese in ihrer Abwehrbereitschaft gegen Krankheiten gestärkt und ins Gleichgewicht gebracht werden.

Diese Schale ist auch bei nervösen und psychischen Störungen einsetzbar. Ebenso wie die Sechs-Zoll-Ausführung wirkt auch sie auf das Nebenchakra am Hirnstamm, jedoch mit dem Unterschied, daß diese Version am stärksten auf die Nerven und die Funktionen des Gehirns wirkt und weniger auf jene Nerven, die mit dem Herzen verbunden sind.

Die Neun-Zoll-Schale hebt die gesamte Schwingungsenergie des Menschen und seiner Aura an. In der Meditation bringt sie jenen Ton hervor, der uns die universalen Prinzipien und Wahrheiten, die unser Leben bestimmen, erkennen und erschließen läßt. Wie alle anderen Schalen ist auch diese ein hervorragendes Medium für Reisen zwischen den Welten, denn sie hebt das energetische Niveau des Menschen dergestalt an, daß er bewußter seine Verwobenheit wahrnimmt und den wechselseitigen Einfluß erkennt.

Die Zehn-Zoll-Schale (ca. 25 cm)

Den Klang dieser Schale spürt man am stärksten durch den Solarplexus in den Körper einströmen. Gerade dieses Chakra betrachten die meisten Menschen als ihr persönliches Kraftzentrum. Diese Schale eignet sich also sehr gut für Übungen und Mediationen im Hinblick auf die Stärkung des Selbst. Sie erweckt das energetische Kraftpotential in unserem niederen Selbst und bringt es zur Manifestation.

Der Solarplexus ist ein Zentrum starker emotionaler Energien. Wer sich seinen ursprünglichen außersinnlichen Fähigkeiten öffnen oder diese weiterentwickeln möchte, für den ist die Zehn-Zoll-Schale genau richtig. Der Solarplexus ist mit der außersinnlichen Gabe der Feinfühligkeit verbunden. Mit der erweiterten Gefühlswahrnehmung lassen sich die feinstofflichen Energien von Menschen, Ereignissen und so weiter erfassen, die sich auf der bewußten Ebene nicht immer offenbaren.

Die Zehn-Zoll-Schale vereinigt die Eigenschaften der größeren und kleineren Schalen in sich, denn sie kann sowohl hohe als auch tiefe Töne hervorbringen. Sie harmonisiert auch zu starke Aktivitäten der linken Gehirnhälfte und ebnet dem rationalen Verstand den Weg zur Intuition.

Diese Schale ist zur Manifestation hervorragend geeignet. Man kann sie bei den im vorhergehenden Kapitel beschriebenen Gebets- und Affirmationsritualen benutzen. Den Solarplexus bezeichneten die alten Essener als den niederen Schoß. Durch das Niedere wird Höheres geboren. Es hat keinen Sinn, seine höheren Fähigkeiten zu aktivieren und zu stimulieren, wenn die niederen nicht stark und stabil sind und sich im Gleichgewicht befinden. Die Zehn-Zoll-Schale stärkt und harmonisiert die niederen Energien ebenso wie sie die höheren anregt. Dadurch wird der Wachstums- und Entfaltungsprozeß behutsam eingeleitet und nicht auf traumatische Weise forciert.

Die Zwölf-Zoll-Schale (ca. 30 cm)

Ab dieser Größenordung gibt es fast ausschließlich milchige Schalen. Es mag sein, daß größere Exemplare in klarer Ausführung angeboten werden, aber ich habe bisher noch keines entdeckt. Größere Durchmesser lassen sich als klare Schale nur schwer realisieren; der Herstellungsprozeß ist eben ab einer bestimmten Größe besonders schwierig. Dennoch werden auf dem heutigen Markt fast ausschließlich größere Ausführungen angeboten.

Die größeren Kristallschalen haben auch einen Vorteil gegenüber den kleineren. Weil ihre Wandungen dicker sind, kann man sie länger spielen als die dünneren, kleiner dimensionierten Exemplare. Das bedeutet nicht, daß sie gegen Bruch oder Zerbersten gefeit seien. Wie bei allen Schalen ist auch hier Achtsamkeit geboten, und man sollte sie nicht zu lange bei hoher Schwingung mit dem Stab umkreisen.

Die Zwölf-Zoll-Schale hüllt den Körper auf besonders wirkungsvolle Weise in Klänge ein, die unseren Wesenskern berühren und ein höheres Bewußtsein unseres Wesens sowie unseres Chakrensystems entstehen lassen. Über sie können wir uns leichter auf den Einfluß der zwölf Tierkreiszeichen und andere astrologische Einflüsse einstimmen. Wie dies geschieht, wird in Kapitel 10 erläutert.

Die Zwölf-Zoll-Schale ist ein wirkungsvolles Instrument, um den modernen spirituellen Schüler aus der Welt der sieben Chakren herauszuheben und in die Landschaft der zwölf Chakren einzuführen. Es gibt in der Tat zwölf Hauptchakren, die man erwecken und nutzen kann, wenn man seine höchsten Fähigkeiten zur Entfaltung bringen möchte. Die zwölf Chakren haben ebensoviel symbolische wie konkrete Bedeutung, und der Zahl zwölf haftete schon immer eine hohe Symbolik an. Diese zwölf Zentren lassen sich mit den zwölf Lichtern um die Krippe und mit den zwölf Zeichen des Tierkreises vergleichen. Im alten griechischen Mysterienkult galt die Zwölf als heilige Zahl. In der fernöstlichen Welt spricht man von den zwölf Lotusblüten; in der christlichen Esoterik sind es die Rosen auf dem Kreuz, das der Körper bildet. In voll aktiviertem Zustand bilden sie das »goldene Hochzeitsgewand« der biblischen Schriften.

Die Zwölf-Zoll-Schale ist eine gängige Form und wird häufig verwendet, um einzelne oder alle zwölf Chakren zu aktivieren. Läßt man sie erklingen und meditiert dabei über die Eigenschaften, die für die Aktivierung der Zentren wesentlich sind, fördert das den Entwicklungsprozeß. Die Fußzentren werden beispielsweise erweckt, wenn wir unser Leben in den Dienst unserer Mitmenschen stellen, in die Fußstapfen unserer Lehrer und Meister treten und niemals müde werden, Gutes für andere zu tun. Die Kniezentren werden erst nach langem Gebet und ausdauernder Meditation zum Erwachen gebracht, durch Niederknien, um anderen zu helfen, und dadurch, daß Demut zum Hauptmerkmal unserer Persönlichkeit wird. Die Zentren in der Hand erwachen durch Hilfsbereitschaft und den Dienst am Nächsten. Indem wir über noch intensiveres und liebevolleres Dienen meditieren, unterstützen wir diesen Prozeß.

In dem Maße, wie wir Läuterung erfahren und uns spirituell ausrichten, erwacht auch das Zentrum am unteren Ende der Wirbelsäule und leitet die Verwandlung des gesamten Körpers ein. Das Zentrum im Solarplexus (Verbindungs- und Harmonisierungspunkt der mentalen und emotionalen Ener-

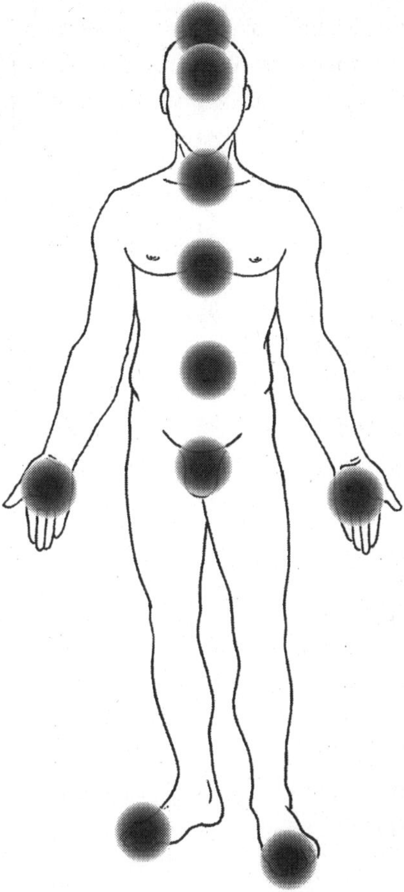

Die zwölf Chakren eines spirituell fortgeschrittenen Schülers
Diese zwölf Lichter sind im Körper eines jeden Menschen latent vorhanden. Es handelt sich dabei um zwölf Energiezentren, die wunderbar erstrahlen, wenn sie erst aktiviert sind und richtig arbeiten.

gien) erwacht bei größerer Achtung unseres physischen Körpers als Tempel für unseren Geist; gleichzeitig werden unsere äußeren Aktivitäten mit den spirituellen Prinzipien in Einklang gebracht. Das Herz-Chakra erwacht, wenn wir allen Lebewesen Anteilnahme und Mitgefühl entgegenbringen. Leben muß uns in jeder Form heilig sein. Das Kehlkopfzentrum wird nicht voll erblühen können, solange hastige, unfreundliche oder gar destruktive Worte aus unserem Mund fließen. Einmal aktiviert, geht ein zarter, blauer Schimmer von ihm aus, der durch intensives Bemühen eine silbrige Note annimmt. Die Zwölf-Zoll-Schale unterstützt diesen Entwicklungsprozeß.

Die beiden oberen Chakren werden ebenfalls von dieser Zwölf-Zoll-Schale angesprochen, doch auf sie wirken auch alle anderen Kristallschalen. Es handelt sich um die bereits erwähnten männlichen und weiblichen Zentren, wobei das Stirn-Chakra das weibliche und das Kronen-Chakra das männliche Prinzip verkörpert.

Die Arbeit mit den zwölf Lichtzentren muß innerlich und äußerlich gleichzeitig erfolgen. Wir sollten möglichst nicht nur ein Zentrum entwickeln und die anderen vernachlässigen, nur weil wir es für wichtiger halten oder es uns mehr fasziniert. Mit der Zwölf-Zoll-Schale können wir die Energien und Aktivitäten aller zwölf Zentren ins Gleichgewicht bringen, so daß keines zu stark oder zu wenig stimuliert ist. Sie stabilisiert unser Energiesystem, während wir uns entfalten und weiterentwickeln.

Die Vierzehn-, Sechzehn- und Zwanzig-Zoll-Schalen (ca. 35 cm, 38 cm und 50 cm)

Die großen Schalen sind gut geeignet, um allcs Physische ins Gleichgewicht zu bringen und die Energien zu stabilisieren, damit ein solides Fundament für unsere Arbeit auf einer höheren Bewußtseinsebene errichtet wird. Durch den Kontakt mit neuen Energien kann es vorkommen, daß wir unser Bewußtsein vom Physischen weglenken, obwohl gerade dort unser Augenmerk bleiben muß. Der Entfaltungsprozeß fordert von uns, das Spirituelle zum Vorschein zu bringen und es im Physischen zu verankern. Die größeren Kristallschalen helfen uns dabei, den Boden unter den Füßen nicht zu verlieren.

Jede dieser drei großen Schalen läßt sich zur Erdung unserer Persönlichkeit verwenden, und obgleich ihre Töne jeweils anders klingen, variiert ihr Effekt lediglich im Grad der Intensität und in der Tiefe der Erfahrung. Sie üben eine starke Wirkung auf die Chakren in den Füßen aus und helfen so, mit den Energien der Erde in Verbindung zu bleiben. Wer zu Unbeständigkeit neigt, kann von diesen Kristallschalen profitieren.

Auch für schamanische Reisen eignen sie sich gut. Sie können die Energien des Suchenden mit denen der Erde verbinden, so daß er Zugang zu deren feineren Schwingungen erlangt. Wer sich mit der Natur in Einklang bringen möchte, sollte zu diesen größeren Schalen greifen. Ihre Schwingungen unterstützen den Synchronisationsprozeß zwischen den Energien des Menschen und denen der Natur oder eines ihrer Aspekte.

In der Meditation bringen sie uns ins Bewußtsein, daß wir ein Mikrokosmos des Universums sind. Die tieferen Töne erfüllen uns mit Kraft und vermitteln ein starkes Gefühl von Sicherheit und Geborgenheit.

Übung 21: Harmonisierung der Aura

Die Kristallschalen bergen ein großes Heilpotential. Ihre Klänge und Obertöne können vielfältig beim Heilen eingesetzt werden. Sobald die Schalen erklingen, wird das gesamte Energiefeld eines Menschen harmonisiert und gestärkt. Darüber hinaus wird das Zirkulationsmuster des Energieflusses rings um den Betreffenden und in seinem Inneren positiv beeinflußt.

Der Klang hat auf die Funktion der Chakren starken Einfluß. Zwar eignen sich einige Schalen für bestimmte Zentren besser als für andere, doch unabhängig von ihrer Größe erzielen eigentlich alle den gleichen Effekt: Sie können die Funktion eines jeden Chakra wiederherstellen. Die mit der Kristallschale erzeugten Energien folgen der Absicht und dem gedanklichen Fokus des Heilers.

Über den Klang läßt sich die Rotation der Chakren korrigieren. Man kann damit ihre Aktivität verstärken und negative Energiemuster entfernen, die sich im Laufe der Zeit dort abgelagert und möglicherweise gesundheitliche Störungen hervorgerufen haben.

Der einfache Heilungsansatz ist die Harmonisierung der Aura. Wenn wir die Schale im Uhrzeigersinn spielen, werden alle feinstofflichen Energien in Einklang gebracht und der Energiefluß im und rings um den Körper wird stimuliert. Auch der Blutkreislauf kann stabilisiert und gestärkt werden.

Machen Sie es sich im Sitzen bequem, und nehmen Sie die Schale entweder auf den Schoß, stellen sie vor sich auf den Boden oder halten sie in der linken Hand. Schlagen Sie sie dreimal sachte an, um die Energien zu erwecken, und streichen Sie anschließend mit dem Stab kreisend am Rand entlang. Lauschen Sie einige Minuten oder länger dem Gesang des Kristalls. Wenn sich der Klang aufbaut, resoniert er mit Ihrer eigenen Energie, so daß sich eine Wechselwirkung einstellt. Die Frequenz Ihres eigenen Energiefeldes erhöht sich.

Wenn Sie jemand anderen behandeln möchten, sollte er sich hinsetzen oder -legen. Bewegen Sie die Kristallschale um seinen Körper herum, während Sie sie zum Tönen bringen. Sollte sie zu groß sein, um sie dabei in der Hand zu halten, stellen Sie sie einfach vor dem Betreffenden auf den Boden, sofern er sitzt, und vor seinen Kopf, wenn er liegt. Spielen Sie sie nun einige Minuten lang in dieser Position; bewegen Sie sie anschließend um den Betreffenden herum, bis er dem Klang von allen Seiten her ausgesetzt war.

In einer Heilungssitzung können Sie dies mehrmals wiederholen. Wenn Sie im Rahmen der Behandlung andere Heiltechniken anwenden, können die in der Problemzone freigesetzten oder harmonisierten Energien in einen anderen Teil des Körpers oder feinstofflichen Energiefeldes wandern. Der Klang der Schale verhindert dies, indem er das gesamte Energiefeld stabilisiert.

Bei Menschen mit hyperkinetischer Symptomatik kann ein Spielen der Kristallschale gegen den Uhrzeigersinn durchaus vorteilhaft sein. Der dabei entstehende Klang dämpft nämlich die Energie-Aktivierung durch die Chakren und in der Aura. Man muß jedoch aufpassen, daß die Chakren-Drehung dabei nicht völlig umgekehrt wird. Auch bei zwanghaftem Verhalten kann diese Methode wirken. Es ist wichtig, sich eingehend mit den Chakren und deren Interaktion mit den emotionalen und mentalen Aspekte unseres Lebens zu befassen. In der Behandlung können Sie dann auch besser beurteilen, welches Chakra anzusprechen ist und welcher Klang die besten Heilungschancen birgt.

Übung 22: Chakren-Gesänge

Man kann die heilenden Klänge der Kristallschale zur gezielten Behandlung einzelner Chakren einsetzen. Dazu bittet man den Klienten am besten, sich auf den Boden zu legen. Der Heiler hält die Schale direkt über das Chakra an der Wirbelsäule und beginnt zu spielen; die Kristalltöne können so intensiver darauf einwirken.

Sie können auch mit dem jeweiligen Chakra assoziierte Steine und Kristalle auf den entsprechenden Punkt an der Wirbelsäule legen. Durch den Klang verstärkt sich deren Wirkung auf dieses Chakra. (Einige Steine und ihre Verbindung zu den Chakren werden im nachfolgenden Kapitel behandelt; dort erfahren Sie auch, wie Sie mit Hilfe der Kristallschale Edelsteinelixiere herstellen können.)

In der folgenden Übersicht sind jedem Chakra bestimmte Farben zugewiesen. Damit können wir den Gesang der Kristallschale noch besser in ein bestimmtes Chakra hineinlenken. Eine Vielzahl von Möglichkeiten bietet sich dafür an. Sie können einfach ein farbiges Stück Papier oder Folie in die Schale legen; während des Spiels resonieren Klang und Farbe stärker mit dem korrespondierenden Chakra. Wenn Sie beispielsweise die Klangwirkung auf das Wurzel-Chakra erhö-

Zusammenspiel der Farben und Klänge

Diese Farben haben sowohl physiologische als auch spirituelle Eigenschaften. In Kombination mit der Kristallschale bringen sie Heilung und höheres Bewußtsein.

WEISS: Die Farbe der Reinheit und Wahrheit; verstärkt die Wirkungen anderer Schwingungen, erweckt die Kreativität im Menschen.

ROSA: Stimuliert das Herz-Chakra; erweckt die Lauterkeit des Strebens; öffnet den Blick für Wahrheit und Erfolg; stärkt das Immunsystem.

ROT: Stimuliert das Basis-Chakra; ist gut für Kreislauf und Energie; stimuliert die Sexualität und regt zu Veränderungen an; hilft bei Erkältungen und Verschleimung.

ORANGE: Stimuliert das Milz-Chakra; wirkt auf die Nebennieren, den Muskelapparat und die emotionale Stabilität; verbessert die Kommunikation, öffnet das Bewußtsein für die Gesetze der Magie, hilft, Enttäuschungen aufzudecken.

GELB: Stimuliert den Solarplexus; wirkt auf die linke Gehirnhemisphäre, den Verstand und das Verdauungssystem; klärt Träume, aktiviert die Adrenalinausschüttung.

GOLD: Stimuliert das Herz-Chakra; bewirkt die Manifestation von Fülle, Reichtum und Glück sowie alle Formen von Heilung; verstärkt die Hingabefähigkeit; stellt Harmonie her; stärkt das Immunsystem.

GRÜN: Stimuliert das Herz-Chakra; schafft Harmonie, Wachstum und Prosperität; stellt Verbindungen zum Reich der Natur her; erweckt künstlerische Inspiration; eröffnet besseres Verständnis von Liebe und Beziehungen; hat einen beruhigenden Effekt; helle, ins Blaue übergehende Grüntöne sind heilsam; *nicht* bei Krebs oder Tumoren verwenden, weil Grün Wachstum bewirkt; erweckt Mitgefühl.

BLAU: Stimuliert das Kehlkopf-Chakra; wirkt lindernd und heilend, besonders bei Kindern; beruhigt und besänftigt; wirkt auf die Atmung; hat antiseptische Wirkung; öffnet den Weg zu Intuition, Imagination und Wahrnehmung auf anderen Ebenen; hat eine kühlende Wirkung; senkt Fieber.

INDIGO: Stimuliert das Stirn-Chakra; ist die Farbe der Hingabe; wirkt auf Drüsen und Fortpflanzung; reinigt das Blut; birgt hohe spirituelle Energien.

VIOLETT: Stimuliert das Kronen-Chakra; bringt Heilung für Skelett und Nerven; wirkt bei vielen Neurosen; reinigt die Aura; stärkt Unabhängigkeit und Intuition; stimuliert die Traumaktivität und das Erkennen von Zeiten des Wandels.

PURPUR: Wirkt reinigend auf physischer und spiritueller Ebene; erweckt das geistige Streben; bringt tiefe spirituelle Einsicht und Erkenntnis; setzt Energien zur Bewältigung geschäftlicher Probleme frei.

GRAU/SILBER: Initiationsenergie; hilft, sich auf astrologische Einflüsse einzustellen; erweckt die weibliche Seite in uns; läßt uns innere Fähigkeiten erkennen und nutzen.

BRAUN: Erweckt die Unterscheidungsfähigkeit; erdet; fördert die Beweglichkeit; bringt uns auf die Spur von Verlorenem.

SCHWARZ: Schützt gegen negative Energien und absorbiert sie; fördert die Einsicht in Geheimnisse; läßt uns Bürden und Opfer besser verstehen; öffnet uns für weibliche Energien und ihr Wissen.

hen möchten, legen Sie rotes Papier auf den Boden der Schale. Im Spiel verbindet sich das Rot mit dem Klang, und eine intensivere Stimulierung des Basis-Chakra tritt ein.

Im letzten Kapitel wurde davon gesprochen, eine Kerze in die Schale zu stellen und die Schale dann zum Klingen zu bringen. Die Farbe der Kerze beeinflußt die Wirkung des

Klanges, und zusammen erzielen sie einen stärkeren Effekt auf das jeweilige Chakra.

Unter Umständen können Sie die Kristallschale auch direkt auf den Rücken Ihres Klienten plazieren, wenn dieser auf dem Bauch liegt. Stellen Sie sie auf die einzelnen Chakren entlang der Wirbelsäule, und bringen Sie die Schale zum Klingen. Damit erzielen Sie zweierlei Effekte: Zum einen wird die Aura harmonisiert und darüber hinaus werden die einzelnen Chakren mit den zugeordneten Körperorganen belebt.

Die Wirbelsäule ist ein starker Klangkörper. Die Wirbel nehmen die Schwingungen der Töne auf und verteilen sie entlang den Nervenbahnen bis hin zu den Organen. Die Vibration der Schale wirkt in Kombination mit dem Klang ausgesprochen intensiv auf die Wirbelsäule. Der Klient kommt in den Genuß einer sanften Körpermassage und einer Klangmassage.

Übung 23:
Fernheilung

Auch in der Fernheilung lassen sich die heilenden Klänge der Kristallschale hervorragend einsetzen. Es kommt immer wieder vor, daß wir anderen Menschen von ferne Gebete und Heilung schicken möchten. Über die Kristallschale läßt sich ein solcher Energieaustausch enorm verstärken.

Das Phänomen der Fernheilung ist nicht neu. Sie übersteigt das logische Fassungsvermögen, aber keineswegs die Realität unserer irdischen Welt. Energie wirkt auf allen Ebenen und in vielen für uns heute vielleicht noch nicht verständlichen Formen. Was man oft als geistige Energie bezeichnet, ist im Prinzip nichts anderes als die schöpferische Lebenskraft allen Seins. Sie umgibt uns, durchdringt uns und ist Teil von uns. Mit dem Verstand kontrollieren und lenken, formen und gestalten, speichern und nutzen wir sie.

Wie wir wissen, ist der menschliche Körper ein biochemisch-elektromagnetisches Energiesystem; unsere geistige Energie bildet den Grundstein dazu. Die biochemischen und elektromagnetischen Aspekte sind der physische Ausdruck unserer Lebenskraft. Sie wirkt auf einer Ebene, die Zeit und Raum transzendiert.

Die Quantenphysik hat eine Menge dazu beigetragen, uns das Phänomen der geistigen Energien verständlich zu machen. Sie lehrt uns, daß alles Leben und alle Ausdrucksformen von Energie miteinander verknüpft sind. Eben weil wir Energie sind und auf vielen Ebenen und in vielfältiger Weise agieren, können wir uns auch nicht bewegen, ohne gleichzeitig alles im Universum zu beeinflussen – selbst wenn wir uns dieser Tatsache zunächst oft nicht bewußt sind. Danach bewirkt sogar das bloße Beobachten eine Veränderung in uns und im beobachteten Objekt. Höhere Formen und Bündelungen von Energie transzendieren Zeit und Raum. Somit erleben wir bei einer Fernheilung den Klienten als nah, ganz gleich wann wir mit ihm in Kontakt treten und wo er sich aufhält.

Mit der Kristallschale können wir unsere geistige Energie in dieser Richtung aktivieren. Sie hilft uns bei der Konzentration, Einstimmung und Übermittlung von heilenden Energien und Klängen. Die ausgesandten Klangwellen stärken den gesamten Ätherleib des Heilsuchenden, so daß physische Störungen zum Stillstand kommen, gelindert und/oder gänzlich beseitigt werden.

Die Macht der Klänge kann uns auch auf eine höhere Bewußtseinsebene heben, so daß wir unsere geistigen Energien besser fokussieren können. Sie führt uns zu einem kontrollierten Einsatz des Verstandes.

Bei Fernheilungen ist es vorteilhaft, eine Probe zu haben. Das Wort »Probe«, wie es in der Radionik gebräuchlich ist, bedeutet »irgend etwas, das den Patienten physisch repräsentiert«[1]. Eine Probe in diesem Sinne kann damit ein Photo, eine Unterschrift, ein Blutstropfen, eine Haarsträhne, ein abgeschnittener Fingernagel oder irgend etwas anderes sein, was eine Verbindung zwischen der Kristallschale und der Person, der man die Klänge schicken möchte, herstellt. Ein Polaroidphoto gilt als besonders wirkungsvoll, weil darin das gesamte negative und positive Ionenfeld rings um den Patienten gespeichert ist, während ein von einem Negativ entwickeltes Bild nur die Hälfte davon in sich trägt. Deshalb ist es kein starkes Bindeglied.

Die Probe unterstützt uns in unserem Bemühen, die rationale und intuitive Ebene unseres Geistes zu vereinen, und setzt damit den gerichteten Energiefluß in Gang. Sie hilft uns, einen Gedanken zu entwickeln und ihn auf den Heilsuchenden zu lenken. Durch die Probe läßt sich leichter Resonanz hervorrufen. Sie erschließt die Verbindung zur Ebene jenseits unserer physischen Existenz. Sie bringt uns den Klienten »in den Sinn«. Die Heilenergie kann dann unabhängig von Zeit und Raum ausgesendet werden.

1 Cosimano, Charles W., *Psionics 101,* Llewllyn Publications, St. Paul, 1986, Seite 82.

Vorgehensweise:

1. Reinigen Sie vor jeder Form von Heilung oder Fernheilung die Schale innen und außen. Die Schwingungsfrequenz von Staub könnte mitübertragen werden. Durch die Säuberung gelingt es zudem, sich auf das Heilen einzustimmen.
2. Legen Sie die Probe in die Schale. Sinnen Sie kurz über die Energie nach, die Sie dem Klienten schicken möchten, und visualisieren Sie das Ergebnis. Dadurch können Sie eine Gedankenform aufbauen, die mit dem Klang hinausgetragen und bei dem Hilfesuchenden auf Resonanz stoßen wird.
3. Vielleicht legen Sie zusätzlich eine Heilaffirmation in die Schale. Schreiben Sie auf ein Stück Papier, was der Heilung bedarf. Machen Sie es nicht zu kompliziert. Einfache Worte wie »Heilung und Stärkung für ______________« reichen aus. Sie können natürlich auch detaillierte Angaben machen, je nach Sachlage und Besonderheit des Falles.
4. Sie können auch ein Blüten- oder Edelsteinelixier zusammen mit der Probe in die Kristallschale geben. Der Klang wird dann auch die Heilkraft des Elixiers zum Heilsuchenden tragen. (Dieses Thema wird im nächsten Kapitel ausführlich behandelt.) Auch die Aromatherapie hat sich in der Fernheilung bewährt. Betupfen Sie die Probe mit dem Duft, und bringen Sie die Schale dann zum Klingen. Mit dem Klang gelangen auch die Schwingungen des Dufts zu dem Hilfesuchenden (siehe nachfolgende Übung 24).
5. Schlagen Sie die Kristallschale dreimal sachte an, um die kreativen Energien zu aktivieren und lassen Sie sie anschließend erklingen. Je länger Sie spielen, desto stärker ist die Energieprojektion, aber seien Sie achtsam, damit die

Schale nicht zerspringt. Zehn bis fünfzehn Minuten reichen völlig aus, und Sie brauchen sie in dieser Zeit auch nicht ununterbrochen spielen. Bringen Sie sie zum Klingen, halten Sie einen Moment lang inne und spielen Sie dann erneut weiter.

6. Behalten Sie die ganze Zeit über das Bild des Hilfesuchenden vor Ihrem geistigen Auge. Sehen, fühlen und erfahren Sie, wie der Klang mit ihm auf gleicher Wellenlänge schwingt, Unausgewogenheit glättet und seine Gesundheit wiederherstellt. Der Klient sollte spätestens nach vierundzwanzig Stunden eine Veränderung spüren.
7. Es empfiehlt sich, folgende Affirmation zu sprechen: »Zum Wohle aller und in Einklang mit dem freien Willen aller.« Damit kann die Heilung die bestmögliche Wirkung auf das Wachstum des Klienten entfalten. Wir haben nicht das Recht, uns in den freien Willen anderer einzumischen, und dies ist eine gute Art und Weise, andere subtil und oftmals unbemerkt zu beeinflussen.

   Die Meinungen gehen auseinander, ob man einem Menschen ohne dessen ausdrückliche Zustimmung heilende Energie schicken soll. Ich gehöre der Schule an, die jedem die persönliche Verantwortung für sein Leben und Handeln läßt, denn ich glaube, daß letztlich nur der einzelne selbst wissen kann, was für ihn am besten ist. Jeder darf Fehler machen, und oft sind es gerade unsere Fehler, durch die wir innerlich wachsen und erstarken. Mischen wir uns ein, berauben wir den anderen einer Lernerfahrung, die vielleicht für seine Entwicklung von großer Bedeutung wäre. Außerdem bedarf es nicht viel, jemanden zu fragen, ob man ihm helfen kann.

Dieses Buch ist nicht als rigider Leitfaden gedacht. Wenn wir beispielsweise ein Kind in unserer Obhut haben, handeln wir ohne groß zu überlegen so, wie man es von einem erwachsenen Menschen erwartet. Natürlich gibt es Ausnahmen, doch wir müssen Entscheidungen fällen und willens sein, die volle Verantwortung für die positiven wie negativen Folgen unseres Handelns zu tragen. Wenn wir uns dazu nicht imstande fühlen, brauchen wir uns gar nicht erst mit Themen wie Heilung anderer Menschen zu befassen.

8. Zum Schluß danken Sie für die Heilung und die Gelegenheit, als Kanal oder Hilfe dienen zu dürfen. Schlagen Sie wieder dreimal gegen die Schale und nehmen Sie die Probe heraus. (Manche finden es besser, die Probe am Ende der Sitzung in der Schale zu belassen und den Stab bis zum nächsten Gebrauch dazuzulegen – symbolisch für die fortdauernde Wirkung der Kraft.)
9. Bedenken Sie bei allem, daß wir keine Heilung im medizinischen Sinne betreiben, denn per Gesetz ist das Diagnostizieren von Krankheiten und Verschreiben von Medikamenten nur Ärzten und Heilpraktikern erlaubt. Wir können ohnedies nicht Klänge verschreiben, wie andere Medikamente. Wenn wir die Kristallschale oder andere heilende Schwingungen benutzen, bewegen wir uns damit auf dem Gebiet der ganzheitlichen Gesundheitsberatung. Dafür Geld zu verlangen, ist eine sehr delikate Angelegenheit, denn strenge Gesetze wachen über die Ausübung der Heilkunde ohne entsprechende Zulassung als Heilpraktiker oder Arzt. Ich persönlich nehme kein Entgelt für Heilung und Therapie, auch keine »Spenden«. Ich bitte den Hilfe-

suchenden, statt dessen eine ihm nahestehende Kirche oder gemeinnützige Einrichtung zu bedenken oder einem Bedürftigen anonym etwas zukommen zu lassen. Ich kenne eine ganze Reihe von zugelassenen Masseuren, die Klänge bei ihrer Arbeit einsetzen. In solchen Fällen ist die Schale ein Instrument im Rahmen der Behandlung, die diese aufgrund ihrer Zulassung ohne weiteres durchführen dürfen.

10. Scheuen Sie sich nicht zu experimentieren. Das Heilpotential der Kristallschale ist bislang noch nicht erforscht. Ich persönlich bin der Meinung, daß es niemals genau definiert werden kann, weil die Klänge zur Unterstützung aller Heilmethoden – der traditionellen wie alternativen – benutzt werden und somit ihre Kraft unterschiedlich entfalten.

Übung 24: Aroma- und Klangtherapie

Die Aromatherapie erfreut sich in den letzten zehn Jahren wachsender Popularität. Sie wird im Rahmen der ganzheitlichen Medizin überall auf der Welt angewandt. Traditionell werden bei der Massage mit Ölen oder Lotionen der Tast- und Geruchssinn angesprochen. In der magischen Aromatherapie kommen das Schmecken und Sehen hinzu, denn durch den Duft verstärkt sich die Visualisierungsfähigkeit. »Die magische Aromatherapie ist Teil des holistischen Ansatzes ... Sie ist nicht unbedingt auf Heilung ausgerichtet (obwohl sie diese bewirken kann), und ihre Zielsetzung ist breit gefächert.«[1] Die

1 Cunningham, Scott, *Magical Aromatherapy,* Llewellyn Publications, St. Paul, 1989, Seite 5.

Kristallschale kann zur Verstärkung von heilenden und magischen Kräften in der Aromatherapie eingesetzt werden.

Wir können das Aroma mit den Klängen der Kristallschale verbinden, um die heilende und magische Wirkung zu erhöhen. In der Kombination bilden sie eine starke Kraft zur Energieumwandlung auf vielen Ebenen und sind ein Katalysator für Veränderung. Man kann sich ihrer bei der Meditation und bei Ritualen bedienen, und sie begünstigen Heilung in jeder Form – auch aus der Ferne.

Aus der Geschichte wissen wir, daß man zahlreiche ätherische Öle häufig für mehrere Zwecke gleichzeitig benutzen kann. Zunächst haben wir den therapeutischen Wert zur Unterstützung der Heilung und Wiederherstellung der körperlichen Gesundheit.

Zweitens geht es um die spirituelle Entfaltung. Ihrer Qualität und ihren Eigenschaften entsprechend verändern Öle die Schwingungen des Menschen und seiner unmittelbaren Umgebung. Genau das haben sie mit den heilenden Klängen der Kristallschale gemein.

Die holistische Aromatherapie ist äußerst komplex und der Versuch, ganz bestimmte physiologische, psychologische und spirituelle Wirkungen zu erzielen, kann sich unter Umständen als ziemlich schwierig erweisen. Trotzdem ist sie, ebenso wie die Klänge der Kristallschale, ein wunderbares Mittel zur Entfaltung unserer Persönlichkeit. Durch sie erfahren wir, daß Arbeiten, Wachsen und Reifen auch Spaß machen kann.

1. Wählen Sie das Öl nach gewünschter Wirkung aus. Richten Sie sich dabei nicht unbedingt nach den Angaben der Hersteller, weil die Schwingungen des Öls mit Ihren eige-

nen individuellen Energien auf ganz besondere Weise zusammenwirken.

2. Träufeln Sie das Öl auf einen Wattebausch und betupfen Sie den Rand der Schale ganz leicht damit. Wenn Sie die Kristallschale zum Klingen bringen, vereinigt sich der Duft mit dem Klang und erfüllt den Raum mit Schwingungen, die mit Ihrer eigenen Aura in Einklang kommen. Zusätzlich verstärkt wird dieser Prozeß durch eine entsprechende Visualisierung.
3. Für die Fernheilung können Sie, wenn Sie möchten, die Probe betupfen, die Sie in die Schale gelegt haben. Der Klang wird sich zusammen mit den Schwingungen des Duftes ausbreiten und zum Hilfesuchenden gelangen.
4. Sie können vor dem Spiegel auch einfach nur den Duft einatmen und sich dabei auf Ihr Ziel konzentrieren, ob dies nun magischer, heilender oder sonstiger Natur sei. Lassen Sie sich vom Duft und Klang beflügeln und tragen oder aber Ihre Energie in gewünschter Weise harmonisieren.

Die kombinierte Anwendung von Duft und Klang ermöglicht es, das Bewußtsein von der Verstandesebene zur intuitiven Ebene hin zu erweitern. Damit werden uns höhere Energien zugänglich, die wir dann um so kraftvoller in Bewegung setzen können. Wir können mit dieser Kombination den rationalen Verstand umgehen, der unsere geistigen und heilenden Energien so leicht blockiert, und uns jenen Ebenen unseres Geistes öffnen, die unsere kreativsten und mächtigsten Kräfte kontrollieren und lenken.

Übung 25:
Heilkammern schaffen

Für die Arbeit mit Kristallschalen werden vereinzelt auch Heilkammern errichtet. Dabei handelt es sich um Glaskonstruktionen mit ganz spezifischen Abmessungen, die außen und innen mit Klang beschallt werden. Ich persönlich kenne zwar niemanden, der sich mit derartigen Projekten befaßt, bin aber überzeugt, daß solche Kammern nicht schwer zu errichten sind.

Fast jeder Raum kann zu einer Heilkammer umgestaltet werden. Man braucht nur ein leeres Zimmer. Die Einrichtung sollte sich auf einen Teppich, einen Stuhl oder Sessel und einen Tisch beschränken. Je weniger im Raum ist, desto weniger wird der Klang gestört, wenn er zu kreisen und sich auszubreiten beginnt.

Der Klient sollte in der Mitte des Raumes seinen Platz haben. In die Ecken oder rings um ihn herum kann man Kristallschalen aufstellen und diese einzeln oder auch gemeinsam zum Klingen bringen, sofern genug Behandler zur Verfügung stehen.

Zur Ausschmückung des Raumes können Symbole der Heilung dienen. Die Kristallschalen könnten beispielsweise auf einer Matte mit Bildern und Symbolen aus der Heilkunst aller Jahrhunderte stehen. Je mehr Bedeutung Sie der Ausstattung im Detail beimessen, desto stärker wird die Wirkung des Klanges sein.

Eine andere Möglichkeit wäre, in Ihrer Heilkammer Pyramiden aufzustellen. Auf dem Markt gibt es verschiedene Konstruktionen aus Kupferrohr, die groß und stabil genug sind, um darunter zu sitzen. Bringen Sie die Schale zum Klingen, während Sie in der Pyramide ruhen, oder lassen Sie jemand anderen spielen – die Wirkung dürfte enorm sein.

Der Phantasie sind bekanntlich keine Grenzen gesetzt, also lassen Sie ihr beim Bau Ihrer persönlichen Heilkammer freien Lauf. Quarzkristalle oder andere Steine sind nicht nur dekorativ, sondern auch wirkungsvoll in ihrer Ausstrahlung. Pflanzen und Kräuter setzen weitere energetische Impulse. Die Kammer sollten Sie wie einen Tempel der Heilung betrachten und behandeln. Je mehr Sie also diesem Aspekt Rechnung tragen und Ausdruck verleihen, desto größer wird die Wirkung sein.

Viele Menschen sind von der Vision beseelt, ganzheitliche Heilzentren zu errichten, und haben doch keine Ahnung, wie man so etwas anfängt. Meist tun sie wenig, um selbst heil zu werden. Ein erster Schritt in diese Richtung wäre beispielsweise, ein Zimmer oder eine Ecke in Ihrem Haus zur Meditations- und Heilkammer zu machen. Jedesmal wenn Sie diesen Ort betreten und nutzen, laden Sie ihn mit neuer Energie auf, so daß die Bedingungen immer besser werden, wenn Sie dort sitzen und meditieren oder andere heilen möchten. Die Energie ist dann bereits vorhanden und aktiviert, bevor Sie beginnen. Sie schaffen einen heiligen Raum in der physischen Welt Ihres Zuhauses. Je mehr Sie diesen Ort nutzen, desto heiliger und kraftvoller wird er.

Wie Sie bereits wissen, ist der Klang der Kristallschale Wegbereiter einer heiligen Atmosphäre, die uns die gewöhnlichen Aspekte der physischen Energie transzendieren läßt. In dem Maße, wie Sie die Schale für Ihr persönliches Heil einsetzen, entwickelt sich Ihre eigene Aura zu einem heiligen Raum der

Heilung, der von jedem bemerkt wird, der in den Bannkreis dieses Feldes gerät. Sie werden selbst zur Kristallschale, die kraft ihrer Schwingungen eine Heilkammer entstehen läßt, wo immer Sie sich auch aufhalten mögen.

9 Blüten- und Edelsteinelixiere

Gesundheit ist im Prinzip das ideale Gleichgewicht zwischen den wesentlichen Teilen unseres Seins – Körper, Geist und Seele – und unserer Umwelt, unseren Beziehungen und allem, dem wir auf unserem Lebensweg begegnen. Das Wort Heilung hat seine Wurzeln im Griechischen *holos*, dem gleichen Stamm, aus dem »holistisch« also »ganz« gebildet wurde. Heilung ist ein Ausdruck von Ganzheit. Gesundheit ist Ganzheit und betrifft folglich niemals bloß die physische, die mentale oder die emotionale Ebene. Sie umfaßt unser ganzes Sein. Unter diesem Gesichtspunkt ist die Kristallschale auch ein wirksames Symbol und Instrument holistischer Heilung.

So wie alle Wege der spirituellen Entfaltung den Blick des Menschen auf sein Inneres richten, müssen auch wir nach innen schauen, um heil zu werden. *Heilung kommt immer von innen, und der Körper heilt sich selbst!* Der Anstoß mag von außen kommen, doch die eigentliche Heilung kommt von innen. Bevor Heilung überhaupt geschehen kann, sind zwei Voraussetzungen zu erfüllen. Zunächst müssen wir die Ursache unserer Erkrankung verstehen und dabei alle Ebenen durchforsten – die physische, emotionale, mentale und spirituelle. Und wir müssen willens sein, uns voll von unserer tiefsten Weisheit führen zu lassen und alle uns begegnenden Möglichkeiten auszuprobieren.

Es gibt immer mehrere Alternativen. Zahlreiche Heilweisen und Therapiemethoden stehen ebenso zur Verfügung wie eine unermeßliche Vielfalt von Mitteln. Aber es gibt kein Allheilmittel, solange wir in einem Körper leben. Wir müssen uns auf die Suche begeben und jene Methoden oder Kombinationen daraus anwenden, die unserer eigenen individuellen Entwicklung und Energie am zuträglichsten sind. Manchmal bedeutet das auch, daß wir aus verschiedenen Quellen und Therapieansätzen schöpfen und eine eigene und einzigartige Synthese daraus formen müssen. Der Kernpunkt aller Heilung ist die Entdeckung eben jener Methode, die im Augenblick einer Störung am besten für uns wirkt.

Auf dieser Entdeckungsreise müssen wir alle Aspekte unseres Seins beleuchten: die Emotionen, die Gedankenwelt und die spirituelle Komponente. Diese sind ebenso wichtig für unsere Gesundheit wie der körperliche Zustand bestimmter Organe und Gewebe. Ob es nun darum geht, gesund zu sein oder zu werden oder mehr Vitalität und Energie zu erlangen, stets ist unser ganzes Sein auf grobstofflicher wie feinstofflicher Ebene involviert.

Blüten- und Edelsteinelixiere können uns bei diesem Bemühen helfen. Auf einfache und wirkungsvolle Weise tragen sie dazu bei, sämtliche energetischen Ausdrucksformen zu harmonisieren und miteinander zu verbinden, um das Gleichgewicht auf den verschiedenen Ebenen herzustellen.

Unser Körper befindet sich in einem ständigen inneren Regulierungsprozeß, in dem Variable wie Temperatur und Blutzuckerniveau innerhalb bestimmter Grenzwerte gehalten werden. Das läuft nicht allein auf der physischen Ebene ab, sondern nur in Verbindung mit unseren feinstofflichen Energien. Wir sprechen dabei von der Homöostase oder Balance.

Wir inkarnieren uns unter verschiedenen Bedingungen, die diese Homöostase auf allen Ebenen unserer Existenz auf den Prüfstand stellen. Das ist auch der Hintergrund unseres immerwährenden Experimentierens und der zahllosen Veränderungen in unserem Leben. In dem Maße, wie wir lernen, uns den jeweiligen Veränderungen anzupassen und die Balance aufrechtzuerhalten, wachsen wir und erreichen einen immer besseren energetischen und gesundheitlichen Zustand. Wenn wir uns hingegen sträuben, die anstehenden Veränderungen vorzunehmen oder uns jeglichem Wandel von vornherein verweigern, machen wir damit die Hauptursachen unserer Krankheit deutlich.

Nur die Sehnsucht nach einem wie auch immer gearteten Ideal kann uns durch Zeiten der Veränderung vorwärts treiben. Dabei niemals die Balance zu verlieren, sollte unser größtes Bestreben sein. Die Kristallschale samt der Elixiere, die sich mit ihr herstellen lassen, kann uns hierbei unterstützen. In der Kombination helfen sie uns, unser Bewußtsein dahingehend zu schulen, daß wir uns der Einzigartigkeit unseres Seins stärker bewußt werden.

Wir müssen erkennen und begreifen, daß jede Krankheit auch eine positive Seite birgt, macht sie uns doch auf unsere inneren Widerstände und Disharmonien aufmerksam. Sie läßt uns die negativen Energien sehen, die wir in uns tragen. Durch den Heilungsprozeß lernen wir die Lektionen, die uns das Leben aufgibt, und unser Körper wird wieder in seinen natürlichen Zustand der Balance oder Homöostase gebracht. Wenn wir die Lektionen aber nicht erkennen, können wir das Symptom zwar in den Griff bekommen, doch die Krankheit wird sich wahrscheinlich in anderer Weise erneut manifestieren, und dann vielleicht noch wesentlich stärker.

Wir selbst manövrieren uns in Situationen hinein, die aus einer Reihe von Gründen Krankheit auslösen können. Zunächst sollten wir darin eine Möglichkeit sehen, zu wachsen und zu lernen. Wir können damit aber auch den Übergang schaffen, den wir Tod nennen. Sie kann als Vorwand auftreten, um Aufmerksamkeit und Zuwendung zu erlangen. Sie kann ein Weg sein, uns von altem Ballast zu befreien, dem wir in unserem Inneren so sehr verhaftet sind. Es können ebenso viele Gründe aufgeführt werden, wie es Krankheiten gibt. Dennoch müssen wir stets bedenken, daß Faktoren wie beispielsweise schlechte Ernährung, Unfälle, Selbstvernachlässigung und sonstige Krankheits-»Ursachen« eigentlich nur Reflexionen und Symptome der wahren Krankheit oder Disharmonie sind, die wir in uns tragen.

Aus einer natürlich ausgeheilten Krankheit geht der Mensch hinterher immer stärker hervor. In einem natürlichen Verlauf erkennen und begreifen wir unsere Schwächen und wissen diese dann durch wahre Stärke zu ersetzen. Wie oft hören wir unsere Mitmenschen sagen: »Das werde ich nie wieder tun. Ich sorge schon dafür, daß ich wieder in Form komme.« Sobald die Beschwerden der Krankheit aber abgeklungen sind, ist der gute Vorsatz vergessen.

Das menschliche Energiesystem weiß, wie es sich aufrechterhalten kann; unglücklicherweise stellen wir uns ihm häufig in den Weg. Es ist nicht ungewöhnlich, daß jemand, der sich gerade eine Kursänderung vornimmt, also sich auf einmal richtig ernährt, Sport treibt, adäquate Ruhephasen einlegt und so weiter, drei bis vier Wochen später mit einer Erkältung oder Grippe im Bett liegt. Er wundert sich wahrscheinlich, wie das geschehen konnte, wo er doch so hart daran gearbeitet hat, seinen Gesundheitszustand zu verbessern.

Dieses Phänomen bezeichnet man als Heilungskrise, und es

wird immer dann ausgelöst, wenn der Körper plötzlich regelrecht umsorgt wird. Wenn wir nicht richtig für uns sorgen, kommt es zu einer Verschlackung, vergleichbar mit dem Schmutz, der sich am Boden eines Flusses absetzt. In unserem Bemühen um bessere Gesundheit wird all dieser Schmutz zunächst hochgewühlt und zutage gefördert. Als Ergebnis fängt dann erst einmal die Nase an zu triefen, oder wir bekommen allerhand andere kleine Beschwerden. All diese Symptome zeigen nichts weiter an, als daß sich der Körper reinigt.

In solchen Phasen greift der Mensch gerne zu rezeptfreien oder verschreibungspflichtigen Medikamenten, um von seinen Beschwerden loszukommen, und erkennt dabei nicht einmal, daß er damit den Reinigungsprozeß des Körpers blokkiert.

So schnell und radikal die modernen Pharmazeutika bei der Beseitigung von Krankheitssymptomen auch wirken, bringen sie doch meist nur oberflächlich Linderung. Sie sind im Prinzip nicht viel mehr als ein »Fast-Food«-Heilmittel, das den einzelnen von seiner Verantwortung für die eigene Gesundheit – ob nun physisch oder auf anderen Ebenen (emotional, mental, spirituell) – befreit. Auf lange Sicht richten diese Mittel effektiv mehr Schaden als Nutzen an, denn die Warnungshinweise auf den Beipackzetteln werden oftmals mißachtet, der Reinigungsprozeß unterbrochen, und alles tief vergraben, um eventuell später mit noch größerer Macht an die Oberfläche zu drängen.

In der Antike bestand die höchste Kunst der Heilung darin, dem Menschen mit bestimmten Methoden die Möglichkeit zu geben, sich selbst zu heilen – von innen heraus und vollständig. Jeder Versuch, ein Mittel anzubieten, das den natürlichen

Heilungsprozeß des Körpers unterbrechen würde, galt als eine Verletzung der Integrität des Patienten.

Wichtig ist, daß der ganze Mensch behandelt wird und nicht nur das Symptom. Dafür bedarf es Methoden, die die natürlichen Funktionen des physischen Körpers im Zusammenhang mit allen sonstigen Aspekten des Seins betrachten und ansprechen. Unglücklicherweise haben wir in unserer Gesellschaft die Verantwortung und Sorge für *unseren* Körper anderen Menschen übertragen. Das heißt nicht, daß man künftig nie mehr einen Arzt aufsuchen sollte, denn die moderne Medizin hat durchaus auch ihre guten Seiten. Es besagt lediglich, daß wir mehr über unseren Körper wissen und strengere sowie naturgemäßere Maßstäbe für unsere Gesundheit entwickeln müssen.

Manchmal haben wir unsere Energien so weit erschöpft und vernachlässigt, daß wir es kaum wiedergutmachen können. Und selbst dann gibt es noch Möglichkeiten, wieder zu Kräften zu kommen und sich von der Krankheit zu erholen. Wir müssen lernen, unser eigenes Immunsystem aufzubauen und zu stärken und uns nicht nur auf Medikamente zu verlassen, wollen wir unseren Organismus nicht weiter schwächen. Dabei kann uns die moderne energetische »Medizin« helfen, so auch die beiden Therapieformen der heilenden Klänge und Blüten-/Edelsteinelixiere.

Als ich der Kristallschale zum erstenmal begegnete, war ich von ihrer Verwendung zur Herstellung eigener Blüten- und Edelsteinelixiere zunächst viel mehr angetan als von ihrer musikalischen Seite, und das, obgleich ich schon damals schwerpunktmäßig mit den Heilkräften des Klangs, der Musik und der Stimme arbeitete. Bei der Behandlung anderer Menschen hatte ich bis dahin Blüten- und Edelsteinessenzen nur in beschränktem Maße eingesetzt, während ich sie bei mir selbst häufig anwandte. Ich hielt es nämlich für vorteilhafter und wirkungsvoller, mit eigenen, persönlichen Kreationen zu arbeiten und Blüten und Pflanzen aus meiner unmittelbaren Umgebung oder die Kristalle und Steine aus meiner eigenen Sammlung zu nehmen.

In meinen Experimenten habe ich zunächst Blüten aus meinem Garten in eine einfache Glasschale gelegt, doch die Wirkkraft der Essenzen hielt sich in Grenzen, da das Blei und andere Chemikalien im Glas einen Teil des Lichtspektrums ausfilterten. Bei der Quarzkristallschale hingegen dringt das ganze Spektrum durch, so daß sich die darin befindliche Flüssigkeit mit Lichtenergie anreichern kann. Wissenschaftler sind gerade dabei, mittels Spektralanalyse und anderer Methoden die Aufbereitung von Wasser und anderen Flüssigkeiten in Kristallschalen zu testen.

Blüten- und Edelsteinelixiere sind energetische »Medizin«. Jeder von uns kann sie selbst mit Hilfe einer Kristallschale herstellen. Im holistischen Heilungsprozeß kommen ihnen bedeutende Funktionen zu:

- Sie helfen dem einzelnen, die Lektion einer bestimmten Krankheit oder auftretenden Störung zu begreifen.
- Sie helfen, die physiologische Balance wiederherzustellen, und harmonisieren die emotionalen und mentalen Ströme, die den Zustand mit ausgelöst haben.
- Wir können sie nutzen, um neue Stufen des Bewußtseins zu erreichen – und dies nicht nur im Zusammenhang mit der Gesundheit. Das schließt das Überschreiten der rationalen Ebene durch außersinnliche, kreative und spirituelle Be-

wußtseinszustände und deren Einbindung in den physischen Alltag mit ein.
- Sie helfen uns, im Einklang mit unserer Umwelt zu sein. Weil sie aus Elementen der Natur bestehen, wird uns bei ihrer Verwendung mehr und mehr das komplexe Zusammenspiel von Mensch und Natur klar.
- Mit ihrer Hilfe können wir uns besser auf die feinstofflichen Energien einstellen und deren Auswirkung auf unser physisches Leben erspüren.
- Sie helfen uns, die archetypischen Energiemuster wahrzunehmen, die in der Natur wirken und diese durchdringen. Eben diese Muster sind es, die jede Blüte und Pflanze, jeden Stein und Kristall wachsen und zu einer einzigartigen Form finden lassen, und dazu noch in Einklang mit der Natur und den Menschen.
- Blüten- und Edelsteinessenzen sind Katalysatoren für die emotionale, mentale und spirituelle Transformation und deren Ausdruck in der physischen Welt. (Sie nehmen nicht den Umweg über den physischen Körper, sondern in das ihn nährende und umgebende Energiesystem.)

Durch energetische Heilmittel und besonders solche, die mit Hilfe der Kristallschale hergestellt und energetisiert werden, erfahren wir mehr über uns selbst und über unsere Beziehung zur Welt. Sie bringen uns die Bedeutung der Worte Laotses aus dem Taoteking näher: »Der Mensch wird wieder gesund, sobald er es leid ist, krank zu sein.«

Blüten- und Edelsteinelixiere verstehen

Dr. Edward Bach gab 1930 seine florierende Arztpraxis in London auf, um sich der Erforschung des Pflanzenreichs zuzuwenden und Heilmittel zu entwickeln, die die Vitalität wiederherstellen können. Von verschiedenen Pflanzen und Bäumen nahm er Blüten und verarbeitete sie zu Heilmitteln, um negative Gemütszustände zu behandeln. Er strebte dabei stets nach Einfachheit und versuchte zunächst, etwas über die allgemeine Verfassung, Gemütslage oder Persönlichkeit eines Menschen zu erfahren, um dann eine für ihn speziell geeignete Pflanze zu suchen.

Die achtunddreißig von ihm entdeckten Heilmittel hat Bach alle am eigenen Leib ausprobiert. Er galt als äußerst sensitiver Mensch; ja, er soll so sensitiv gewesen sein, daß er sich eine Blüte nur auf die Zunge zu legen brauchte, um innerhalb kürzester Zeit genau die Gemütszustände auszumachen, die man mit ihr heilen konnte. Das bestätigte ihn in seiner homöopathischen Ausrichtung und deren Leitgedanke »Gleiches heilt Gleiches.«

Anders als in der Kräuterkunde, brauchen die Blütenessenzen das physische Material der Pflanze nicht. Die hinter der Fassade stehende und durch sie wirkende Energie wird stattdessen in einem einfachen alchemistischen Verfahren extrahiert (mehr darüber im weiteren Verlauf dieses Kapitels). Die Blütenessenzen sind im wahrsten Sinne des Wortes »Simples«, wie Dr. Bach sie gern bezeichnete. Sie haben keinen Einfluß auf physische Beschwerden. Sie machen sich nur die reinen und wunderbaren Elemente unserer Mutter Natur zunutze. Die verwendeten Pflanzen wachsen wild und sind für jedermann zugänglich, der sie sammeln möchte. Im Idealfall sollte man solche Pflanzen suchen, die unter natürlichen Bedingungen wachsen und nicht chemisch gedüngt werden.

Blüten- und Edelsteinessenzen sind absolut bekömmlich. Sie haben weder Neben- noch Wechselwirkungen mit anderen Medikamenten. Sie können überhaupt keine unangenehmen Reaktionen auslösen, ganz gleich welche Bedingungen auch immer vorherrschen mögen. Gelegentlich haben Patienten bei mir über Nebenwirkungen geklagt wie »Ich kann mit der Energie nicht umgehen.« In solchen Fällen sollte der Betreffende erst einmal der Ursache seiner Krankheit auf den Grund gehen und kritisch überprüfen, ob er wahrhaftig von dem Wunsch beseelt ist, wieder gesund zu werden. Jede Störung und die Art, wie wir darauf reagieren, sagt bekanntlich etwas über uns selbst aus. Schlimmstenfalls haben die Essenzen keine Wirkung, und bestenfalls wird man gesund und erleuchtet.

Es gibt so viele Anwendungen für Blüten- und Edelsteinelixiere wie es Blüten und Edelsteine auf der Welt gibt. Jede Blüte hat ihre eigene Persönlichkeit. Jede Blüte und jeder Edelstein hat eine eigene Schwingungsfrequenz, ein eigenes Lebensenergiemuster und eine einzigartige Funktion und Wirkung auf den einzelnen Menschen. Und genau dieses Energieschema wird in eine Flüssigkeit eingebettet, mit der wir je nach Funktion und Absicht bestehende Schwingungsmuster verändern, transmutieren oder neu entstehen lassen können.

Im letzten Kapitel haben wir kurz umrissen, wie wir Schwingungsenergien zu Heilzwecken benutzen können und wie diese mit den individuellen Energien des Menschen interagieren – ob nun durch Einnahme oder Projektion von außen.

Ganz gleich wie man sie zu sich nimmt, Blüten- und Edelsteinelixiere sind ausgesprochen heilsam, obwohl der Wirkungsverlauf im Einzelfall nicht immer vorhergesagt werden kann. Viele Menschen spüren einen sofortigen Effekt, der sich im Nachlassen der Spannung manifestiert. Andere können auf einmal den Aspekten ihrer Persönlichkeit ins Auge schauen, die diesen Zustand mit verursacht haben. Und wieder andere bemerken erst nach einer Woche, daß sich etwas tut. Ungeachtet der individuellen Reaktion, sind Selbstbeobachtung ebenso wie eine fachkundige Beratung äußerst hilfreich im Umgang mit Blüten- und Edelsteinelixieren.

Es ist wichtig, den Zusammenhang zwischen psychischer Verfassung und physiologischer Reaktion im Körper zu erkennen – zum Guten oder zum Schlechten hin. Die Elixiere helfen uns dabei. Heilung impliziert nicht allein die Beseitigung physischer Beschwerden oder Leiden, sondern ist immer auch eine Auseinandersetzung mit der Bedeutung der Krankheit. Die Heilmittel sind Wegbereiter für diese Begegnung mit dem eigenen Selbst. Wenn wir zu echter Gesundheit zurückfinden möchten, müssen wir auch zu Veränderungen bereit sein. Doch viele unter uns widersetzen sich jeder Veränderung. Die Elixiere öffnen unser Bewußtsein zum Höheren Selbst, umgehen damit den Widerstand und die Blockade der Persönlichkeit und bringen den ganzheitlichen Heilungsprozeß in Gang.

Nachfolgend finden Sie eine Übersicht von Blüten- und Edelsteinelixieren, die keinerlei Anspruch auf Vollständigkeit erhebt, denn mittlerweile sind Hunderte von Blütenessenzen auf dem Markt. Die erste Übersicht umfaßt die achtunddreißig Bach-Blüten mit ihren Hauptmerkmalen und Anwendungsgebieten. Die zweite stellt uns weitere Blütenheilmittel und einige ihrer psychologischen und spirituellen Eigenschaften vor. Die Beschreibung, Wirkungen und Eigenschaften sind ausgesprochen kurz gehalten und nur als ein erster Anhaltspunkt für den Gebrauch und als Anreiz für Ihre Experimentierfreudigkeit gedacht. (Wenngleich Sie die Blüten- und Edelsteinelixiere natürlich überall fertig kaufen können, ist es doch empfehlenswert, zumindest einmal ein eigenes Produkt herzustellen, um sich so besser in den alchemistischen Prozeß der Natur einfühlen und seine Wirkung auf Sie erspüren zu können.)

Die 38 Bachblüten

AGRIMONY – ODERMENNING: Bei quälenden Gedanken und innerer Unruhe, die hinter einer Fassade der Gelassenheit verborgen werden; bringt Seelenfrieden.

ASPEN – ZITTERPAPPEL: Bei Ängstlichkeit und Furcht; öffnet für neue Erfahrungen.

BEECH – ROTBUCHE: Bei Kritiksucht; erweckt Einfühlungsvermögen und Toleranz.

CENTAURY – TAUSENDGÜLDENKRAUT: Bei Willensschwäche; erweckt innere Stärke.

CERATO – BLEIWURZ: Bei mangelnder Zuversicht; erweckt das Vertrauen in die innere Führung.

CHERRY PLUM – KIRSCHPFLAUME: Bei Angst vor Zusammenbruch oder Schock; macht Mut in Streßsituationen.

CHESTNUT BUD – KNOSPE DER ROSSKASTANIE: Bei Wiederholung immer gleicher Fehler; fördert das Begreifen der Lektionen des Lebens.

CHICORY – WEGWARTE: Bei besitzergreifender Persönlichkeit und Opfersyndrom; erweckt die Fähigkeit zu angemessenem Geben und Nehmen.

CLEMATIS – WEISSE WALDREBE: Bei Tagträumerei und mangelnder Achtsamkeit; fördert konkrete und praktische Inspirationen.

CRAB APPLE – HOLZAPFEL: Bei Gefühlen der Unreinheit oder Scham; erweckt die Harmonie und führt zur inneren Läuterung.

ELM – ULME: Bei dem Gefühl, den Dingen nicht gewachsen zu sein; verleiht Selbstvertrauen.

GENTIAN – HERBSTENZIAN: Bei Entmutigung und Selbstzweifeln; schafft Ausdauer und Vertrauen.

GORSE – STECHGINSTER: Bei Hoffnungslosigkeit und Verzweiflung; erweckt Glauben und Hoffnung.

HEATHER – SCHOTTISCHES HEIDEKRAUT: Bei Selbstbezogenheit, wenn jemand völlig mit sich beschäftigt ist; erweckt den Sinn, für andere zu sorgen und ihnen zuzuhören.

HOLLY – STECHPALME: Bei Eifersucht, Haß- und Rachegefühlen; erweckt das Mitgefühl.

HONEYSUCKLE – JELÄNGERJELIEBER: Bei Verweilen in der Vergangenheit; fördert das Loslassen von Vergangenem.

HORNBEAM – WEISSBUCHE: Bei mangelnder Kraft, mit den Dingen des Alltags zurechtzukommen; schenkt Vertrauen in die eigenen Energien und Fähigkeiten.

IMPATIENS – DRÜSENTRAGENDES SPRINGKRAUT: Bei Ungeduld und Reizbarkeit; fördert Geduld und Verständnis.

LARCH – LÄRCHE: Bei mangelndem Selbstvertrauen und Minderwertigkeitskomplexen; erweckt Zuversicht und kreativen Ausdruck.

MIMULUS – GEFLECKTE GAUKLERBLUME: Bei Furchtsamkeit und Schüchternheit; macht Mut und gibt Vertrauen.

MUSTARD – WILDER SENF: Bei düsteren Stimmungen und Depressionen; erweckt Freude und schenkt Seelenfrieden.

OAK – EICHE: Bei Verzweiflung und Niedergeschlagenheit; fördert Tapferkeit, Beharrlichkeit und Stärke.

OLIVE – OLIVE: Bei Erschöpfung von Körper und Geist; bringt neue Vitalität.

PINE – SCHOTTISCHE KIEFER: Bei Schuldgefühlen und Selbstvorwürfen; erweckt die positive Selbstannahme.

RED CHESTNUT – ROTE KASTANIE: Bei übertriebener Furcht und Angst; bringt Ruhe und Abstand.

ROCK ROSE – GELBES SONNENRÖSCHEN: Bei Terror- und Panikgefühlen; macht Mut, über den eigenen Schatten zu springen.

ROCK WATER – WASSER AUS HEILKRÄFTIGEN QUELLEN: Bei mangelnder Flexibilität und Selbstverleugnung; erweckt die Fähigkeit zur Flexibilität, Spontanität und Selbsterhaltung.

SCLERANTHUS – EINJÄHRIGER KNÄUEL: Bei Unsicherheit und Unentschiedenheit; fördert die beharrliche Entschlossenheit.

STAR OF BETHLEHEM – DOLDIGER MILCHSTERN: Bei allen Schockzuständen und Traumata; fördert die Heilung von Traumata.

SWEET CHESTNUT – EDELKASTANIE: Bei Verzweiflung und in Zuständen an der Grenze des Erträglichen; erweckt den Glauben in finsterster Zeit.

VERVAIN – EISENKRAUT: Bei Übereifer und fanatischem Streben; fördert Entspannung und Mäßigung.

VINE –WEINREBE: Bei dominantem und unflexiblem Verhalten, fördert sensible Führereigenschaften und Respekt.

WALNUT – WALNUSS: Bei Übergang, Veränderung und Übersensibilität; fördert die Objektivität und die Freiheit der Perspektive.

WATER VIOLET – SUMPFWASSERFEDER: Bei übermäßigem Stolz und Arroganz; erweckt Demut und Dienstbarkeit.

WHITE CHESTNUT – WEISSE KASTANIE: Bei unerwünschten Gedanken und Sorgen; fördert die innere Ruhe und Klarheit des Geistes.

WILD OAT – WALDTRESPE: Bei Unzufriedenheit über das bisher Erreichte; bringt Klarheit über die Lebensrichtung.

WILD ROSE – HECKENROSE: Bei Apathie und Resignation; erweckt den Lebensmut.

WILLOW – GELBE WEIDE: Bei innerem Groll und Bitterkeit; fördert die Übernahme von Verantwortung und das Loslassen der Schuld.

Andere Blütenessenzen und deren Wirkung

ANGELICA – ENGELWURZ: Öffnet den Menschen für die Hilfe aus der geistigen Welt und Einflüsse von Engeln.

BLACKBERRY – BROMBEERE: Zur Manifestation der eigenen kreativen Inspiration und zur Öffnung für neue Bewußtseinsebenen.

CALENDULA – GARTEN-RINGELBLUME: Erweckt die Heilkraft der Worte.

CALIFORNIA POPPY – KALIFORNISCHER KAPPENMOHN: Wegbereiter zur höheren Intuition und Aurasichtigkeit; unterstützt die Verbindung mit dem Reich der Natur.

CHAPARRAL – KREOSOTENBUSCH: Verschafft Zugang zu tieferen Schichten des Bewußtseins und zur außersinnlichen Wahrnehmung durch Träume; unterstützt den Entgiftungsprozeß des Körpers.

INDIAN PAINTBRUSH – INDIANISCHER MALERPINSEL: Stimuliert den künstlerischen und kreativen Ausdruck.

IRIS – SCHWERTLILIE: Stimuliert die kreative Imagination und Inspiration; erweckt künstlerische Fähigkeiten.

LAVENDER – LAVENDEL: Besänftigt die Nerven und dämpft Übersensitivität gegenüber außersinnlichen und spirituellen Erfahrungen.

LOTUS – LOTOSBLUME: Zur Inspiration, Intuition, Heilung; verstärkt die Wirkung anderer Essenzen.

MUGWORT – BEIFUSS: Erweckt ein stärkeres Bewußtsein für die spirituellen Einflüsse und geistigen Energien; läßt Träume besser verstehen.

ROSE – ROSE: Bringt die Liebe und Inspiration zum Erwachen; hilft bei der Einstimmung auf das Engelreich und das Göttlich-Weibliche.

ROSEMARY – ROSMARIN: Unterstützt die Kontrolle bei außerkörperlichen Erfahrungen; stimuliert mentale Fähigkeiten.

SAGE – SALBEI: Fördert das Interesse am Erkunden der inneren Welten; verlangsamt den Alterungsprozeß; hilft Lebenserfahrungen zu verstehen und richtig einzuordnen.

SAINT JOHN'S WORT – JOHANNISKRAUT: Öffnet den Menschen für die göttliche Führung; aktiviert die Fähigkeit des luziden Träumens; verstärkt die geistigen Energien; ist hilfreich bei außerkörperlichen Erfahrungen.

SHASTA DAISY – GARTENMARGARITE: Spiritualisiert den Intellekt; verhilft zu einer ganzheitlichen Sicht des Lebens.

STAR TULIP – MORMONENTULPE, AUCH KATZENOHR: Macht empfänglicher für Botschaften aus dem spirituellen Reich und für astrologische Einflüsse; erweckt die weiblichen Aspekte der Imagination und Intuition.

SUNFLOWER – SONNENBLUME: Harmonisiert das Ego und erweckt das innere Licht der göttlichen Inspiration; läßt uns das Potential der Seele besser erkennen.

VIOLET – VEILCHEN: Bringt uns dem Reich der Elfen und Feen näher; erweckt unsere Herzenswärme und Spiritualität.

WILD ROSE – HECKENROSE: Läßt uns Zustände der Apathie überwinden und hilft uns, das Spirituelle im Physischen zu verankern; wirkt unterstützend bei chronischen Krankheiten.

YARROW – GARBE: Schützt vor übersinnlichen Kräften und Übersensitivität; stärkt die Aura; verleiht emotionale Klarheit und lindert Streß.

Edelsteinelixiere und deren Verwendung

Wurzel-Chakra

RAUCHQUARZ: Dieses Elixier wirkt stimulierend und reinigend auf das Wurzel-Chakra. Es kanalisiert die Energie des Kronen-Chakras, so daß diese auf der praktischen Ebene unseres Alltags besser zum Ausdruck kommt. Es zieht auch die Liebe aus dem Herz- hinunter ins Wurzelzentrum, so daß sie sich dort stabilisieren und ausbreiten kann. Dieses Elixier bringt mehr Lichtkraft in die Aura, weil es Negativität und andere Verunreinigungen der Aura auflöst.

Milz-Chakra

KARNEOL: Das aus diesem Stein hergestellte Elixier läßt die kreativen und künstlerischen Kräfte im Menschen erblühen, so daß er sie in ihrer ganzen Bandbreite nutzen kann. Es aktiviert die Energien, die den Manifestationsprozeß unterstützen. In der Meditation können wir damit unsere Energien bündeln und stärker auf unsere Ziele und Absichten ausrichten. Die magnetische Seite unseres Energiefeldes wird durch dieses Elixier aktiviert, so daß wir mehr Energie in uns aufnehmen können. Wir können es auch benutzen, um in der Chronik unserer vergangenen Leben und unseres Planeten zu lesen.

Solarplexus-Chakra

ZITRIN: Zitrin-Elixier wirkt unmittelbar stimulierend auf rationalen Verstand und hilft dabei, die Brücke zwischen den höheren mentalen und intuitiven Ebenen des menschlichen Geistes zu schlagen. Dieses Elixier steht unter dem Zeichen von Weisheit und Frieden. Es aktiviert die magnetische Seite unseres aurischen Feldes und zieht irdischen Reichtum oder neue Gelegenheiten für seinen Erwerb an. Wenn wir es unkontrolliert verwenden, läßt es uns in die Illusion der profanen Vergnügungen und Freuden dieser Welt versinken. Zitrin-Elixier kann unseren Blick auf die höheren Ziele in unserem Leben richten und uns auf Möglichkeiten hinweisen, wie wir diese am besten manifest machen.

Herz-Chakra

ROSENQUARZ: Rosenquarz-Elixier ist ein starkes und zugleich sanftes Heiltonikum. Es hilft uns, etwaige negative Emotionen, die sich im Herzen verankert haben, loszulassen. Es vermittelt ein Gefühl des inneren Friedens und der Erfüllung. Es heilt die inneren Wunden, die vergangene Liebesbeziehungen zurückgelassen haben. Es befreit von Emotionen und klärt Erinnerungen, die unser Wachstum blockieren. In Zeiten großen Aufruhrs kann es beruhigend auf die Emotionen wirken.

MALACHIT: Edelsteinelixier aus Malachit regt die Kreativität, Energie und Fähigkeit zum Wandel an. Es offenbart unseren wahren Wesenskern und läßt sich vortrefflich in der Meditation nutzen, wenn man sich auf ein bestimmtes Problem konzentrieren möchte. Es wirkt stimulierend auf die Aura, so daß sich Möglichkeiten für neues Wachstum und mehr Ausgeglichenheit abzeichnen.

Kehlkopf-Chakra

TÜRKIS: Dieses Elixier wirkt ausgleichend auf unseren emotionalen und kreativen Ausdruck. Es erhöht unsere Sensitivität und kann die Entwicklung der Hellhörigkeit unterstützen. Es schützt diejenigen, die in einem negativem Umfeld leben und arbeiten, und hat heilende Wirkung auf allen Ebenen.

Stirn-Chakra

SODALITH: Dies ist der dichteste und wohl tiefblauste Stein überhaupt. Als Elixier entfaltet er tiefgründige Gedanken, klärt den Geist und fördert das Denken, um allen Situationen gewachsen zu sein und die richtigen Schlüsse zu ziehen. In der Meditation entzündet er neue Funken spirituellen Lichts, nachdem er den Geist harmonisiert hat.

LAPISLAZULI: Das aus diesem Stein hergestellte Elixier reinigt den Geist und die Aura. Es hilft, Blockaden im Unterbewußtsein niederzureißen und in tiefere Schichten unseres Bewußtseins vorzudringen. Es fördert die telepathischen Fähigkeiten in uns und läßt uns den spirituellen Pfad erkennen, den wir in der jetzigen Inkarnation beschreiten sollen.

FLUORIT: Auch aus diesem Stein läßt sich ein hervorragendes Elixier für die Stirn-Chakra herstellen. Seine Anwendungsmöglichkeiten sind sehr vielfältig. Es erweckt die höheren Energien und weist so neue Wege zur geistigen Entfaltung. Abstrakte Gedankenformen werden verständlich und können leichter assimiliert werden. Dieses Elixier harmonisiert die Yin- und Yang-Kräfte im Menschen. Überdies bringt es die beiden Gehirnhemisphären in Einklang, so daß mehr Kreativität zum Ausdruck kommen kann. Der blaue Fluorit besänftigt Geist und Seele, während der purpurne die Fähigkeit zur Hingabe stimuliert und die Verbindung mit dem Göttlichen erleichtert. Der gelbe oder goldene Fluorit ist ein Symbol der Weisheit und hilft uns, die Erfahrungen des Lebens zu verstehen und somit immer weiser zu werden. Das Edelstein-Elixier von weißem Fluorit wirkt auf allen Ebenen reinigend und unterstützt den Geist in seinem Bestreben, sich mit den kreativen Kräften des Universums zu verbinden.

Kronen-Chakra

AMETHYST: Mit diesem Stein lassen sich hervorragende Elixiere herstellen. Sie haben auf allen Ebenen reinigende und läuternde Wirkung und können bei Krankheiten und Beschwerden Linderung verschaffen. Der Amethyst läßt uns tiefere Einblicke und Erkenntnisse gewinnen; in der Meditation regt er unsere Intuition an, und er läßt uns Demut lernen. Man kann damit auch die Fähigkeit zur Kontrolle von Astralprojektionen und der daraus resultierenden Ängste schulen.

Weitere wichtige Edelsteinelixiere

BERGKRISTALL: Klare Quarze lassen sich zur Verstärkung aller anderen Edelstein- und Blütenelixiere verwenden. Sie harmonisieren und energetisieren all unsere Chakren. Ein solches Elixier entflammt das reine Licht der Seele und rückt es in den Mittelpunkt des Lebens. Es wirkt ausgleichend und energetisierend auf die Aura und zählt mit zu den einfachsten und doch stärksten Elixieren, die man in der Kristallschale herstellen kann.

MONDSTEIN: Dieses Elixier ist ebenso vielseitig einsetzbar. Es hilft, Emotionen auszugleichen und zu besänftigen und ermöglicht den Aufstieg aus der Welt der Gefühle hin zu höheren Ebenen. Es läßt uns niedrigere außersinnliche Energien in spirituelle transformieren. Dieses Elixier warnt uns vor Schwellen, die wir auf unseren außersinnlichen Erkundungsreisen noch nicht zu überschreiten bereit sind. Zur Zeit der Menstruation hilft es Frauen, das physische und emotionale Gleichgewicht aufrechtzuerhalten. Mondstein-Elixiere bringen Männer in Kontakt mit ihrer weiblichen Seite. Insgesamt lassen sie uns Ruhe und inneren Frieden erfahren. Man kann sie auch bei Ritualen einsetzen, um die Fähigkeit des Unsichtbarmachens zu stimulieren.

Die geeigneten Elixiere bestimmen

Es ist ziemlich einfach, das passende Blüten- oder Edelsteinelixier zu bestimmen. Wenn wir ein Verhaltensmuster oder einen Wesenszug verändern möchten, sind Selbstbeobachtung und ein gesunder Menschenverstand der Schlüssel dazu. Wie reagieren wir in bestimmten Situationen und auf bestimmte Menschen? Welche Eigenschaften und Fähigkeiten möchten wir zur Entfaltung bringen? Die Beantwortung dieser Fragen kann uns helfen, das für uns günstigste Elixier oder eine Kombination aus mehreren Essenzen zu finden.

Es ist immer vorteilhafter, die Essenzen selbst zu bestimmen und sie nicht von Außenstehenden auswählen zu lassen. Man kann sich natürlich beraten lassen oder Seminare über Blüten- und Edelsteinessenzen besuchen. Letztlich aber liegt die Verantwortung bei einem selbst. »Erkenne dich selbst« lautete ein Grundsatz der alten Mysterienschulen. Und eben dieses Prinzip steht hinter der Verwendung aller Blüten- und Edelsteinelixiere. Selbstbeobachtung und stärkere Eigenverantwortlichkeit sind gefragt, wenn es darum geht, größtmögliche Dynamik in den Heilungsprozeß zu bringen. Wir werden dazu angehalten, mit den inneren Sphären unseres Seins in Berührung zu kommen. Bei der Auswahl geeigneter Essenzen wird der einzelne mit der Frage konfrontiert, welche Veränderungen anstehen und welche Ziele erreicht werden wollen.

Zur Auswahl von Elixieren gibt es im wesentlichen zwei Methoden. Die erste ist ein rationaler Ansatz, und die zweite beruht eher auf Intuition. Eine dritte wäre die Kombination aus diesen beiden. Für jede dieser Vorgehensweisen gibt es spezifische Techniken.

Der rationale Ansatz beinhaltet die Selbstbeobachtung und den zuvor beschriebenen Prozeß der Selbsthinterfragung. Schauen Sie auf die Muster in Ihrem Leben. Welche Fehler wiederholen Sie ständig? Wie reagieren Sie in verschiedenen Situationen? Wie reagieren Sie auf die Menschen, die Ihnen im Alltag begegnen? Welche Stimmung oder Verfassung begleitet Sie von einem Tag zum nächsten? Beobachten Sie sich selbst. Hören Sie in sich hinein. Finden Sie Ihre Bedürfnisse, Ihre Ziele und Ihren derzeitigen Status quo heraus. Beim rationalen Ansatz sollten Sie bedenken, daß die Eigenschaften einer jeden Essenz irgendwann im Leben auf jeden von uns zutreffen.

Dr. Edward Bach hat bekanntlich eine ganze Menge dazu beigetragen, die Medizin zu entmystifizieren und ein System aufzubauen, das jeder verstehen und benutzen kann, der gesund sein und bleiben möchte. Lesen Sie die Beschreibung der Essenzen hier und in anderen Büchern nach. Machen Sie sich eine eigene Liste solcher Heilmittel, die Ihrer Wesensart oder Ihrer derzeitigen Streß- beziehungsweise Gefühlslage am besten entsprechen. Schreiben Sie auch all diejenigen auf, die jene Eigenschaften vermitteln, die Sie zu entwickeln suchen.

Nachdem diese Liste erstellt ist, entscheiden Sie, welche Probleme am dringlichsten sind und sofort in Angriff genommen werden sollen. Wenn Sie sich nicht recht entschließen können, nehmen Sie eine Bewertung von 1 bis 10 vor (1 hat die geringste Priorität, 8 bis 10 die höchste). Sie brauchen sich nicht auf ein einziges Mittel zu beschränken, denn auch Kombinationen sind möglich, wobei diese allerdings maximal sieben Essenzen enthalten sollten. Nur so können die einzelnen ihre Wirkung voll entfalten.

Alle sonstigen Auswahlmethoden folgen dem intuitiven Ansatz. Beispielsweise kann man meditieren, um die gewünschten Essenzen und Elixiere zu bestimmen. Auch auf die angewandte Kinesiologie läßt sich zurückgreifen; manche setzen auf feinstoffliche Berührung und streichen mit ihren Händen durch die Aura des Patienten oder über die Deckel der Essenzfläschchen, um die magnetische Anziehungskraft beziehungsweise den magnetischen Widerstand zu erspüren. Eine der einfachsten intuitiven Möglichkeiten bietet uns die Radiästhesie.

In der Radiästhesie geht es darum, mit Hilfe von Instrumenten wie Pendeln, Weiden- oder Wünschelruten die Ausstrahlung der Essenzen und deren Verträglichkeit für den Klienten zu messen. In der Radiästhesie spielt auch die Weissagung eine Rolle – die Verbindung zu unserem göttlichen Wesenskern, der genau weiß, was wir brauchen. All diese Methoden funktionieren nur, wenn der Geist seine Objektivität behält; dennoch sind sie für jedermann mühelos erlernbar, und man kann es darin zu großer Fertigkeit bringen.

Der Gebrauch eines Pendels ist wohl der einfachste Weg. Um ein Pendel anzufertigen, braucht man nur einen symmetrischen Gegenstand am Ende eines Fadens oder einer Kette zu befestigen. Dann hält man es über das fragliche Objekt, und die gewünschte Antwort läßt sich an der Art des Pendelausschlags ablesen.

Hier die einzelnen Schritte zur Benutzung eines Pendels:

1. Zeichnen Sie einen Kreis auf ein Blatt Papier. Sie können horizontale und vertikale Linien darin anlegen oder auch einen inneren Kreis einzeichnen, in den Sie die sogenannte Probe – wenn Sie für andere weissagen – oder ein be-

stimmtes Heilmittel legen, dessen Wirkung oder Bedeutung Sie ermitteln möchten (siehe nachfolgende Abbildungen). Mit etwas Einfallsreichtum und zunehmender Praxis können Sie aus diesem Kreis ein hervorragendes Diagnose-Instrument entwickeln.

2. Legen Sie die Bedeutung der Bewegungsrichtungen fest. Wenn das Pendel vertikal schwingt, heißt das für Sie »Ja«? Und wenn es horizontal schwingt, bedeutet das für Sie »Nein«? Welche Bedeutung Sie den verschiedenen Richtungen auch immer zuordnen, bleiben Sie bei der einmal getroffenen Festlegung, wenn Sie das Pendel in Zukunft benutzen. Damit legen Sie die Grundregeln der Kommunikation zwischen Ihnen und Ihrer Intuition fest. Allgemein verbreitet sind folgende Richtungszuordnungen:
   - vor und zurück entlang der horizontalen Achse = NEIN
   - vor und zurück entlang der vertikalen Achse = JA
   - im Uhrzeigersinn.kreisend = JA
   - gegen den Uhrzeigersinn kreisend = NEIN

Die Bewegung des Pendels entlang der Kreisachse beantwortet Fragen mit ja oder nein.
Die Probe oder die zu testende Essenz wird in den inneren Kreis gelegt.

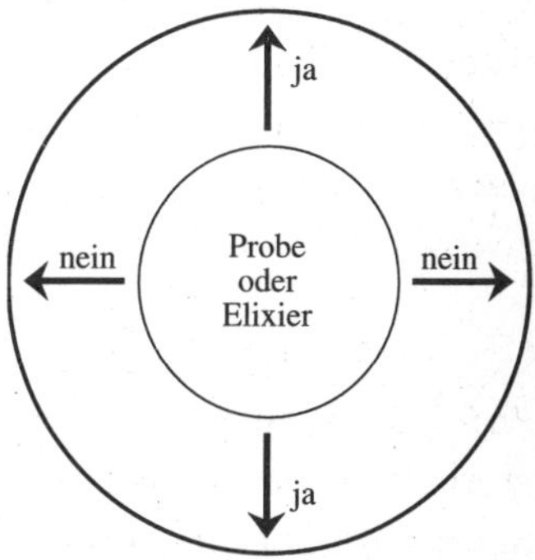

3. Üben Sie das Pendeln, bevor Sie damit Blüten- und Edelsteinelixiere für sich selbst und für andere austesten. Legen Sie das Papier mit dem Kreis flach auf den Tisch. Stützen Sie den Ellbogen auf, so daß Ihre Hand über dem Kreis ruht. Halten Sie die Pendelschnur oder -kette zwischen Daumen und Zeigefinger, so daß das Pendel 2,5 bis 5 cm oberhalb des Kreismittelpunkts hängt. Stellen Sie sich ein paar Fragen, die mit Ja oder Nein zu beantworten sind und deren Antwort Sie bereits kennen. Stoßen Sie das Pendel in die Richtung dieser Antwort an. Damit senden Sie eine Botschaft an den intuitiven Teil Ihres Bewußtseins und teilen ihm mit, wie er über das Pendel mit Ihnen kommunizieren kann.
4. Als nächsten Schritt stellen Sie das Elixier in den inneren Kreis und halten das Pendel darüber. Achten Sie darauf, daß es sich nicht bewegt. Jetzt können Sie die Fragen stellen wie: »Brauche ich dieses Blüten-/Edelsteinelixier?« oder »Braucht ______________ dieses Blüten-/Edelsteinelixier?« Aus der Bewegungsrichtung und -stärke läßt sich die Antwort ablesen. Vergessen Sie nicht, daß es die intuitiven Ebenen Ihres Geistes sind, die mit der Energie der Essenz in Resonanz treten und das Pendel zum Schwingen bringen.
   Sie können zum Austesten auch die Essenz in der einen und das Pendel in der anderen Hand halten. Sie können auch aus der Ferne für andere Essenzen auswählen. Dazu legen Sie eine Probe der betreffenden Person in das Kreisinnere, stellen die Essenz dazu und fragen entsprechend. Dies alles sind natürlich nur grobe Richtlinien, um Ihnen einen schnelleren Zugang zu ihrer intuitiven Seite zu ermöglichen.

Benutzung des Pendels zum Austesten von Elixieren

Stellen Sie das Elixier in den inneren Kreis, halten Sie das Pendel darüber, und fragen Sie, ob es für Sie paßt.

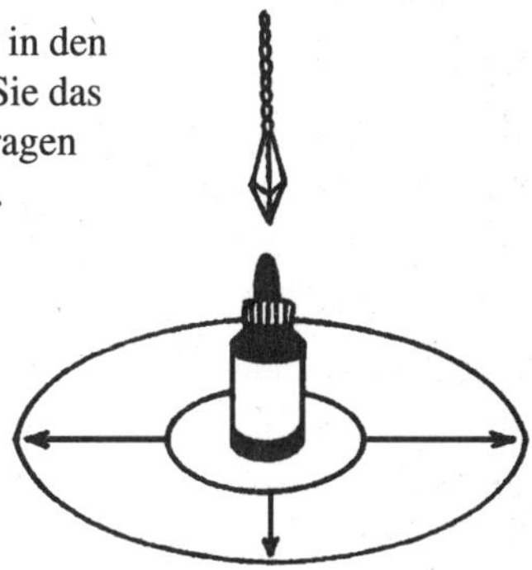

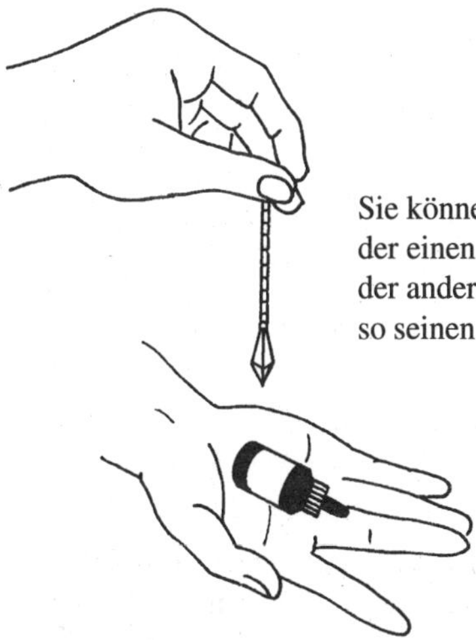

Sie können das Elixier auch in der einen und das Pendel in der anderen Hand halten und so seinen Nutzen austesten.

5. Sie können das Pendel auch benutzen, um die besten Dosierungen und Kombinationsmöglichkeiten zu ermitteln. Alles hängt von der Fragestellung ab. Versuchen Sie, konkret zu sein, und formulieren Sie so, daß eine Ja- oder Nein-Antwort möglich ist, also beispielsweise: »Sind diese drei Essenzen in ihrer Gesamtwirkung gut für mich?« oder »Soll ich diese Essenz viermal täglich einnehmen?«
6. Nachdem Sie die richtige Essenz gefunden haben, können Sie sie viermal täglich einnehmen – ein paar Tropfen genügen. Legen Sie die Probe der betreffenden Person in Ihre Kristallschale, und stellen Sie das Blütenessenzfläschchen dazu (vergessen Sie die Filz- oder Lederunterlage nicht!). Während Sie die Schale zum Klingen bringen, wird die Essenz durch die Klangwellen auf feinstofflicher Ebene zur Probe transportiert. Die Klangwellen tragen die Schwingungen des Blüten- oder Edelsteinelixiers zum Heilsuchenden, um mit seinem Energiefeld zu interagieren. Sie können auch mehrere Tropfen des Elixiers auf den Rand der Kristallschale träufeln. Während Sie sie dann spielen, verbinden sich die Schwingungen und werden zu dem Betreffenden in die Ferne getragen.
   Wie lange man die Kristallschale erklingen lassen und die Energien schicken soll, ist schwer zu sagen, denn es gibt keine generelle Regel dafür. Zehn Minuten sind häufig schon mehr als genug, doch lassen Sie sich dadurch nicht einschränken. Benutzen Sie das Pendel, um nach der Zeitspanne zu fragen: »Reichen fünf Minuten, um dieses Elixier mit der Kristallschale zu schicken?« Die Wirkung der Elixiere wird durch die Kraft der Kristallschale zusätzlich verstärkt.

7. Nachdem Sie die passenden Essenz(en) für sich ausgewählt haben, können Sie die Kristallschale auch benutzen, um Ihre Umgebung mit den Schwingungsfrequenzen der Elixiere anzureichern. Wenn Sie die Schale zum Klingen bringen, vereinigen sich die Frequenzen des Klanges mit denen des Elixiers und erfüllen den Raum mit deren Schwingungsenergien. Diese beeinflussen dann Ihr eigenes Energiefeld, solange Sie sich hier aufhalten, und unterstützen damit Ihre Heilung.
8. Wie bereits gesagt, ist das Pendel ein Instrument zur Kommunikation mit dem Unterbewußtsein – dem Sitz unserer intuitiven Energien. Die Intuition sendet über das Nervensystem Impulse aus, die das Pendel in Bewegung setzen. Über das Nervensystem erhält das Gehirn alle Daten von den äußeren und inneren Sinnen und übermittelt die passenden Botschaften dorthin zurück.
   Der Pendelausschlag ist eine ideomotorische Reaktion – ein unwillkürlicher Muskelreflex, der vom Unterbewußtsein ausgelöst wird. Jede Muskelkontraktion erzeugt einen Impuls, der sich in diesem Fall auf das Pendel überträgt und es veranlaßt, sich in der richtigen Weise zu bewegen.
9. Kinder reagieren viel besser und stärker auf heilende Schwingungen als Erwachsene. Ihr Energiesystem ist noch weitaus magnetischer und kann deshalb die von außen in den Organismus einströmenden Schwingungen besser absorbieren. Blüten- und Edelsteinelixiere sind somit gerade in der Präventivmedizin bei Kindern von besonderem Wert. Man kann sie einsetzen, um das kindliche Immunsystem zu stärken und aufzubauen, mehr Ausgeglichenheit zu schaffen und das Kind darin zu bestärken, im Einklang

mit den intuitiven Energien zu bleiben, die für sein Alter so natürlich sind. Bei Kindern sollte man wegen der stärkeren Reaktion die Anzahl der Essenzen in Kombinationspräparaten reduzieren.

10. Auch in der Behandlung von Krankheiten oder Marotten bei Haustieren können Elixiere sehr erfolgreich eingesetzt werden. Man mischt sie einfach dem Fressen oder dem Trinkwasser bei.

Übung 26:
Herstellung eigener magischer Heilelixiere

Um Elixiere herzustellen, legt man Blüten und Edelsteine in eine mit Wasser gefüllte Kristallschale und stellt diese dann einige Stunden lang ins pralle Sonnenlicht. Man kann die Blüten und Edelsteine auch zusammen in Wasser leicht köcheln. Auf beide Verfahren wird im weiteren Verlauf des Kapitels noch detailliert eingegangen. Durch die Extraktion der Lebensessenz und Energiematrix aus den Blüten und Edelsteinen erhält man ein potenziertes Elixier, das MUTTER-ESSENZ oder MUTTER-ELIXIER genannt wird. Alkohol oder Weinbrand wird als Konservierungsmittel zugefügt.

Aus dem Mutter-Elixier werden die sogenannten STOCK BOTTLES (Vorratsfläschchen) hergestellt. Dazu werden zwei Tropfen Mutter-Elixier in ein 20 ml Fläschchen mit chemisch unbehandeltem Wasser gefüllt, zur Konservierung mit einem Teelöffel Weinbrand oder Alkohol versetzt und mit einem Tropfaufsatz versehen. Aus diesen Vorratsfläschchen werden die Einnahme-Fläschchen abgefüllt. Auch hier kommen zwei

Mutter-Essenz

Vorrats- und Einnahme-Fläschchen

Tropfen aus der jeweiligen Stock Bottle auf 20 ml Wasser-Weinbrand-Gemisch.

Nach Fertigstellung des Einnahme-Fläschchens kann man das Elixier direkt aus der Flasche zu sich nehmen oder ein paar Tropfen davon in ein Glas Wasser geben. Vier bis sieben Tropfen viermal täglich sind die empfohlene Standard-Dosierung.

Blüten- und Edelsteinessenzen werden durch diese Verdünnungsmethode potenziert, ähnlich wie man es bei homöopathischen Mitteln macht. Dr. Ernst Lehrs hat in seinem Buch *Man or Matter* (Verlag Faber und Faber) eine Beschreibung des Potenzierungsverfahrens gegeben, wie es in der Homöopathie angewandt wird. »Die Methode der Verdünnung oder ›Potenzierung‹ lautet folgendermaßen: Eine bestimmte Menge des Materials ist in neunmal so viel destilliertem Wasser aufzulösen. Man erreicht damit einen Verdünnungsgrad von 1 : 10, normalerweise D 1 gekennzeichnet. Ein Zehntel dieser Lösung wird erneut mit neunmal soviel Wasser vermischt. Der jetzt erreichte Verdünnungsgrad ist 1 : 100 oder D 2. Dieser Vorgang setzt sich soweit wie im Einzelfall erforderlich fort …

Wir können diese Verdünnung beliebig fortsetzen, ohne daß die Substanz ihre Fähigkeit einbüßt, eine physiologische Wirkung zu erzeugen. Im Gegenteil, ist die ursprüngliche Wirkung durch Verdünnung auf ein Minimum reduziert, gibt die weitere Verdünnung dem Produkt die Kraft, noch stärkere Reaktionen anderer und im allgemeinen gegensätzlicher Art aufzulösen. Diese zweite Wirkung erhöht sich mit weiterer Verdünnung stufenweise bis zu einem variablen Maximum.

Dieser Potenzierungsprozeß zeigt, daß eine Substanz durch wiederholte räumliche Ausdehnung erst jenseits der vorstellbaren Bedingungen für Materie und dann weiter in den Bereich der rein funktionalen Wirkung geführt werden kann. Die Potenzierung der physischen Substanzen gewinnt damit eine Bedeutung, die weit über den medizinischen Gebrauch hinausreicht.«

Aus diesem Grund lautet auch das Grundprinzip der Homöopathie: »Gleiches heilt Gleiches«. Krankheitssymptome werden mit hoch potenzierten Substanzen behandelt, die unverdünnt ähnliche Symptome erzeugen würden. Im Potenzierungsverfahren wandelt sich die Substanz von der Ursache zur Wirkung. Das Symbol der Unendlichkeit spiegelt diesen Prozeß. Wenn eine Substanz verdünnt und potenziert wird, bewirkt sie das Gegenteil, wobei Heilung oder Wirkung hervorgerufen wird, weil der Urkern der Energie freigesetzt ist. Wir kommen mit einem archetypischen Energiemuster in Berührung.

Wer Blüten- oder Edelsteinelixiere einnimmt, muß sich von seinen alten Vorstellungen in bezug auf Medikamente lösen. Mehr ist eben nicht besser, wenn von diesen Elixieren die Rede ist. Es reicht, sie nach dem Aufstehen und vor dem Zubettgehen sowie mehrmals zwischendurch zu nehmen. Bei Blüten- und Edelsteinelixieren ist eine häufigere Einnahme

viel eher angezeigt als eine Erhöhung der Dosis, und das auch nur in akuten Situationen und zur Beschleunigung des Transformationsprozesses.

Wenn Sie Blüten- und Edelsteinelixiere herstellen möchten, lassen Sie sich auf einen alchemistischen Prozeß ein. In einer Kristallschale mit Blüten- oder Edelsteinessenzen vollzieht sich die Alchemie der Natur. Die vier Elemente der Natur werden in dem Prozeß vereint, um das fünfte Element des spirituellen Lebens greifbar zu machen. Das Feuer der Sonne spielt auf dem Wasser in der Kristallschale (ein mit der Erde verbundenes Instrument), die Essenz in der Schale ist von Luft umgeben, und durch den Klang wird die Energie der Luft benutzt, um die Essenz oder das Elixier zu energetisieren.

All dies geschieht auf der Erde. Wenn der Vorgang abgeschlossen ist, wurde die lebendige oder spirituelle Essenz der Blüten oder Edelsteine – deren archetypische Matrix also – auf alchemistische Weise freigesetzt und auf die Flüssigkeit in der Schale übertragen.

1. Reinigen Sie Ihre Kristallschale. Das zuvor beschriebene rituelle Bad ist besonders empfehlenswert.
2. Nehmen Sie sich ausreichend Zeit zur Meditation und Einstimmung auf die Natur. Optimal wäre es, sich dazu ins

Freie, in die Nähe der Blumen zu setzen, die Sie benutzen möchten; oder nehmen Sie die Kristalle und Edelsteine Ihrer Wahl mit nach draußen.

3. Wenn Sie Edelsteinelixiere herstellen möchten, sollten Sie diese möglichst in rohem, ungeschliffenem Zustand verwenden. Haben Sie solche nicht zur Hand, so ist dies auch nicht schlimm. Sorgen Sie in diesem Fall nur dafür, daß die Kristalle und Edelsteine sorgfältig von früheren Einflüssen gereinigt werden. Legen Sie sie für vierundzwanzig bis achtundvierzig Stunden in Meersalz, um fremde und negative Energien zu entfernen, bevor Sie mit der eigentlichen Arbeit beginnen.
4. Pflücken Sie die Blüten im Stadium ihrer vollsten Entfaltung und möglichst früh morgens. Die Morgensonne hat eine besonders vitalisierende Kraft. Ab zwölf Uhr mittags werden die ultravioletten Strahlen intensiver, und das Prana der Luft verringert sich.
5. Halten Sie qualitativ gutes Wasser bereit. Unbehandeltes, kristallklares Quellwasser eignet sich am besten zur Herstellung von Blütenessenzen, und destilliertes Wasser ist für Edelsteinelixiere am wirkungsvollsten.
6. Stellen Sie Ihre Kristallschale in die pralle Sonne; wählen Sie einen Tag mit wolkenlosem Himmel. Gießen Sie 300–400 ml Wasser in die Schale und schwenken Sie sie sanft hin und her; am besten zwölfmal, um die Bewegung der Sonne durch den Tierkreis zu symbolisieren. Denken Sie daran, daß die in die Essenzen einfließende Kraft in dem Maße zunimmt, wie Sie dem Prozeß selbst Beachtung beimessen. Wenn Sie die Schale erklingen lassen, wirkt dies zusätzlich reinigend auf das darin befindliche Wasser

und befreit es von Verschmutzungen oder gedanklichen Kontaminationen jeder Art.

7. Tauchen Sie die gepflückten Blüten sofort ins Wasser. (Manche raten, die Pflanzen nur an einem Blatt oder am Stengel anzufassen und die Blüten nicht mit den Händen zu berühren; andere meinen, man solle das Wasser nicht berühren.) Legen Sie so viele Blüten ins Wasser, bis die Oberfläche bedeckt ist, und achten Sie darauf, daß jede Blüte vom Wasser benetzt wird. Stellen Sie die Schale an die Sonne, so daß mehrere Stunden lang keinerlei Schatten auf sie fallen kann. Vielleicht decken Sie die Schale auch mit einer Plastikfolie ab, um Insekten und Schmutz fernzuhalten.
8. Nach drei Stunden oder auch erst, wenn die Blüten zu welken anfangen, nehmen Sie sie wieder aus dem Wasser. Benutzen sie Blumenstengel, Stöckchen oder längere Kristallspitzen, um die Blüten herauszufischen. Ich empfehle, die Blüten als Akt der Dankbarkeit um die Sträucher und Pflanzen in Ihrem Garten auszubreiten und sie so der Natur zurückzugeben.

Für Edelsteinelixiere sollten Sie die Kristalle und Edelsteine vielleicht etwas länger in der Sonne lassen. Manche empfehlen, den Weinbrand zusammen mit den Steinen in die Schale zu geben, weil sie glauben, daß dieser mehr Energie aus den Steinen ziehen kann als destilliertes Wasser allein. Beide Möglichkeiten führen zum Ziel, obwohl Weinbrand den Vorteil aufweist, daß er die Steine zusätzlich desinfiziert. Bei ungeschliffenen Steinen kann sich in den Ritzen leicht Schmutz festsetzen. Die Verwendung von Weinbrand beugt einer Kontamination vor.

(Seien Sie vorsichtig, wenn Sie die Kristallschale mit den Steinen zum Tönen bringen möchten. Es könnte leicht eine diskordante Schwingung entstehen, die die Schale bersten läßt. Benutzen Sie eine Unterlage, oder lassen Sie sie nur ganz behutsam erklingen.)

9. Schlagen Sie die Kristallschale erneut an. Dadurch energetisieren Sie die Essenz und entfernen sämtliche Unreinheiten, die sich inzwischen eingelagert haben könnten. Mit Hilfe eines sauberen Trichters können Sie den Inhalt der Schale nun in ein dunkelbraunes Fläschchen umfüllen. In braunen Fläschchen läßt sich die Energie der Essenz besser konservieren als in klaren.
10. Fügen Sie Weinbrand (etwa im Verhältnis 1 : 4 bis 1 : 2) hinzu. Jetzt ist Ihre Mutter-Essenz fertig. Daraus können Sie nun Vorrats- und Einnahme-Fläschchen herstellen.
11. An weniger sonnigen Tagen oder bei schlechtem Wetter empfiehlt sich die Kochmethode. Dabei pflücken Sie die Blüten wieder frühmorgens und geben sie in einen gereinigten Topf, den Sie anschließend mit klarem Wasser auffüllen.
12. Bringen Sie das Wasser schnell zum Kochen und lassen Sie es etwa eine halbe Stunde lang ohne Deckel vor sich hinköcheln. Stellen Sie den Topf anschließend zum Abkühlen nach draußen.
13. Nach dem Abkühlen gießen Sie die Flüssigkeit durch ein Musselintuch in die Kristallschale. Die Baumwolle filtert die im Kochprozeß entstandenen Ablagerungen heraus. Sie können die Flüssigkeit auch mehrmals von einem Gefäß ins andere filtern und so alle Sedimente beseitigen, bevor die Essenz schließlich in der Kristallschale bleibt.

14. Spielen Sie die Kristallschale fünf Minuten lang und visualisieren Sie dabei, wie sie die Energien der Blüten- oder Edelsteinessenz erweckt. Stellen Sie sie sodann eine Stunde lang ungeachtet des Wetters nach draußen. Das hilft, die Energien zu reanimieren, die unter dem Kochprozeß gelitten haben.
15. Jetzt können Sie Ihre Mutter-Essenz-Fläschchen abfüllen, wie unter Punkt 10 beschrieben.

Wenn Sie nach diesen beiden Verfahren arbeiten, werden Ihnen sicherlich neue Ideen kommen, denen Sie unbedingt nachgehen sollten.

Über die Blüten- und Edelsteinessenzen finden wir Zugang zu unseren intuitiven und feinstofflichen Energien. Wir müssen mit ihnen richtig umgehen lernen. Unsere persönliche Einstellung und Experimentierfreudigkeit bilden die Grundlage für ihren erfolgreichen Gebrauch und eine gute Beziehung zu den Elixieren, die wir herstellen.

Übung 27:
Aufbewahrung und Haltbarkeit der Elixiere

1. Verwenden Sie ausschließlich braune Fläschchen für Ihre Elixiere. Diese Farbe schirmt das äußere Licht (besonders künstliches) ab, das die Energie der Essenzen mit der Zeit verringern könnte.
2. Schütteln Sie das Fläschchen vor jedem Gebrauch. Das hält die Energie aktiv und verhindert, daß sie träge wird. Es ist ratsam, die Fläschchen regelmäßig aufzuschütteln.

3. Benutzen Sie Tropffläschchen. Das ermöglicht eine genaue Dosierung, und Sie haben mehr von Ihren Elixieren. Leere Fläschchen mit Tropfer können Sie in Apotheken kaufen.
4. Wenn Sie Ihre Standard-Dosierung aus dem Fläschchen nehmen, also vier Tropfen auf die Zunge träufeln, achten Sie darauf, daß die Zunge nicht mit dem Tropfer in Berührung kommt, da Sie sonst Bakterien in Ihr Einnahme-Fläschchen übertragen könnten. Hin und wieder sollten Sie Ihre Fläschchen gegen das Licht halten und kontrollieren, ob sich irgendwelche Ablagerungen oder Veränderungen gebildet haben. In solchen Fällen sollte das Elixier nicht weiter verwendet werden, weil es höchstwahrscheinlich verschmutzt ist.
5. Laden Sie die Essenzen regelmäßig mit Hilfe Ihrer Kristallschale auf. Zu diesem Zweck stellen Sie einfach die Schale neben die Fläschchen und lassen sie erklingen. Wenn Sie möchten, können Sie die Elixierfläschchen auch zur Energetisierung auf eine Unterlage in die Schale legen.
6. Manche Menschen ziehen es vor, Ihre Elixiere unter einer Pyramide aufzuladen und sie dadurch optimal zu energetisieren.
7. Während der Herstellung der Elixiere können Sie rings um die Kristallschale auch andere Quarzkristalle und/oder Steine legen. Je nachdem, welche Steine Sie wählen, verstärkt das die Wirkung in der einen oder anderen Richtung.
8. Eine andere Möglichkeit zur Aufladung der Elixiere sind kleine Quarzkristalle, die Sie in die Schale legen. Quarzkristall ist ein hervorragender Energieverstärker.

9. Die Mutter-Elixiere und Vorrats-Fläschchen sollten etwa alle drei Monate gereinigt und aufgeladen werden. Dadurch bleiben sie energetisch aktiv. Schütteln Sie die Fläschchen kräftig auf, stellen Sie sie neben die Schale und bringen Sie diese dann zum Klingen. Wenn Sie dies regelmäßig tun, hält sich die Energie praktisch ewig.
10. Reinigen Sie die Kristallschale und alle sonstigen Gegenstände nach jedem Gebrauch und bevor Sie mit der Herstellung eines neuen Elixiers beginnen, denn sonst gehen Spuren von einem Mittel in das andere über. Wenngleich die Kombination durchaus kompatibel sein kann, können Sie seine Wirkung nicht mehr richtig einschätzen und absehen.

10 Rituelle Gesänge der Kristallschale

Im Ritual wird die Musik, und ganz besonders der Klang der Kristallschale, zu einer der größten und intensivsten Bereicherungen unseres Leben. Es ist unschwer zu erkennen, wie stark ihre Wirkung auf dem Gebiet des Heilens ist; sie erweitert aber auch unser Bewußtsein und erschließt uns höhere Ebenen der Wahrnehmung. Im Rahmen von Ritualen kann man damit veränderte Bewußtseinszustände herbeiführen, und Astralprojektionen, Trance, Visionssuche und der Zugang zu höherer Hellsicht werden begünstigt. Zudem bringt sie uns mit der Natur und all ihren Lebewesen wieder in Einklang. Kristallschalen lassen sich in allen Bereichen und jedem Ritual unseres Alltags einsetzen.

Fragen Sie ein Dutzend Menschen, was ihnen bei dem Wort »Ritual« einfällt. Sie werden ein Dutzend verschiedener Antworten erhalten. Selbst unter Esoterikern und in spirituell ausgerichteten Kreisen gehen die Meinungen auseinander, ja die Begriffsverwirrung ist dort nur noch größer. Bringen wir dann auch noch das Ritual und andere »mystische« Seiten unseres Seins mit dem Klang in Verbindung, werden viele falsche Vorstellungen geweckt. Es ist erstaunlich, wie oft alles Metaphysische oder Parapsychologische – also das, was die kausalrationale Ebene überschreitet – immer noch mit Zaubersprüchen, Beschwörungsformeln und Verwünschungen assoziiert wird. Ansichten dieser Art entstammen jedoch meist der Welt der Phantasie – unsere Imagination nährt sich aus den Zerrbildern, die uns Film und Fernsehen seit Jahren präsentieren.

Die breite Öffentlichkeit hat wenig Ahnung davon, wie man

heilige Klänge, beispielsweise die der Kristallschale, im Ritual nutzen kann, um unsere Energien mit den höchsten Schwingungen des Universums in Einklang zu bringen.

Informationen über Rituale und den »magischen« Gebrauch der Klänge werden zumeist von Dilettanten erfunden und verbreitet, die lediglich der Faszination des Übersinnlichen folgen. Ihre Praktiken übertünchen häufig nur ihre eigenen Unzulänglichkeiten und Schwächen. Sie benutzen sie, um sich als jemand auszugeben, der sie gar nicht sind, oder verwenden sie auch nur zur reinen Selbstbestätigung. Leider ziehen gerade sie das Interesse der Öffentlichkeit auf sich.

Früher ging man davon aus, daß sich Rituale und der mystische Gebrauch der Klänge nur mit Engeln und Dämonen befaßten, doch in Wirklichkeit sind Rituale in unserem Leben allgegenwärtig. Wir stehen auf, duschen uns, trinken Kaffee und gehen zur Arbeit. Tag für Tag folgen wir derselben Routine, dem gleichen Ritual. Wir kommen zur Arbeit, jemand sagt »Guten Morgen«, und wir erwidern stereotyp »Guten Morgen« – womöglich eher mechanisch und ohne großen Enthusiasmus; dennoch ist und bleibt es ein Ritual.

Es gibt persönliche, soziale, militärische und religiöse Rituale – Rituale eben für jeden Aspekt unseres menschlichen Ausdrucks. Religiöse Gruppen, die rituelle Praktiken vehement verdammen, sollten sich ihre eigenen religiösen Praktiken einmal genauer anschauen. Ihre Gottesdienste richten sich meist nach einer bestimmten Folge von Handlungen mit dem Ziel, in ihren Kirchen eine besondere Atmosphäre zu schaffen. Auch sie arbeiten mit Musik, Glocken und Gebeten und setzen damit rituelle Klangtechniken ein.

In diesem Kapitel beschäftigen wir uns mit dem Thema, wie

man die Klänge der Kristallschale in mystischer und ritueller Form nutzen kann, um das menschliche Bewußtsein zu erweitern. Glocken, Gongs und Rasseln und Ratschen sind uralte Instrumente zur rituellen Einstimmung, und mit der modernen Kristallschale lassen sich die gleichen und sogar noch viele weitere Effekte erzielen. Wir können mühelos lernen, mit Hilfe der Kristallschale die Schwelle zu höheren, göttlicheren Energien zu überschreiten.

Mit dem Ende des Holz- oder Metallstabes wird die Schale von der Seite sanft angeschlagen und dabei von einer Hand gehalten, damit sie nicht vibriert; das ist das »rituelle Anklopfen«. (Es muß ganz behutsam erfolgen, denn die Schale ist zerbrechlich.) Mit dem Anklopfen soll die Aufmerksamkeit von der Stille in die Welt der Töne gelenkt werden, um alle Bereiche unseres Bewußtseins in Einklang zu bringen. Auf natürliche und sanfte Weise verbindet sich so das Nichtmanifeste mit dem Manifesten. Den Beteiligten ermöglicht das Anklopfen, sich innerlich auf die veränderten Gegebenheiten im Rahmen einer rituellen Handlung einzustellen. Somit gibt es keine abrupte Umstellung, die die Konzentration und veränderten Bewußtseinszustände unterbrechen könnte.

Das rhythmische Anklopfen ist Teil vieler Rituale. Um es für magische Zwecke zu verwenden, kann man den Rhythmus mit bestimmten Vorstellungen oder Erfahrungen verbinden. Wir können Anklopf-Muster für bestimmte Emotionen, unterschiedliche innere Bewußtseinsebenen und so weiter entwerfen. Jedes rituelle Anklopfen wirkt klärend und keineswegs mystifizierend. Es ist ein Appell zur Achtsamkeit. Schließlich geht um so mehr magische Kraft von einem Ritual aus, je mehr Bedeutung man jedem einzelnen Aspekt beimißt.

Ein Beispiel, wie das Anklopfen bei der Kristallschale zu rituellen Zwecken genutzt werden kann, ist in der bereits erwähnten Kabbala zu finden. Im kabbalistischen Baum des Lebens ist von den zehn Sephiroth oder Stufen des Bewußtseins die Rede. Jede Stufe hat ihre eigenen Energien, die dann freigesetzt werden, wenn wir sie erreichen. Mit dem Anklopfen können wir unsere Aufmerksamkeit bewußt darauf lenken, im Ritual eine dieser Ebenen zu betreten. Wollen wir beispielsweise mit der vierten Stufe, der Sephira Chesed, rituell in Kontakt treten, um mehr Fülle und Prosperität zu erlangen, könnten wir die Schale viermal anschlagen, um das Ritual zu eröffnen, und erneut viermal, um es zu beenden.

Durch das Anklopfen bewegt sich die Aufmerksamkeit des Geistes von einer Bewußtseinsebene zur nächsten. In unserem Fall begeben wir uns vom Alltagsbewußtsein zu jener Ebene des Unbewußten, die durch Chesed auf dem Lebensbaum symbolisiert ist, und kehren dann wieder zurück.

Die Kristallschale kann im Ritual auch als Glocke oder Gong verwendet werden. Glocke und Gong haben im traditionellen Ritual eine andere Funktion als das Anklopfen oder das Anschlagen. Der Klang der Glocke oder des Gongs erzeugt einen Widerhall, der langsam verklingt. Das ist ein Ton, der vielfach als Echo zurückgeworfen wird. Zusammen vermitteln sie über Ohr und Körper den Eindruck, man befände sich in einem Meer von Klängen.

Genau diesen Effekt erzielte man mit ständig wiederholten starken Invokationen und Gesängen, wodurch sich Tempel oder Raum mit der herbeigerufenen Energie füllte. Das gleiche läßt sich auch mit der Kristallschale bewirken. Durch den Nachhall wird ein Raum geschaffen, in dem sich eine bestimmte Energie manifestieren oder das Bewußtsein eines Menschen verändern kann.

Der Mensch lernt, dem Klang in die Stille zu folgen. Der Glocken- oder Gong-Effekt der Schale leitet, ebenso wie ihr Klingen, von den hörbaren zu den nichthörbaren Energien über – von der physischen Dimension hin zu den feinstofflichen Ebenen. Mit dem Glocken-Effekt läßt sich die nach außen gerichtete Aufmerksamkeit nach innen lenken. Um die Kristallschale als Glocke oder Gong zu benutzen, müssen wir sie langsam und wiederholt anschlagen. Der Klang muß eine ganze Weile nachhallen, um seine größte Wirkung zu erreichen.

Den Glocken- oder Gong-Effekt erzielt man, indem man die Kristallschale seitlich mit dem Stab anschlägt. Es empfiehlt sich, dafür einen speziellen Stab zu benutzen. Nehmen Sie beispielsweise einen Türstopper, wie Sie ihn in jedem Eisenwarenladen bekommen können, und befestigen Sie einen kleinen Hartgummiball (in fast allen Tier- und Zoohandlungen erhältlich) an dem mit dem Gewinde versehenen Ende – und fertig ist der Stab!

Die Glocken- oder Gong-Klänge sind hervorragend geeignet, veränderte Bewußtseinszustände herbeizuführen. Räumen Sie jedem einzelnen Gong-Schlag maximale Nachhallzeit ein, bevor Sie ihn wiederholen. Mit zunehmender Übung werden auch Sie den passenden Rhythmus finden. Die Anzahl der Gong-Schläge richtet sich nach dem jeweiligen Ritual. Je mehr Bedeutung Sie selbst hineinlegen, desto mehr Kraft wird es herbeirufen und um so leichter fällt es Ihnen, dem Klang in die inneren Landschaften des Bewußtseins und der Energie zu folgen.

Glocken und Gongs zählen zu den höchsten und spirituellsten unter den Schlaginstrumenten, wenn nicht gar unter den Musikinstrumenten überhaupt. Aus jedem ihrer Töne entfalten sich unzählige weitere Töne, die alle nachhallen. Der Ausgangston ist wie ein Schlafender, der in der Kristallschale ruht und im Erwachen Harmonie hervorbringt. Auch wir sind in den kristallinen Strukturen unseres Körpers gefangen. Sobald wir unsere Energien richtig freizusetzen wissen, können auch wir in unserem Alltag Harmonie schaffen.

Veränderte Bewußtseinszustände und schamanistische Reisen

Die Klänge der Kristallschale lassen uns mit neuen Ebenen unseres Bewußtseins in Berührung kommen und verschaffen uns Zugang dazu. Sie haben eine überwältigende Wirkung auf Körper und Bewußtsein. Gelingt es uns, die Tonfolgen mit bestimmten bildhaften Vorstellungen zu verknüpfen, berühren wir Stufen und Dimensionen des Lebens, die wir ohne die Kristallschale so leicht nicht erreichen könnten.

Geführte Phantasiereisen, wie sie in vielen Meditationsformen vorkommen, produzieren veränderte Bewußtseinszustände. Konzentration und Fokussierung mittels Klängen der Kristallschale eröffnen die Möglichkeit, daß uns diese Bilder mit den archetypischen Energien des Universums verbinden. Die Archetypen reflektieren die Primärenergien des Universums, so wie sie am Anfang aller Dinge waren. Sie sind die uranfänglichen Quellen der Energie, der erste Ansatzpunkt, an dem das Göttliche eine konkrete Form oder ein konkretes Bild anzunehmen beginnt. Die Bilder und Symbole, die uns in geführten Phantasiereisen begegnen, sind von Archetypen inspiriert, und an irgendeinem Punkt unserer Entwicklung müssen sie uns wieder zu diesen zurückbringen. Wenn wir uns nicht darum bemühen, zu ihnen zurückzukehren, bleiben wir in unserer Entfaltung irgendwann einmal stehen. In der Meditation können wir über geführte Phantasiereisen und mit den Klängen der Kristallschale unseren endlichen Geist mit dem unendlichen Geist des Universums verschmelzen.

Die Verwendung von Tönen in der Meditation kann eine tiefere Resonanz in unserem Bewußtsein auslösen und die Wirkung der Bilder verstärken. Die magische Reise bietet eine Möglichkeit dazu. Es handelt sich um die Abwandlung einer kabbalistischen Technik, der sogenannten Pfadarbeit, die uns die Pforte zur astralen Welt und zu anderen Dimensionen öffnet. In dieser Meditation wird mit den Bildern einer Reise gearbeitet. Stellen Sie sich also vor, Sie begeben sich auf eine mythische oder magische Reise. Heute spricht man in einem solchen Zusammenhang gewöhnlich von einer schamanistischen Reise, wenngleich es da in Wirklichkeit einen Unterschied gibt. Der Zweck Ihrer Reise bestimmt im Prinzip das, was Ihnen unterwegs begegnen wird.

Häufig wird die Frage gestellt: »Wie unterscheidet sich eine echte schamanistische oder magische Reise von einer imaginativen Visualisierung?« Beide bedienen sich der Visualisierung, also der Vorstellungskraft, aber bei der schamanistisch/magischen Reise werden wir Teil des Prozesses und erfahren ihn, als sei er real, ähnlich wie wir unsere Träume in der Nacht erleben. Die Visualisierung und die Bilder bei der meditativen Phantasiereise mit Klängen hingegen energetisieren und stärken uns, so daß wir uns dieser Erfahrung voll und ganz öffnen können.

Wir benutzen die Schale, um die Reise anzutreten und unsere Aufmerksamkeit auf das Ziel auszurichten, und wir lernen, auf den Wellen des Klangs zu den tieferen Schichten unseres Bewußtseins vorzudringen, dorthin – wo die bildhafte Vorstellung dazu benutzt werden kann, Energien in unserem Alltag manifest werden zu lassen. Durch die magische Reise mit der Kristallschale lernen wir, uns in Einklang mit den Kräften des Universums zu begeben und dadurch unser Leben zu bereichern anstatt damit zu hadern. Wir richten uns stärker nach dem uralten hermetischen Prinzip der Entsprechung: »Wie oben, so unten.« Was wir auf einer Ebene tun, berührt uns auf allen anderen Ebenen, denn sie sind nicht trennbar. Die Wirkung ist nicht immer sofort sichtbar oder erkennbar, aber ihre Manifestation in einer entsprechenden physischen Lebenssituation ist unvermeidbar.

Während unserer magischen Reise erschaffen wir eine Reihe von Bildern und Handlungen, die wir im Geist erleben, während wir uns in einem entspannten (veränderten) Bewußtseinszustand befinden. In dieser Phase können wir größere innere Energien aktivieren, die wir dann über unsere Gedanken fokussieren und lenken. Diese Energien werden sich irgendwann einmal auf der physischen Ebene in unserem Alltag auswirken. Die magische Reise nutzt die kreative Imagination und die heiligen Klänge in konzentrierter, kontrollierter und bewußt gelenkter Weise, um spezifische Reaktionen in unserer physischen Existenz auszulösen. Das Visualisieren der Reise kann als eine symbolische Darstellung dessen betrachtet werden, was Sie manifestieren oder gerne manifest machen möchten. Das kann praktisch alles beinhalten, von größerer Fülle über mehr Reichtum, Glück oder Erfolg bis hin zur Hellsichtigkeit oder einer neuen Liebe.

Die Vorstellungskraft und Phantasie ist eine unserer größten Gaben. Sie gehört zu den menschlichen Eigenschaften, die sich entfalten lassen, um unser Leben schöner und reicher zu gestalten. Sie ist kein Fluchtweg, sondern ein Bereicherung. Sie ist die Lenkerin spezifischer, kontrolliert ablaufender Bilder zur Manifestation dessen, was wir im Leben benötigen. Die Kristallschale unterstützt diesen Prozeß auf wirkungsvolle Weise.

Bei einer schamanistisch/magischen Reise erfinden wir eine Geschichte, ähnlich wie bei einem Tagtraum. Der einzige Unterschied ist der, daß wir Teil des Spiels sind und der Ablauf einem vorgegebenen Muster folgt. Wir binden auch die Kristallschale in ritueller Form mit ein, um die Energien ins Leben zu holen, die durch die Stationen der Reise symbolisiert werden. Jeder kann seine eigene magische Reise entwerfen und mit Gestalten und Symbolen aus der Mythologie beleben, denn diese sind von Energie durchdrungen. Mit ihnen verbinden sich mächtige Gedankenformen, die wir nutzen und auf diese Weise in unser Leben holen können.

Die einfachste Form, sich diesem Thema zu nähern, ist das Lesen von Märchen, Mythen und Sagen aus der Vergangenheit. Das alte Schriftgut ist voll von esoterischen Lehren und Energien, auf die wir zurückgreifen können, wenn wir uns nur intensiv genug damit auseinandersetzen. Wenn Sie sich mit den Märchen und Mythen der Vergangenheit sowie deren esoterischer Bedeutung vertraut machen, werden Sie es in dieser Hinsicht leichter haben. Gibt es eine bestimmte Mythologie oder Kultur, für die Sie eine Affinität empfinden, lohnt es sich,

sich näher damit zu befassen. Suchen Sie nach solchen, die die Erfahrungen oder Zielsetzungen Ihres Lebens widerzuspiegeln scheinen. Wenn Sie sich mit den Bildern auseinandersetzen, die sich weitestgehend mit Ihren Absichten decken, öffnen Sie sich den dahinterstehenden archetypischen Energien und Kräften und finden Zugang zu ihnen.

Sind Sie an einem Punkt angelangt, an dem Sie sich einer höheren Aufgabe zuwenden möchten, könnten Sie sich beispielsweise mit der griechischen Sage von Herkules und den zwölf Arbeiten befassen, oder Sie nehmen die Sage von Jason und den Argonauten als Grundlage für Ihre magische Reise hin zu der Art von Verdiensten, wie sie durch das Goldene Vlies symbolisiert werden. Versetzen Sie sich in die Rolle des Herkules oder Jason oder auch in eine andere mythologische Gestalt Ihrer Wahl. Mit Hilfe der Kristallschale können Sie sich den Energien öffnen, die die betreffende Sage reflektiert.

Selbst wenn Sie auf alte Sagen und Mythen zurückgreifen, vergessen Sie nicht, Ihre eigene Imagination und Phantasie ins Spiel zu bringen. Sie brauchen sich nicht immer wortgetreu an den Inhalt der Erzählung halten. Basteln Sie sich Ihre eigene Version heraus. Ein gewisses Maß an Spontanität ist unerläßlich, wenn eine magische Wirkung erzielt und Energien freigesetzt werden sollen, um sich in Ihrem Leben in Form von bestimmten Bedingungen, Erfahrungen und Möglichkeiten zu manifestieren.

Bevor Sie sich zur Meditation zurückziehen, sollten Sie eine klare Vorstellung davon haben, was Sie auf Ihrer Reise erleben möchten. Stellen Sie ein Konzept auf und feilen sie es aus, damit Ihren eigenen Vorstellungen Rechnung getragen ist – und dann halten Sie sich auch daran! Mit zunehmender Erfahrung werden Sie erkennen, daß immer wieder Bilder auftauchen, die Sie ablenken oder vom Pfad abbringen wollen. Spontanität ist zwar wichtig, doch *Kontrolle* ist noch wichtiger! Setzen Sie alles dran, Ihr Ziel vor Beendigung der Meditation zu erreichen.

Und befassen Sie sich so intensiv wie möglich mit der Symbolik – ganz besonders mit den archetypischen Symbolen – denn das hilft Ihnen, den Meditationsprozeß mit Kraft zu erfüllen. Die nachfolgende Übersicht enthält eine Beschreibung der wichtigsten archetypischen Energien, ihrer Merkmale und der ihnen zugeordneten Symbole.

Führen Sie die Reise so oft wie notwendig durch (jedoch nicht mehr als einmal täglich), um Ihren Lebenserfahrungen die gleiche Prägung zu geben, wie Sie sie von den Erlebnissen ihrer magischen Reise kennen.

Normalerweise genügen drei Reisen, um die Energien stark genug in das eigene Leben einströmen und dort manifest werden zu lassen. Nach dreimaliger Wiederholung werden Sie diese Energie innerhalb von acht bis zehn Tagen spüren könne. (Je nach der verwendeten Symbolik, Ihrer Konzentrationsfähigkeit und Ihrer persönlichen Absicht kann sich eine zeitliche Verschiebung in der Manifestation ergeben.)

Es ist wichtig, daß Sie sich nach dem Ritual ausreichend Zeit nehmen, alle Querverbindungen zwischen Ihren Lebensumständen und der magischen Reise aufzuspüren und zu beurteilen. Sonst wissen Sie nicht, wie Sie Dinge in Ihrem Leben umstellen und ändern sollen, um künftig größere oder kleinere Wirkungen zu erzielen. Schauen Sie nach einer Woche ruhig einmal zurück auf die Ereignisse und Dinge, die Ihnen seit den magischen Reisen im Alltag begegnet sind. Gibt es Ähnlich-

Die wichtigsten Archetypen	
Archetypen	*Charakteristika und Symbolik*
DAS SELBST	befaßt sich mit den Energien des Individuums *Heilige Symbole:* Tempel, Häuser, Bücher, Stern, Ei, Kräuter, brennende Kerzen, Geburten, Geschenke, Hochzeiten.
DAS WEIBLICHE	im Leben und in der Pfadarbeit schafft diese Energie Beziehungen, Fluß, Schönheit, neues Leben, Empfänglichkeit und Akzeptanz. *Die Symbole:* Schiff, Höhle, Schoß, Königin, Türschwelle, Priesterin, Brunnen, Mond, Schleier, Scheide.
DAS MÄNNLICHE	im Leben befaßt sich diese Energie mit der Vaterschaft, dem Machen, Lenken, Organisieren, Bauen; sie ist aktiv und bestimmend, penetrierend und initiierend. *Symbole:* Könige, Einhörner, Phallus, Sonne, Zepter, Schwert, Werkzeuge.
DAS HEROISCHE	beschäftigt sich mit dem Sich-Stellen und Bewältigen von Problemen und unüberwindbaren Schwierigkeiten; erobert und heilt und so weiter. *Symbole:* Schlachten, Kämpfe, Lehrer und neues Wissen, Jugend, Schilde, Heilsalben.
DER GEGNER	»Alles ist Wandlung«, der Repräsentant der Veränderung; zerstört oder verwundet das Bestehende, bringt Unerwartetes und Altes zum Einstürzen, braucht Zorn und Wut; ist verdrießlich. *Symbole:* Monster, Tyrannen, Bestien, Dämonen, Kummer und Leid, Mauern, Abgrund.

Archetypen	*Charakteristika und Symbolik*
DER TOD/ DIE WIEDERGEBURT (ÜBERGANG)	befaßt sich mit dem Ende des Alten und dem Beginn des Neuen, Krisen, Veränderungen erfordern Opfer, bringen dafür aber neues Leben. *Symbole:* Sonnenwende und Tagundnachtgleiche, Initiationsritus, Altar, Uhr, Tanz, Gebete.
DIE REISE	befaßt sich mit Vorwärtsbewegung, Entwicklung, dem Älterwerden, dem Aufbauen auf Vorangegangenem und mit neuen Richtungen. *Symbole:* Lebensbaum, gewundene Straßen, aufsteigende Berge, Wanderstab, Führer, Flüsse, Ströme, Urlaub, Pilgerfahrten.

keiten? Welche Emotion hat in dieser zurückliegenden Zeit dominiert? Wie sind Sie damit umgegangen? Ist irgend etwas Neues oder anderes passiert? Unsere Arbeit mit der magischen Reise läßt uns erkennen, daß alles im Leben eine Bedeutung hat. Wir lernen, daß wir unseren Gedanken und Bildern mit Klang und konzentrierter Lenkung Kraft verleihen und so in unserem Leben bestimmte Energien ins Spiel bringen können. Wir sind unseren Lebensumständen nicht auf Gedeih und Verderben ausgeliefert. Wir können sie ändern und steuern. Wir sind Mit-Schöpfer unseres Lebens.

Wenn wir die Kristallschale in das Ritual der magischen Reise einbinden, wird ihre Wirkung verstärkt und die Manifestation beschleunigt. Die Gehirnhemisphären arbeiten viel ausgewogener; die gefühlsmäßige Assoziation mit den Symbolen und Bildern der Reise intensiviert sich. Rhythmus, Klang und Programmierung der Schale vertiefen unseren veränderten Bewußtseinzustand und erleichtern das völlige Eintauchen in die magischen Energien der Reise.

Übung 28:
Magische Reise in den Kristallschoß

Bei diesem Ritual lernen wir, die Kristallschale zusammen mit einer geführten Phantasiereise zu benutzen und die damit erzeugte Wirkung in unseren Alltag einfließen zu lassen. Diese Übung kann auf die persönlichen Belange des einzelnen sowie auf all seine künftigen magischen Reisen abgestimmt werden.

Lesen Sie zuerst die einzelnen Schritte durch, damit Sie ein Gefühl für die in der Meditation auftauchenden Bilder bekommen. Es handelt sich um eine Übung, mit der wir unser kreatives Potential aktivieren können, daher wäre es durchaus sinnvoll, sich mit weiteren Schriften über die archetypischen Energien des Weiblichen und vom Tod/Wiedergeburt zu befassen.

Unter anderem wird hierbei gezeigt, wie man die Kristallschale in der rituellen Meditation einsetzen kann und sich mit ihrer Hilfe der Manifestationsprozeß im realen Leben beschleunigen läßt. Die Hinweise sind auf alle magischen Reisen anwendbar und lassen sich ohne weiteres Ihren persönlichen Bedürfnissen anpassen. Es geht hauptsächlich um die Erkenntnis, daß wir jedem Gedanken, jedem Wort und jeder Handlung ein größeres Gewicht und mehr Bedeutung beimessen sollten.

Die Kristallschale ist ein wirkungsvolles Instrument in jedem Manifestationsritual. Damit sie ihre Wirksamkeit voll entfalten kann, müssen wir zunächst zu einem besseren Verständnis dessen gelangen, was mit dem Begriff Manifestation gemeint ist. Manifestation bedeutet nicht, etwas aus dem Nichts heraus zu schaffen. Es handelt sich nicht um etwas, das nur wenigen Auserwählten vorbehalten ist. Es ist vielmehr Veränderung der Energie, der Form oder des Seinszustandes. Es ist ein Prozeß, der mehr als nur materielle Dinge und Geld umfaßt. Wir können die magische Reise nutzen, um neue Ideen, Gesundheit, Möglichkeiten zur Überwindung von Hindernissen, Kreativität oder höhere Bewußtseinsebenen und so weiter manifest zu machen. Wir lernen, Energien auf kontrollierte, zielgerichtete und raschere Weise von einer Ebene zur nächsten zu verlagern, das heißt von der feinstofflichen in die physische Dimension. Es geht nicht nur darum, daß wir Dinge auf die physische Ebene herabholen, sondern auch, daß wir in spirituelle Sphären aufsteigen lernen.

In jedem Manifestationsritual müssen wir das Gesetz des Empfangens – eines der zwölf Naturgesetze des Universums[1], beachten. Es besagt, daß wir zum Annehmen bereit sein müssen, wenn wir etwas manifest machen möchten. Bemüht man sich, etwas zu manifestieren, ignoriert dabei aber dieses Gesetz, so wird der gesamte Manifestationsprozeß behindert oder blockiert.

Das Gesetz des Annehmens löst eine magnetische Anziehungskraft auf das aus, was wir in unserem Leben wollen. Jemand unternimmt beispielsweise eine magische Reise, um mehr Glück und Zufriedenheit zu erlangen. Daraufhin machen ihm andere Menschen in den nächsten Tagen vielleicht Komplimente, oder er bekommt Hilfe und Beistand für verschiedene Aufgaben und Vorhaben. Es ist wichtig, diese scheinbar

1 Die zwölf Naturgesetze des Universums: 1. Gesetz des Denkens, 2. Gesetz der Versorgung, 3. Gesetz der Anziehung, 4. Gesetz des Annehmens, 5. Gesetz der Vermehrung, 6. Gesetz des Ausgleichs, 7. Gesetz der Widerstandslosigkeit, 8. Gesetz der Vergebung, 9. Gesetz des Opfers, 10. Gesetz des Gehorsams, 11. Gesetz des Erfolges, 12. Gesetz der Liebe.

kleinen Geschenke zu registrieren. Weisen Sie niemals Komplimente ab. Sagen Sie nicht: »Ich kann das schon allein erledigen.« Nehmen Sie alles an, was Ihnen begegnet, wie auf Ihrer magischen Reise. Denn wenn wir die kleinen Dinge nicht akzeptieren, wird uns das Universum auch keine größeren schicken. Die Annahme der kleinen Dinge erweckt die magnetische Anziehungskraft, die größere Manifestationen nach sich zieht!

1. Treffen Sie eine Entscheidung darüber, was Sie in Ihrem Leben gerne manifest machen oder neu integrieren möchten. Wählen Sie zu Anfang ruhig etwas Einfaches, damit der Erfolg auch verifizierbar ist. Vermehrtes Glück ist etwas, das sich einfach manifestieren läßt.
2. Suchen Sie sich einen Zeitpunkt aus, zu dem Sie nicht gestört werden.
3. Sie können zur Vorbereitung auch ein rituelles Bad nehmen, wie es an anderer Stelle beschrieben ist.
4. Befassen Sie sich mit der Meditation, dem Mythos oder dem Märchen das Sie verwenden möchten, und machen Sie sich nochmals mit allen Einzelheiten vertraut. Vielleicht gelingt es Ihnen, sich so in den Ablauf hineinzuversetzen, daß Sie während des Rituals gar nicht mehr in das Skript oder Buch zu schauen brauchen. Manche Menschen haben aber lieber einen geschriebenen Text zur Hand; ist das bei Ihnen der Fall, lesen Sie die einzelnen Passagen abschnittweise laut vor und schließen Sie dann die Augen, um sich in das betreffende Szenario hineinzuversetzen.
5. Legen Sie im voraus fest, an welcher Stelle und in welcher Form (durch Anklopfen, Glocke, Gong oder Gesang) Sie

die Kristallschale einbinden möchten. Sie müssen sich nicht strikt an die in diesem Buch beschriebenen Richtlinien halten. Stimmen Sie sie auf Ihre persönlichen Belange und Ihre eigene magische Reise ab.

6. Setzen Sie sich bequem hin. Führen Sie eine progressive Muskelentspannung durch. Besonders wirksam erweisen sich in diesem Zusammenhang eine rhythmische Atmung und positive, entspannende Gedanken, die Sie in jeden Teil des Körpers schicken. Je ruhiger und ausgeglichener Sie vor Antritt der magischen Reise sind, desto tieferen Zugang werden Sie zu Ihrem Unterbewußtsein erlangen und desto stärkeren Energien können Sie sich öffnen.
7. Sorgen Sie dafür, daß Ihre Kristallschale und der Text (wenn erforderlich) in Reichweite sind. Die Schale können Sie entweder in den Schoß nehmen oder vor sich auf den Boden stellen.
8. Atmen Sie tief durch, halten Sie die Schale fest und schlagen Sie sie dreimal kurz von der Seite an, etwa so, wie ein Dirigent sein Orchester mit dem Klopfen des Taktstocks zur Aufmerksamkeit ruft. Es handelt sich um das Anklopf-Zeichen, das man durch seitliches Anschlagen der Schale mit dem Holz- oder Metallende eines Stabes produziert, während man die Schale mit der anderen Hand hält, damit sie nicht vibriert. Drei ist Mutter-Zahl und Mutter-Rhythmus zugleich. Sie ist die Zahl des Neuentstehens und der Schöpfung. Sie symbolisiert den kreativen Prozeß, an dem wir durch die Verwendung der Schale und die magische Reise teilhaben.
9. Wenn Sie die Kristallschale als Glocke benutzen, schlagen Sie sie zwölfmal sanft an. Zwölf ist die Zahl des universa-

len Zyklus und der Uhr. Sie erinnert uns daran, daß uns die Schale und die magische Reise nun die Möglichkeit bieten, uns frei von allen physischen Beschränkungen von Zeit und Raum zu bewegen. Damit machen wir uns gleichzeitig daran, jenen Schleier zu lüften, der uns von den feinstofflichen Welten trennt. Lassen Sie Ihre Kristallschale nach jedem Ton ganz verklingen.

10. Während die Klänge nachhallen, sehen Sie vor Ihrem geistigen Auge, wie in der Ferne langsam eine Türe entsteht. Wenn diese mit jedem Ton deutlichere Gestalt annimmt, wird Ihnen klar, daß Sie vor einer astralen Schwelle stehen; überschreiten Sie sie, können Sie zwischen den Welten wandern, wann immer Sie Ihre Kristallschale einsetzen. Visualisieren Sie sie und stellen sie sich mit allen erdenklichen Details vor. Auf der Oberfläche des Türblattes ist eine Kristallschale eingraviert, umgeben von zwölf Kristallen und Edelsteinen. Als Ihre Schale zum zwölftenmal ertönt, sehen Sie auf einmal, daß die in der Tür eingravierte Kristallschale und die Edelsteine zu strahlen beginnen und alles ringsum in helles Licht tauchen. Während dieses Licht aus der Gravur herausfließt, sehen und spüren Sie, daß sich die Türe langsam einladend öffnet.
    Bringen Sie die Schale erneut zum Klingen, indem Sie den Stab kreisend den Rand entlang führen. Wenn sie zu singen beginnt, lassen Sie sich von diesen Klängen durchströmen, sich von ihnen hochheben und auf ihren Wellen zu jener Türschwelle tragen, die Sie visualisiert haben. Sie haben das Gefühl, als schwebten Sie auf einer zarten Wolke. Lassen Sie sich durch die offene Pforte tragen und auf der anderen Seite sanft zu Boden sinken. Spielen Sie die Schale

noch ein wenig länger, so daß sich die Tür hinter Ihnen schließen kann. Dann sehen Sie, wie sich das folgende oder ein anderes von Ihnen projiziertes magisch-mythisches Szenario vor Ihnen ausbreitet, das Sie an passender Stelle mit Tönen Ihrer Kristallschale untermalen.

Ihre Reise

Sie stehen auf einer weiten Wiese. Die bunten Farben der Wildblumen heben sich intensiv vom satten Grün des Grases ab. Am Horizont erheben sich Bergketten, die die Wiese umschließen, so als bilde sie das Herzstück in der Schale der Natur.

Sie gehen über die Wiese und überqueren den kleinen, kristallklaren Bach, der sich durch das Gras schlängelt. Er entspringt in den fernen Bergen und mündet in einem kleinen Teich, dessen Ufer von exotischen Bäumen mit reifen Früchten gesäumt ist.

Die Früchte sind sehr verführerisch, und Sie können dem Verlangen nicht widerstehen, einige davon zu pflücken und zu probieren. Beim Hineinbeißen spritzt der Saft heraus. Er schmeckt süß, und Sie fühlen sich etwas benommen, so als hätte der Saft schon auf dem Baum, in der Frucht gegoren. Es ist berauschend. Sie heben den Kopf zum Himmel, lachen von ganzem Herzen und sind vollkommen erfüllt von einem neuen Gefühl der Freude und Bewunderung für die Natur und was sie alles an Herrlichkeiten hervorzubringen vermag.

(An dieser Stelle schlagen Sie die Schale dreimal glockenartig an.)

Der Glockenklang umhüllt Sie, so als wolle er Ihre Freude erwidern und darin einstimmen. Er scheint vom Teich zu kommen, und so treten Sie näher an das Ufer heran und blicken ins Wasser. Sie sehen Ihr Spiegelbild darin, in strahlendem Glanz. Sie sind nicht ganz sicher, ob Sie selbst leuchten oder ob es nur eine Reflexion der Sonne auf dem Wasser ist.

(Bringen Sie jetzt die Schale zum Klingen, indem Sie den Stab kreisend und entgegen dem Uhrzeigersinn am äußeren Rand entlang führen.)

Auf einmal entfaltet das Wasser sein eigenes Leben. Es kräuselt sich, so daß sich Ihr Spiegelbild verzerrt. Dann bildet sich ein Strudel, der nach unten zieht. Er wirbelt im Kreise, gegen den Uhrzeigersinn. Seine Bewegung wirkt hypnotisierend auf Sie. Nach und nach zieht sich das Wasser von der Erdoberfläche zurück und versickert im Herzen der Wiese. Dort, wo zuvor Wasser war, taucht eine alte Steintreppe auf, die sich am Rand des Teiches spiralförmig nach unten windet. Einen Moment lang zögern Sie, dann aber steigen Sie vorsichtig die nassen Stufen hinunter und folgen den zurückweichenden Wassern.

Runde um Runde gehen Sie langsam nach unten. Jede Stufe enthüllt immer komplexere Steinformationen. Tausende und Abertausende von Farben und Formen geben Aufschluß über die schöpferische Kraft von Mutter Natur. Sie haben das Gefühl, in ein Kaleidoskop hinabzusteigen, und jeder Schritt verändert die Farben und Formen. Bald erkennen Sie den Grund, und Sie betreten einen festen Boden aus Kristall.

(Beenden Sie hier die kreisende Bewegung des Stabes, und lassen Sie den Gesang der Schale erklingen. Schlagen Sie sie dann erneut dreimal sanft als Glocke an. Jetzt fahren Sie mit dem Stab an der Innenseite der Schale entlang, um zu symbolisieren, daß Sie sich nun im Schoß der Erde befinden.)

Vor Ihnen breitet sich ein Teich mit wirbelnden Strudeln aus, die sich immerzu im Kreise drehen. Sie wissen, daß dies die Wasser sind, die sich von der Oberfläche zurückgezogen haben, doch jetzt sind sie anders. Dieser Teich hier ist tief und schwarz und nicht mehr kristallklar.

Hinter dem Teich befindet sich eine kleine Höhle. Darin sehen Sie eine schwarz gekleidete, stattliche Frau auf einem Kristallthron sitzen. Ihr Kopf ist geneigt und ihr Gesicht ist in der Kapuze ihres Gewandes verborgen. Sie hebt den Kopf, als wolle sie Sie begrüßen. Langsam zieht sie die Kapuze vom Kopf und läßt sie auf ihre Schultern sinken. Die Frau blickt Sie freundlich an. Sie strahlt eine Stärke aus, wie Sie sie noch nie erlebt haben, von unendlicher Tiefe und Sanftmut zugleich. Es ist Ihnen bewußt, daß sie sowohl nährend als auch streng sein kann – ganz wie es die Situation erfordert. Sie ist die Dunkle Mutter.

Da hebt sie mit sanfter Stimme zu sprechen an: »Aus der Dunkelheit des Schoßes kommt neues Leben und neues Licht hervor. So wie in allem Lebendigen, liegt auch in dir die schöpferische Kraft. Soll sie in deinem Alltag manifest werden, mußt du lernen, sie dankbar anzunehmen. Alle schöpferischen Kräfte unterliegen dem Wechsel von Ebbe und Flut ebenso wie das Wasser, das dich hierhergeführt hat. Und wie du lernst, dich in den Schoß deines eigenen Lebens zu begeben, wirst du deine Hoffnungen, Wünsche und Träume zur Welt bringen lernen. Nun schau in den Teich deiner Seele. Du siehst darin, was du in deinem eigenen Leben hervorbringen wirst.«

Mit diesen Worten erhebt sich die Frau von ihrem Thron und tritt aus der Höhle heraus. Sie streckt ihre Hände über die schwarzen, wirbelnden Wasser. Und als sie es tut, erklingt ein Gurgeln aus der Mitte des Sees, und das Tosen verebbt. Die Oberfläche des Sees ist auf einmal so glatt wie spiegelndes Ebenholz, in dem Sie Ihr eigenes Spiegelbild erkennen. Doch als Sie genauer hinschauen, löst es sich auf und Sie sehen, was Sie in Ihrem Leben manifest machen möchten. Das Bild ist so groß, daß der ganze Teich davon erfüllt ist. Es lebt. Es ist real. Sie werden hineingezogen und wieder hinausgespült. Sie sind voller Freude, denn Sie wissen, daß Ihr Traum Wirklichkeit werden kann. Die ganze Zeit über ist das Bild deutlich erkennbar.

»Nun nimm dieses Bild, das mit der Schöpfungskraft des Wassers aufgeladen ist, aus dem Schoß und bring es in der äußeren Realität zur Welt.«

(Schlagen Sie die Schale dreimal glockenartig an.)

Der See mit dem Bild Ihrer Träume kommt langsam wieder in Bewegung. Die Farben verwischen und verzerren sich, doch das Bild verschwindet nicht. Es ist zu Energie geworden, die Sie später bei Ihrer Rückkehr an die Oberfläche mit in ihr Leben hinaufziehen werden.

Die Dunkle Mutter lächelt Sie an. Ihr Blick erfüllt Sie mit Wärme und schenkt Ihnen Vertrauen in Ihre schöpferischen Fähigkeiten. Sie kehrt zu Ihrem Thron zurück und nimmt wieder Platz. Mit einem letzten liebevollen Blick zieht sie erneut die Kapuze über den Kopf und neigt ihr Haupt, so daß Ihr Gesicht nicht länger zu sehen ist. So wird sie ruhend verharren, bis sie wieder aufgerufen wird.

(Lassen Sie nun den Stab im Uhrzeigersinn über den Rand der Schale kreisen, um sie zum Singen zu bringen.)

Sie danken ihr im Geiste, wenden sich der steinernen Treppe zu und beginnen Ihren Aufstieg. Und während Sie Stufe um Stufe nach oben steigen, steigt auch das Wasser aus dem Teich und folgt Ihnen auf Ihrem Weg. Sie ziehen es mit sich an die Oberfläche – dorthin, wo Ihr reales Leben ist, auf die Ebene der Manifestation.

Nachdem Sie die Oberfläche erreicht haben, blicken Sie zurück und sehen zu, wie sich der Teich erneut mit Wasser füllt. Das Tosen verebbt, und das Wasser beruhigt sich. Es ist auf einmal wieder kristallklar. Das Bild, das Sie in den schwarzen Tiefen des Schoßes gesehen haben, ist klar und deutlich darin zu erkennen. Sie danken noch einmal dafür, daß Sie die ersten Schritte hin zur Aktivierung Ihrer weiblich-kreativen Kräfte kennenlernen durften, und während Sie es tun, verblaßt das Bild.

(Schlagen Sie die Schale nochmals dreimal an. Dadurch wird die kreative Energie zur Manifestation in der äußeren Welt freigesetzt.)

Und während sich das Bild nach und nach auflöst, sehen Sie auf einmal sich selbst in der spiegelnden Fläche des klaren Wassers. Auch Sonne und Mond, die sich zu dieser Stunde den Himmel teilen, werden im See reflektiert. Sie schauen auf und lassen Ihren Blick über den Himmel und die Wiese ringsum schweifen. Es dämmert. Sie wissen nicht genau, ob nun der Morgen graut oder die Nacht hereinbricht. Es ist eine jener faszinierenden Tageszeiten, an denen sich Tag und Nacht begegnen und der Schleier zwischen den Welten dünner wird. Dies ist die Zeit, zu der das Unmanifeste manifest wird. Es ist die heilige Zeit der Geburt. Dieses Wissen stärkt noch einmal die schöpferischen Kräfte in Ihnen, die Sie in sich erwachen fühlen.

(Schlagen Sie die Schale zwölfmal sanft an, so wie Sie es zu Beginn getan haben. Warten Sie mit dem Anschlagen jedesmal, bis der vorige Ton ganz verklungen ist.)

Sie hören den fernen Glockenklang, und Ihr Blick fällt über die Wiese zurück auf die Tür, durch die Sie hierhergekommen sind. Jeder Glockenschlag zieht Sie ein Stück näher zu ihr hin. Und als Sie auf einmal ganz dicht vor ihr stehen, öffnet sie sich und Sie treten durch sie hindurch. Sie fühlen sich ausgeglichen und voller Energie und lassen sich wieder auf dem Boden nieder. Und während der letzte der zwölf Glockenschläge verklingt, atmen Sie tief, spüren wieder Ihren Körper und Ihre Umgebung und kehren in Ihr Wachbewußtsein zurück.

(Schlagen Sie die Schale dreimal ganz sachte von der Seite her an, um die Sitzung zu beenden.)

11 Andere Gesänge der Kristallschale

Die Kristallschale ist ein Symbol der männlichen und weiblichen Kräfte. Ob wir nun von männlich/weiblich, Ying/Yang, elektrisch/magnetisch oder auch von Sonne und Mond sprechen, ist eigentlich unwichtig. Wichtig ist letztlich nur, diese Kräfte in unserem Leben zu harmonisieren und so zu lenken, daß wir unseren Alltag nach unseren individuellen Zielen, Wünschen, Hoffnungen und Träumen gestalten und formen können. Sie sind ein Quell an Kreativität in allen Situationen der menschlichen Existenz. Folgender Spruch von einem unbekannten Verfasser bringt auf den Punkt, wozu uns die Kristallschale befähigen kann: »Nichts ist so kostbar wie das, was man aus sich selbst heraus schafft.«

Der rituelle Einsatz der Kristallschale läßt uns zu ursprünglicher Kreativität finden. Wir gelangen zu der Einsicht, daß es einen Aspekt unseres Selbst gibt, den wir vielleicht ignoriert oder aus unserem Blickfeld verbannt hatten, und wir lernen, uns wieder mit den uns innewohnenden Urkräften zu verbinden und diese in unserem Leben phantasievoll und produktiv zu manifestieren. Mit ihrer Hilfe entdecken wir die kreativen Möglichkeiten im Rahmen unserer Grenzen und sehen Wege, wie wir solche Begrenzungen sprengen und überwinden können.

Über die Kristallschale finden wir zu einem positiven Verhältnis zu uns selbst zurück. Sie schafft einen heiligen Raum, in dem sich das physische und das spirituelle Selbst begegnen und miteinander bekannt machen. Der Aspekt des Wünschens in unserem Inneren trifft sich mit dem kreativen Aspekt unseres Seins, so daß sich unseren Wünschen und Hoffnungen eine Möglichkeit zur Erfüllung eröffnet.

Der Sonnen- und Mondaspekt von Kristallschale und Stab stehen in enger Verbindung zu zahlreichen Sinnbildern der Antike. Eines der stärksten darunter ist wohl das uralte Symbol der Schlange, besonders wenn sie kreisförmig zusammengerollt mit dem Schwanz im Maul daliegt. Die Schlange wird oft als ein männliches Symbol (phallisch) und als ein Symbol der Solarenergien angesehen. Gleichzeitig symbolisiert sie die Weisheit, einen weiblichen Aspekt. Sie lebt unter der Erde, im Wasser und in Bäumen – allesamt weibliche Aspekte. Im Zusammenspiel mit der Schale, ist sie ein alchemistisches Symbol für gegensätzliche Kräfte, die dennoch zusammenwirken können. Sie repräsentiert die transformierende Kraft des Männlichen und Weiblichen.

Die kreisende Bewegung beim Spiel der Schale aktiviert und verbindet den solaren und den lunaren Aspekt, die stets einzeln und doch auch immer zusammen sind. Die Schlange ist die kreative Lebensart, allgegenwärtig in uns, jedoch nicht ständig aktiv. Durch das Spielen der Schale wird diese Kraft mobilisiert und damit die Kundalini erweckt. Die Schlange steht, ebenso wie die Schale, für die Möglichkeit der Selbsterneuerung. Sie symbolisiert die Ewigkeit und Reinkarnation, den immerwährenden Zyklus, und die Einstimmung unserer Seele auf den rhythmischen Fluß des Lebens.

Das Spielen der Kristallschale ist ein symbolischer Akt für die Erweckung unserer spirituellen Kraft und Weisheit, Hellsichtigkeit und visionären Gabe. Es repräsentiert den Beginn des Weges zur Erleuchtung, der uns die kreativen Fähigkeiten entfalten läßt.

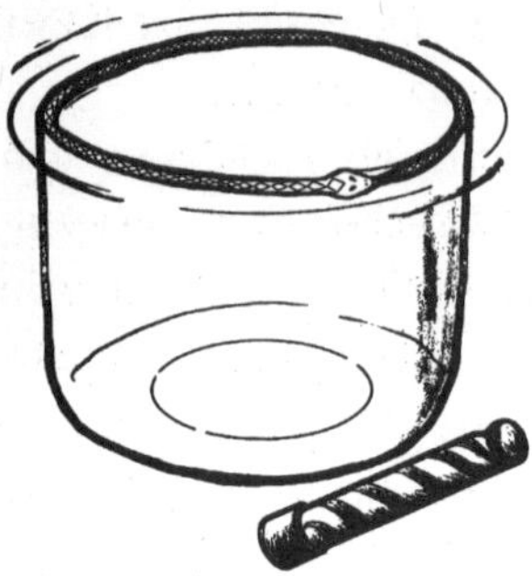

Wenn wir die Schale zum Klingen bringen, aktivieren wir die spirituelle Schlange der Weisheit in uns. Wir beleben die Sonnen- und Mond-Aspekte, so daß die kreative Kraft erblühen kann, wann immer wir es wünschen. Dies befähigt uns zur Transformation unseres Selbst und unserer Lebensumstände und wandelt die Beziehung zwischen Äußerem und Innerem, Physischem und Spirituellem. Die Dimensionen und Energien sind nicht länger getrennt, sondern werden in wechselseitiger Beziehung und Beeinflussung zusammengeführt. Je nachdem, wie wir diese Energien anwenden, entstehen beim Spiel der Kristallschale stets neue und überraschende Gesänge und Klangkompositionen.

Übung 29:
Beziehungsrituale

Da die Kristallschale mit energetischen Gegensätzen arbeitet und diese in Harmonie zusammenführt, gilt sie als besonders wirksames Instrument für alle beziehungsrelevanten Rituale, denn mit ihrer Hilfe läßt sich auch der Energiefluß zwischen zwei Menschen in Balance bringen. Ihre Klänge setzen Energien in Bewegung, so daß Gelegenheit für neue Beziehungen entsteht; auch in der Meditation unterstützen sie aktiv den Prozeß des Sich-Öffnens und Erkennens von Zusammenhängen zwischen Beziehungsmustern aus vergangenen und dem gegenwärtigen Leben. In dieser Richtung bietet sich eine schier unbegrenzte Fülle von Anwendungsmöglichkeiten.

Die Klänge der Kristallschale wirken als Katalysator und können so die Energien von zwei Menschen harmonisieren. Sie verändern beider Aura, so daß diese in inniger Harmonie verschmelzen. Das kann sich in größerer gegenseitiger Anteilnahme, mehr Offenheit und gesteigerter Akzeptanz äußern.

Meist fühlen wir uns von solchen Menschen angezogen, die etwas haben, was uns selbst fehlt oder wonach wir uns sehnen. Wir sehen Eigenschaften beim Partner, die wir selbst besonders schätzen. Oft entscheiden wir uns für einen Partner, weil uns ein Teil von ihm an unser eigenes inneres Selbst erinnert. Die nachfolgende Übung bringt diese Gemeinsamkeiten zum Vorschein; sie ist jedoch nicht ausschließlich Liebespaaren vorbehalten, sondern läßt sich auf alle möglichen Partnerschaftssituationen ausdehnen, in denen es darum geht, Barrieren ab- und Beziehungen aufzubauen. Man kann sie zu zweit durchführen, um die Energie ganz allgemein zu verstärken und das Potential der Partner besser hervorzuheben.

1. Setzen Sie sich im Schneidersitz auf den Boden, so daß sich Ihre Knie berühren.
2. Besteht das Paar aus Mann und Frau, so hält die Frau die Schale in ihrem Schoß, und der Mann bekommt den Stab in die Hand. Arbeiten zwei Männer oder zwei Frauen miteinander, muß man sich vorher einigen, wer die Schale und wer den Stab nimmt. Fällt die Entscheidung schwer, wechseln Sie sich einfach ab, denn die Übung kann beliebig oft wiederholt werden. Führen Sie sie wenigstens einmal pro Woche oder in Anlehnung an die Mondphasen durch.

Dominiert einer in der Partnerschaft, so hält besser er die Schale und der andere den Stab. Wir erinnern uns: Der Stab ist das Symbol des bestimmenden, nach außen gerichteten, männlichen Prinzips, während die Schale das Symbol des empfänglichen, weiblichen Prinzips darstellt. *Es ist wichtig, sich diese Dynamik vor Beginn des Rituals vor Augen zu führen. Machen Sie sich bewußt, warum Sie diese Wahl treffen und welche Bedeutung jedes Detail Ihrer Übung hat!*

3. Der eine Partner hat also die Schale im Schoß, und der andere hält den Stab. Klopfen Sie nun dreimal sachte an die Schale, um die Energien zu aktivieren. Der Partner mit dem Stab bringt dann die Schale zum Klingen, während sie im Schoß des Gegenübers ruht. Demjenigen, der die Schale hält, tut es gut, den anderen zusätzlich zu berühren, vielleicht indem er die Hände auf die Knie seines Partners legt. So kann sich der Kreis schließen und der Klang zirkulieren, und die Energien fließen ineinander.
4. Während die Schale gespielt wird, visualisieren Sie, wie die Energien verschmelzen und sich verwirbeln. Lassen Sie den Gesang nach etwa fünf Minuten verklingen. Im Verhallen des Tons legen Sie den Stab in die Schale zurück und stellen Sie sie zwischen sich auf den Boden. (Wenn sich Ihre Knie berühren, entsteht ein kleiner Zwischenraum, in dem die Schale sicher ruhen kann.)
5. Reichen Sie sich nun die Hände und visualisieren Sie, wie Sie sich vereinigen und jeder von Ihnen seine eigenen Schwingungen einbringt, um eine starke und verbindende Energie entstehen zu lassen. Meditieren Sie, was Sie beide tun könnten, um diese gemeinsame Kraft effizienter und

harmonischer wirken zu lassen. Denken Sie über andere Möglichkeiten nach, wie dieses neu geschaffene Potential kreativ und produktiv in der Partnerschaft und in anderen Bereichen des Lebens eingesetzt werden kann.

6. Die Wirkung der Übung läßt sich dadurch erhöhen, daß beide Partner während des Gesangs der Schale Lichtströme visualisieren, die ihre Chakren miteinander verbinden. Fangen Sie beispielsweise beim Wurzel-Chakra an und visualisieren Sie einen kristallklaren, roten Strom, der die beiden Chakren miteinander verbindet. Machen Sie dann das gleiche mit dem Milz-Chakra (orange), Solarplexus- (gelb), Kehlkopf- (blau), Stirn- (indigo) und dem Kronen-Chakra (violett).
7. Handelt es sich um eine Liebesbeziehung, können Sie sich nun in Liebe vereinigen, um die erzeugte feinstoffliche Energie zu erden. Die neu geschaffene harmonische Schwingung läßt sich auf diese Weise in Ihrem Alltag auf wirkungsvolle Weise manifestieren. Anschließend setzen Sie sich wieder hin und beenden Sie das Ritual, wie unter Punkt 8 und 9 beschrieben.
8. Nehmen Sie sich ausreichend Zeit, um das auszudrücken, was Sie in der Meditation erfahren oder empfinden durften und tauschen Sie sich darüber aus. Anschließend umfassen Sie beide mit beiden Händen den Stab und nehmen ihn aus der Kristallschale heraus. Führen Sie ihn nun gemeinsam am Schalenrand entlang gegen den Uhrzeigersinn, um den Kristall abermals zum Klingen zu bringen. Damit erden Sie die neu gewonnene Energie noch stärker und verankern sie ringsum, so daß sie sich in den kommenden Tagen nicht so leicht verflüchtigen kann. Lassen Sie die Schale einige Mi-

nuten lang singen und visualisieren Sie dabei, wie das beiderseitige Zusammenspiel künftig noch optimaler gestaltet werden kann.

9. Schlagen Sie die Kristallschale *viermal* glockenartig an. Die Zahl vier symbolisiert das neue Fundament, in dem Sie die im Ritual erweckte kreative Energie verankern können.
10. Beschränken Sie die Übung nicht auf die hier beschriebenen Schritte, sondern passen Sie sie Ihrer eigenen augenblicklichen Situation an. Sie können sie beispielsweise nutzen, um eine neu entstehende Beziehung zu festigen oder um ganz spezifische Bereiche in einer Partnerschaft zu verbessern.

Sie können auch eine Affirmation in die Schale und den Stab legen, wie an anderer Stelle dieses Buches beschrieben. Durch das Ritual wird jene Energie freigesetzt, die zur Lösung eines Problems oder zur Manifestation einer gewünschten Situation erforderlich ist.

In abgewandelter Form läßt sich die Übung auch gut in Zeiten der Trennung praktizieren, wenn einer der Partner auf Reisen und somit länger abwesend ist. Idealerweise sollten beide über eine Schale verfügen, aber es funktioniert auch, wenn nur einer sie zur Hand hat. Setzen Sie eine bestimmte Zeit für das Ritual fest, und treffen Sie alle Vorbereitungen so, als ob beide Partner anwesend wären. Setzen Sie sich zur vorgesehenen Zeit hin, und führen Sie das Ritual durch. Beide Beteiligten visualisieren nun, wie die Energie ineinanderfließt. Dabei kann eine »Probe«, die Sie in die Schale legen, sehr hilfreich sein und die energetische Verbindung unterstützen. Führen Sie das Ritual so durch, als sei der andere Partner wirklich anwesend. Rufen Sie ihn vorher oder hinterher an, damit die Energie eine stärkere Bindungs- und Erdungskraft in der Physis entwickelt. Wenn das aus irgendeinem Grund nicht geht, sollte jeder Partner seine Eindrücke und Reaktionen niederschreiben oder sonst irgendwie festhalten. Das trägt ebenfalls zur Verankerung und Manifestation der Energie bei.

Bei der Durchführung dieser Übung werden Sie bald feststellen, wie leicht sich diese individuellen Belangen und sogar Gruppensituationen anpassen läßt. Die Kristallschale ist ein geradezu ideales Instrument zur Schaffung von Harmonie und Kontakt in einer Gruppe. Sie läßt sich gut im Vorfeld einer Meditation einsetzen.

Je mehr Sie ihre eigenen kreativen Gedanken und Vorstellungen ins Spiel bringen, desto effizienter und produktiver wird die Schale für Sie wirken.

Übung 30:
Der Gesang des Friedens

Die Kristallschale ist ein Instrument zur Kommunikation mit höheren Dimensionen. Ich weiß von Menschen, die einzeln oder in Gruppen regelmäßig bei Vollmond ein Kristallschalenritual für unseren ganzen Planeten und dessen friedvolle Existenz und Entwicklung durchführen.

Hierzu bietet sich folgende Übung an: Sehen Sie sich selbst als Teil einer weltweiten Symphonie. Ihr Instrument wird mit allen anderen Instrumenten zusammenschwingen und heilige Klänge rings um die Erde entsenden. Jeder Besitzer einer Kristallschale – und davon gibt es Tausende auf der Welt – stimmt in den Klang ein und wird sich dabei seiner Abhängigkeit von und Verantwortung für unseren Planeten immer bewußter.

Wenn Sie Ihre Kristallschale spielen und der Klang Sie zu umkreisen beginnt, visualisieren Sie, wie er gleichzeitig den gesamten Erdball umkreist. Stellen Sie sich vor, wie er das höhere Bewußtsein allen Lebens auf dem Planeten ebenso wie Ihr eigenes Leben berührt, sich über die Ihnen nahestehenden Menschen auf Ihre Gemeinde und weiter über das ganze Land und dann den Globus ausbreitet. Und wohin er auch immer gelangt, ruft er zu mehr Achtsamkeit und friedlicher Koexistenz auf. Betrachten Sie sich bei jedem Vollmond als Teil einer globalen Gemeinschaft, einer Gemeinschaft, die zunächst auf den feinstofflichen und schließlich dann auch auf der physischen Ebene den Weltfrieden fördert und *schafft.* Man kann die Ebenen nicht getrennt sehen, denn die eine wirkt immer auf die andere. Das ist die Lektion der Kristallschale.

Viele Völker und Kulturen sprechen in ihren Schriften und Mythologien von der Macht des heiligen Klanges. Mit der Kristallschale läßt sich dieser heilige Klang hervorbringen und zielgerichtet lenken, damit Friede in unser Leben einkehre.

Übung 31:
Der Gesang des Hellsehens

Beim Hellsehen machen wir uns durchlässig für das höhere Wissen. Wer sich solchermaßen in die geistige Welt begibt, weiß auch außerkörperliche Erfahrungen zu kontrollieren, sich innere Tempel zu erschließen und sich dem dort verborgenen Wissen zu öffnen.

Die Schwingungen der Kristallschale lassen uns leichter Zugang zur Welt des Hellsehens finden, sei es nun in Form von höherer Clairvoyance oder außerkörperlicher Erfahrung. Sie helfen uns, astrale Pforten zu visualisieren und zu durchschreiten, die den Weg zu den feinstofflichen Schwingungsebenen des Lebens und der Energie freigeben.

Zur voll bewußten Erfahrung der feinstofflichen Astral-Welten und -energien sind zwei Schritte erforderlich: Zunächst muß der eigene Astralleib aktiviert, gestärkt und energetisiert werden. Darüberhinaus gilt es, die Fähigkeit zu entwickeln, das astrale Energiespektrum als separates Vehikel für das Bewußtsein zu nutzen, so daß es sich aus der Physis wegbewegen und auf die Suche nach nicht-physischem Wissen begeben kann, um dieses anschließend auf der physischen Ebene zu manifestieren.

Die Kristallschale unterstützt beide Schritte. Der Klang harmonisiert und energetisiert die gesamte Aura, die der physische Körper aus den Energien bildet, die bei der energetischen Umwandlung von Nahrung und Luft auf zellulärer Ebene freigesetzt werden. Als Nebenprodukt wird die sogenannte Photonenstrahlung oder Lichtenergie emittiert. Auch sie besteht aus feinstofflichen Körperenergien, die unserer Seele zum Zeitpunkt der Geburt beziehungsweise kurz davor oder danach die Verbindung mit unserem physischen Körper ermöglicht haben. Diese Energien haben eine Filterfunktion. Sie durchdringen den physischen Körper, verbinden die Energien der feinstofflichen mit denen der irdischen Dimension und heben diese ins physische Bewußtsein.

Die meisten übersinnlichen Phänomene manifestieren sich durch die Energien der Astralebene und durch den Astralleib des Menschen. Fast alle astralen Phänomene bedingen eine erhöhte Sensitivität für die astralen Ebenen, und mit ihnen umzugehen und sie zu lenken, will gelernt sein. Sie können bei vollem Bewußtsein zustande kommen. Sie stellen in sich kein Ziel dar, sondern sollten eher als Geschenk angenommen werden, wenn wir uns noch höheren Ebenen des Bewußtseins und Seins öffnen möchten.

Durch den simplen Akt des Dasitzens und Spielens der Kristallschale in täglicher Regelmäßigkeit stärken wir unser aurisches Feld und den Astralleib. Im Laufe der Zeit (wie lange es dauert, ist von Mensch zu Mensch verschieden) wird dadurch eine höhere Schwingungsfrequenz erreicht, die die Sensitivität insgesamt erhöht. Und dies verhilft uns letztendlich zu einer höheren und subtileren Wahrnehmung und, wie gesagt, zu der Fähigkeit, unseren Astralleib als separates Vehikel auf der Astralebene zu gebrauchen.

Machen Sie es sich im Sitzen bequem und stellen Sie Ihre Kristallschale vor sich auf den Boden oder nehmen Sie sie auf den Schoß. Wenn Sie sie auf ein schwarzes Tuch plazieren, unterstützt dies das konzentrierte Schauen, um neue Wahrnehmungen zu gewinnen. Nehmen Sie den Stab in die Hand und schlagen Sie den Kristall dreimal sanft wie eine Glocke an. Bringen Sie sie nun entgegen dem Uhrzeigersinn zum Klingen. Durch diese Richtung ziehen Sie sich in sich selbst zurück, so daß Sie sich mit Ebenen Ihres Bewußtseins verbinden können, die mit den feinstofflichen Energien und Dimensionen ringsum stärker in Einklang stehen.

Lassen Sie Ihre Schale fünf Minuten lang ertönen. Wenn Sie möchten, können Sie den Klang auch variieren; finden Sie für sich selbst heraus, welcher Rhythmus und welche Lautstärke für Sie am besten ist. Das Spielen der Schale wirkt immer harmonisierend auf die Gehirnhemisphären und erleichtert die Einstimmung auf andere Bewußtseinsebenen.

Wenn Sie die Entspannung und Harmonisierung spüren und anfangen, sich als Teil des Klanges zu empfinden, schauen Sie in das Herz der Kristallschale, so als zöge das darunter liegende schwarze Tuch Ihren Blick magisch hinein. Wenn Sie dies tun, dürfen Sie Fragen zu allen Sie bewegenden Problemen oder Ereignissen stellen. Wenn es Ihnen leichter fällt, dabei die Augen zu schließen, tun Sie es. Vertrauen Sie Ihren spontanen Gefühlen und Eindrücken. Versuchen Sie nicht zu analysieren; dazu ist später noch Zeit genug. Manchmal ist es einfacher, mit solchen Fragen zu beginnen, die nur Ja- oder Nein-Antworten zulassen. Vielleicht spricht eine bestimmte Antwort, eine Farbe, ein Bild und so weiter Sie ganz besonders an. Was auf den einzelnen am stärksten wirkt, ist individuell ganz unterschiedlich.

Machen Sie sich keine Sorgen, daß die Phantasie mit Ihnen durchgeht. Die Schale aktiviert die menschliche Fähigkeit zur kreativen Imagination. Viele Bilder zu sehen, ist also eher ein gutes Zeichen. Lassen Sie Ihr Vorstellungsvermögen spielen. Später können Sie immer noch die echten Eindrücke von den unkontrollierten Phantasievorstellungen herausfiltern. Was wir als Imagination ansehen, ist in irgendeiner Form Realität, und zwar auf Ebenen, die jenseits unserer normalen sensorischen Wahrnehmung liegen. Mit ihrer Aktivierung schaffen wir ein neues Bewußtsein, eine neue Art des Farb- und Formenerlebens gegenüber unserer physischen Welt. Und das wiederum löst höhere Formen der Inspiration und Intuition aus.

Durch den Umgang mit der Schale wird die kreative Imagination aktiviert. Lassen Sie sich nicht entmutigen, wenn das nicht sofort geschieht. Wenn wir unsere intuitiven und imaginativen Seiten lange Zeit nicht beachtet haben, dauert es eine Weile, bis diese wieder voll aktiv sind. Die Kristallschale kann diesen Prozeß unterstützen, und erste Erfolge dürften sich schon innerhalb von einem Monat zeigen – schnell genug also, um zu weiterem Üben anzuspornen und unser Bemühen zu belohnen.

Übung 32:
Die Astralreise

Oft werden Astralreisen oder Astralprojektionen und das höhere Hellsehen bedeutungsgleich verwendet. Obwohl es gewisse Unterschiede gibt, behandeln wir sie für unsere Zwecke als synonym. Die nachfolgende Übung läßt sich leichter durchführen, wenn einer der Partner die Schale zum Tönen bringt, während der andere die eigentliche Übung macht. Sie können die Übung aber auch allein durchführen; sie erfordert dann nur ein wenig mehr Konzentration.

Kommen Sie zur Ruhe. Vielleicht möchten Sie vorab eine progressive Muskelentspannung durchführen. Bringen Sie nun Ihre Kristallschale im Uhrzeigersinn zum Klingen. Diese Richtung wählen wir, um die astralen Fasern und Muskeln zu lösen und zu dehnen, so daß sie zum separaten Vehikel für das Bewußtsein außerhalb der Physis werden. Dies trägt dazu bei, unsere Astralenergie zu stärken und auszudehnen.

Wenn die Schale zu singen beginnt, lassen Sie sich von den

Energien durchströmen und umkreisen. Visualisieren Sie den Klang als eine Lichtfarbe oder einen Lichtstrom, der Sie umhüllt. Wenn er Sie zu umkreisen beginnt und Sie durchdringt, stellen Sie sich vor, daß er Ihre Energiefasern sanft und sicher löst. Dabei sinken Sie in einen Zustand extrem tiefer Entspannung. Lassen Sie den Klang, der Ihren Körper umkreist, durch Sie hindurchatmen und sich von ihm beatmen.

Während Sie die Schale weiter spielen, lassen Sie Ihren Körper mit den Klängen schwingen. Vielleicht wiegen Sie sich mit ihnen oder geraten gar in ein leichtes Kreisen. Erzwingen Sie nichts, es muß alles ganz natürlich fließen. Unterstützend können Sie sich vorstellen, wie sich Ihre Energien im Zusammenspiel mit dem Klang lockern und lösen. Visualisieren Sie ein zweites, feinstoffliches Du – vergleichbar mit einem Geist-Bild –, das sich hin und her bewegt und schaukelt und sich dabei immer ein klein wenig mehr aus dem Einflußbereich der magnetischen Anziehungskraft Ihres physischen Körpers herauszieht.

Das ist das Lösen und Dehnen des feinstofflichen Geflechts, das das Bewußtsein an den physischen Körper bindet. Durch diesen Prozeß öffnet es sich auf sanfte Weise, so daß sich das Bewußtsein jenseits der Physis durch das sogenannte atomare Schild hindurch weiter ausdehnen kann. Durch die Schwingungen der Kristallschale kann diese Form der Dehnung nach außen hin erfolgen, ohne Löcher in unser Energiefeld zu reißen, wie dies bei anderen weniger behutsamen Methoden leicht geschehen kann.

Verlangsamen Sie das Spiel nach etwa zehn Minuten und lassen Sie den Ton allmählich verklingen. Spielen Sie die Schale sodann gegen den Uhrzeigersinn, um Ihre Energien wieder zurückzuholen und in Einklang und Harmonie mit dem Physischen zu bringen. Spüren Sie, wie Sie sich dabei Ihrer physischen Gegenwärtigkeit zunehmend bewußter werden. Spielen Sie die Kristallschale nur ein paar Minuten in dieser Richtung.

Insgesamt sollte sich die Übung auf maximal zehn bis fünfzehn Minuten beschränken, denn sie dient zur Vorbereitung. Nach zwei bis vier Wochen kontinuierlicher Praxis können wir auf dieser Übung aufbauen. Betrachten Sie sie als Ergänzung zu Ihrem Übungsprogramm.

Entspannen Sie sich einige Minuten lang, und bringen Sie die Kristallschale erneut zum Klingen, so wie Sie es normalerweise tun, diesmal nur etwas kürzer. Jetzt dürfte es schon erheblich einfacher sein, das Sich-Lösen und Wiegen zu spüren und zu erfahren. Lassen Sie dabei den Klang jenes visualisierte geistige Bild nach oben aus Ihrem physischen Körper hinausziehen. Betrachten Sie den Klang als eine spiralförmige magnetische Kraft, die den Körper sanft zur Decke hochhebt.

Versuchen Sie, Ihr Bewußtsein in dieses Bild zu legen, das nun über Ihnen an der Decke schwebt. Schauen Sie hinunter auf sich, wie Sie auf dem Boden sitzen. Achten Sie auf sämtliche Details. Lassen Sie sich nicht von dem Gedanken beirren, daß alles nur Phantasiegebilde oder Hirngespinste seien; denken Sie vielmehr daran, daß die Imagination den Astralleib aktiviert und energetisiert, so daß sie sich gegenseitig stärken. Haben Sie Geduld! Mit zunehmender Übung wird es Ihnen immer besser gelingen, und das alles wird Ihnen ganz natürlich und sicher erscheinen.

Vergessen Sie schließlich nicht, daß es ja der *Wille* des Unterbewußtseins ist, der das Bewußtsein gemeinsam mit dem von Ihnen energetisch aufgebauten Astralphantom hinauswirft. Entwickeln Sie ein Gespür für die ersten Anzeichen von Erfolg. Sie helfen Ihnen, nicht vorzeitig aufzugeben und können sich in einem bleiernen Gefühl äußern, einem Gefühl der Lähmung oder des Schwebens, des Wirbelns oder Sich-hin-und-her-Bewegens, des körperlichen Zuckens oder des Schwindels.

Wenn Sie keines dieser Gefühle verspüren, stellen Sie sie sich einfach vor. Stellen Sie sich vor, wie Ihr Körper mit den Klängen von Kopf bis Fuß vibriert. Spüren Sie den Klang, wie er Ihren Körper von oben nach unten durchkreist und durchwirbelt. Stellen Sie sich vor, wie Ihr Körper sich streckt und dehnt – nach oben, nach außen, vor und zurück, vom Kopf bis zu den Füßen.

Am Ende der Übung spielen Sie die Schale gegen den Uhrzeigersinn, um alle Energien wieder zurückzuholen und in Einklang mit dem physischen Körper zu bringen. Damit erden Sie sich gleichzeitig selbst, so daß sich die erhöhte Sensitivität nicht in den Alltag überträgt und dort Störungen verursacht.

Weitere Empfehlungen für diese Übung:

- Eine unangenehme Raumtemperatur kann sich negativ auswirken.
- Sorgen Sie dafür, daß Sie bequem sitzen und sich wohlfühlen.
- Vor der Übung genossene stimulierende Speisen und Getränke können sich nachteilig auswirken.
- Geräusche und Unterbrechungen reißen die Astralenergie zurück in die Physis und können unangenehme Folgen nach sich ziehen.

- Die Emotionen sollten ruhiggestellt und passiv sein, nicht jedoch das Denken. Es hilft uns, den Körper zu projizieren beziehungsweise reisen zu lassen.
- Führen Sie diese Übung im Dunklen oder im abgedunkeltem Raum durch, weil Licht das Astrale an das Physische bindet. Licht nährt uns physisch und wird über die Astral-Welt in die Physis gebracht, so daß beide Ebenen eng miteinander verflochten bleiben.
- Beharrlichkeit ist die Mutter des Erfolges.

Die Zukunft der Kristallklänge und die Geburt des Inneren Kindes

Die ganze Vielfalt der Kristallklänge und ihre möglichen Anwendungen in unserem Leben bedürfen der gründlichen Erforschung. In der Vergangenheit haben viele Kulturen Kristalle und Steine dazu benutzt, heilige Klänge zu erzeugen. In China wurde Jade in verschiedenen Größen und Formen geschnitten und dann wie eine Art Xylophon gespielt. Diese »singenden Steine« wurden auch vielfach beim Heilen und auf dem Pfad der Erleuchtung eingesetzt.

Mit ein wenig Kreativität und Mühe ist es relativ einfach, ein Windspiel aus Kristallen zu bauen und sich so eigene singende Steine zu schaffen. Dazu werden Kristalle in verschiedene Formen und Längen geschnitten und mit Fäden oder Draht phantasievoll zusammengefügt.

Auch zum Thema der Kristallschalen bleibt noch vieles zu entdecken und zu entwickeln. Im letzten Jahr habe ich erfahren, daß es mittlerweile sogar Kristallschalen aus Rosenquarz gibt! Es gibt jetzt also Schalen, die auf natürliche Weise die zarte Botschaft der Liebesklänge aussenden! Ich habe bisher noch keine einzige zu Gesicht bekommen, und wenn ich sie fände, dürfte der Preis horrend sein, was angesichts des großen Nutzens und Segens auch gerechtfertigt wäre. Stellen Sie sich nur einmal Kristallschalen aus anderen Steinen der Quarz- oder anderer Edelsteinfamilien vor oder auch Schalen, in denen Edelsteine in die Schale selbst eingearbeitet sind! Stellen Sie sich vor, welche Heiltempel oder Meditationszentren sich mit den Klängen solcher Kristallschalen erfüllen ließen!

Allein die Vorstellung von den vielfältigen Möglichkeiten genügt, um uns in kindliches Staunen zu versetzen – jenes Staunen, das jede Kristallschale in uns zum Klingen bringt. Wann immer das männliche und weibliche Prinzip in Harmonie gebraucht werden, entsteht etwas Neues, und durch die erleuchtete Seele – die durch die Schale symbolisierten Energien – wird das Heilige Kind in jedem von uns geboren!

GOLDMANN

Schutzgeister und Engel

Trost aus dem Jenseits

Terry Lynn Taylor, Warum Engel fliegen können 12117

Terry Lynn Taylor, Lichtvolle Wege zu deinen Engeln 12201

Sophy Burnham, Engel 12241

John Randolph Price, Engel-Kräfte 12225

Goldmann • Der Taschenbuch-Verlag

GOLDMANN

Esoterik bei Goldmann

Bruno Nardini, Das Handbuch der Mysterien und Geheimlehren 12231

Horst E. Miers, Lexikon des Geheimwissens 12179

Diane von Weltzien, Praxisbuch der Rituale 13227

Anneke Huyser, Die Bedeutung der Elemente in unserem Leben 12279

Goldmann • Der Taschenbuch-Verlag

GOLDMANN

Homöopathie und Bach-Blüten

Eric Meyer (Hrsg.), Das große Handbuch der Homöopathie 13789

Keith Souter, Homöopathie für die Seele 13829

Dr. Edward Bach, Von der Homöopathie zu den Bachblüten 13902

Mechthild Scheffer, Die praktische Anwendung der Original Bach-Blütentherapie 13793

Goldmann • Der Taschenbuch-Verlag